数据跨境流动法律问题研究

国家治理、企业合规与技术创新

赵威 著

中国政法大学出版社

2024·北京

声　明　1. 版权所有，侵权必究。

　　　　2. 如有缺页、倒装问题，由出版社负责退换。

图书在版编目（CIP）数据

数据跨境流动法律问题研究：国家治理、企业合规与技术创新/赵威著
北京：中国政法大学出版社，2024.5
ISBN 978-7-5764-1499-8

Ⅰ.①数… Ⅱ.①赵… Ⅲ.①数据传输－科学技术管理法规－国际法－研究 Ⅳ.①D99

中国国家版本馆CIP数据核字(2024)第104647号

出 版 者	中国政法大学出版社	
地　　址	北京市海淀区西土城路25号	
邮寄地址	北京100088信箱8034分箱　邮编100088	
网　　址	http://www.cuplpress.com（网络实名：中国政法大学出版社）	
电　　话	010-58908289(编辑部) 58908334(邮购部)	
承　　印	固安华明印业有限公司	
开　　本	880mm×1230mm　1/32	
印　　张	10.25	
字　　数	205千字	
版　　次	2024年5月第1版	
印　　次	2024年5月第1次印刷	
定　　价	50.00元	

目 录

第一章 数据跨境流动的基本概念和问题 ……………… 1
  一、数据跨境流动概念解析 ………………………… 1
    （一）数据跨境流动基本概述 ……………………… 1
    （二）数据跨境流动的主体 ………………………… 3
    （三）数据跨境流动的客体 ………………………… 5
    （四）数据跨境流动的方式 ………………………… 9
  二、数据跨境流动的利益要素 ……………………… 10
    （一）数字经济利益 ………………………………… 10
    （二）国家安全利益 ………………………………… 12
    （三）数据隐私利益 ………………………………… 14
  三、数据跨境流动的理论基础 ……………………… 16
    （一）生产要素国际流动理论 ……………………… 16
    （二）"技术-经济"范式理论 ……………………… 19
  四、结论 ……………………………………………… 22
  参考文献 ……………………………………………… 22

第二章　技术创新及其对数据法律的影响 ……………… 27
一、新兴技术和数据法 ……………………………… 27
（一）区块链与数据安全 ……………………… 27
（二）人工智能与隐私 ………………………… 40
二、物联网中的数据安全 …………………………… 53
（一）物联网生态系统和数据生成 …………… 53
（二）物联网中的数据安全挑战 ……………… 58
（三）物联网中的数据全球治理 ……………… 65
三、技术增强合规性和集成方案探析 ……………… 74
（一）区块链技术在数据流合规方面的应用 …… 74
（二）人工智能在数据流合规方面的应用 …… 78
（三）物联网在数据流合规方面的应用 ……… 84
（四）通过技术集成实现全面的合规性解决
　　　方案 …………………………………… 88
四、结论 ……………………………………………… 91
参考文献 ……………………………………………… 92

第三章　数据跨境流动与数据主权管辖、个人隐私保护的
　　　　　平衡研究 ………………………………………… 97
一、数据跨境流动与数据主权管辖的冲突与平衡 …… 99
（一）冲突渊源：数据自由论与数据主权论的
　　　博弈 …………………………………… 100

（二）冲突呈现：数据跨境流动的规则表达与
　　　　实践 …………………………………………… 108
　　（三）平衡构造：数据主权的差异化适用 ………… 123
二、数据跨境流动与个人隐私保护的冲突与平衡 …… 131
　　（一）冲突渊源：个人数据隐私的三重之辩 ……… 132
　　（二）冲突呈现：数据隐私保护的制度模式与
　　　　评价 …………………………………………… 141
　　（三）平衡构造：个人数据的分域处理 …………… 160
三、中国数据跨境流动规制路径与企业合规策略 …… 170
　　（一）中国的数据立法现况及问题 ………………… 170
　　（二）中国数据跨境流动的路径选择 ……………… 173
　　（三）中国跨国公司数据跨境合规的对策 ………… 180
四、结论 …………………………………………………… 185
参考文献 …………………………………………………… 186

第四章　国际经贸视域下数据跨境流动治理研究 ………… 207
一、国际经贸视域下数据跨境流动规则的发展
　　沿革 ………………………………………………… 207
　　（一）多边层面数据跨境流动规则的演变 ………… 207
　　（二）区域和双边层面数据跨境流动规则的
　　　　动态 …………………………………………… 218
　　（三）中国参与数据跨境流动治理的实践 ………… 234

二、国际经贸视域下数据跨境流动规则的共识与
　　分歧 ································· 237
　　（一）国际经贸视域下数据跨境流动规则的
　　　　　共识 ····························· 237
　　（二）国际经贸视域下数据跨境流动规则的
　　　　　分歧 ····························· 242
三、国际经贸视域下数据跨境流动规则演进趋势与
　　中国应对 ······························ 245
　　（一）国际经贸视域下数据跨境流动规则
　　　　　演进趋势 ·························· 245
　　（二）国际经贸视域下数据跨境流动规则
　　　　　变革的中国路径 ······················ 250
四、结论 ····································· 256
参考文献 ····································· 257

第五章　隐私保护视角下的企业数据合规治理研究 ········ 263
一、企业数据合规的范畴厘定 ······················ 263
　　（一）企业数据处理合规 ······················ 264
　　（二）企业数据管理义务 ······················ 269
二、隐私保护视角下企业数据合规的风险预知 ·········· 275
　　（一）人员失职的管理风险 ···················· 275
　　（二）跨境监管的法律风险 ···················· 278
　　（三）数据处理的技术风险 ···················· 283

三、隐私保护视角下企业数据合规的完善推进 ……… 285
  （一）企业数据合规中的人：管理义务的强化 …… 285
  （二）企业数据合规中的制度：有效数据
       合规计划的形成 ……………………………… 292
  （三）企业数据合规中的技术：数据处理
       全流程的保障 ……………………………… 301
四、结论 …………………………………………… 310
参考文献 …………………………………………… 311

第一章
数据跨境流动的基本概念和问题

一、数据跨境流动概念解析

（一）数据跨境流动基本概述

在数字经济时代，数据已经成为非常重要的生产要素，数据跨境流动也成为越来越普遍的现象。根据中国信息通信研究院发布的《全球数字治理白皮书（2022年）》，2011年到2021年跨境数据流动规模从53.57 TBPS扩张至767.23 TBPS，增长超过14倍，全球跨境数据流动一直保持高位增速。[1] 数据跨境流动对数字贸易及全球经济增长有明显的拉动效应，据麦肯锡全球研究院的数据统计，数据流动量每增加10%，将推动GDP增长0.2%。数据跨境流动给全球经济带来巨大发展潜力的同时，也伴随着一些危机的出现。以Facebook数据泄露为代表的数据隐私侵犯事件给全球数据用户造成了极大的隐私恐慌，也让各国逐渐重视数据隐私保护和数据安全监管的法律

---

[1] 中国信息通信研究院：《全球数字治理白皮书（2022年）》，第7页。

规制。各国纷纷出台一系列数据治理的政策法规完善对数据跨境流动的规制，然而却有意无意淡化或者忽略了对什么是数据跨境流动这一基本问题的探讨。当前，在全球各国数据立法或区域协调规范中，很少有对数据跨境流动的含义做出明确的界定。学界对于数据跨境流动的内涵认知也没有确切的统一共识。经济合作与发展组织（Organization for Economic Co-operation and Development，OECD）于1980年发布的数据流动指南手册将数据跨境流动定义为"个人数据的移动跨越了国家边界"[1]，对于数据跨境流动的方式以及涉及的主体和对象等内容都没有更加细致的界定。早期对数据法学研究的学者认为数据跨境流动是"跨境国家和政治疆界的数字化数据传递"[2]，或者是涉及"计算机识别的数据跨越国境被读取、存储和处理的活动"[3]。也有机构报告指出数据跨境流动涉及来自社交媒体、流媒体、机器传感器、通信服务器等媒介的文本、数字、视觉和音频信息在多个国家的传输、使用、分析和储存。[4]

近年来，有学者将数据跨境流动涉及的活动进行细化分

---

[1] Organization for Economic Co-operation and Development, "OECD Guidelines on the Protection of Privacy and Transborder Flows of Personal Data", Paris, France, 1980.

[2] 程卫东：《跨境数据流动的法律监管》，载《政治与法律》1998年第3期。

[3] D. Yarn, "The Development of Canadian Law on Trans-Border Data Flow", *Ga. J. Int'l & Comp. L*, 1983, 13, p.825.

[4] World Economic Forum, "Exploring International Data Flow Governance Platform for Shaping the Future of Trade and Global Economic Interdependence", White Paper, December 2019.

类，认为数据跨境流动一般可以被界定为"跨越国界对存储在计算机中机器可读的数据进行处理、存储和检索"，其中主要包括两类活动：一是数据跨越国界（包括数据流出和流入）的传输与处理；二是数据虽然没有跨越国界，但能够被第三国的主体访问。[1] 当前，我国的数据立法对数据跨境流动相关活动描述为"向境外提供个人信息"或数据处理者向境外提供本土产生的国民数据与信息，并对"网络运营者""网络数据"和"个人信息"有明确的界定，但对数据跨境流动的内涵并没有详细阐明。数据跨境流动作为一个既成的事实或现象并没有引起学界的强烈关注，但如果没有厘清数据跨境流动的基本语义和内容，可能会导致后续数据治理和规制针对性不足，因而有必要对数据跨境流动在法律意义上进行解构和释明。

（二）数据跨境流动的主体

数据跨境流动的主体不是指数据内容的主体，而是指对数据实行跨境传输活动的主体。在我国《个人信息保护法》中，数据跨境流动的主体仅指"个人信息处理者"，具体是指在个人信息处理活动中自主决定处理目的、处理方式的组织、个人。而欧盟的《通用数据保护条例》（General Data Protection Regulation，GDPR）则将数据跨境流动的相关主体分为"数据控制者"和"数据处理者"，[2] 其中"数据控制者"是数据

---

[1] 胡海波、耿骞：《数据跨境流动治理研究：溯源、脉络与动向》，载《情报理论与实践》2023年第7期。

[2] GDPR 第4条。

处理目的和方式的决策主体,而"数据处理者"则是根据"数据控制者"的要求或指令采集和处理数据的主体,二者在数据流动链条中扮演着不同角色,分别对应着不同的责任要求。

有学者以数据处理的专业能力为基准,将具备系统数据处理能力者称作"专业数据处理者",包括政府部门、互联网平台企业等实体,而以自然人身份开展数据处理活动的个人则被归类于"业余数据处理者"范畴。[1] 数据跨境流动主体的不同分类模式代表不同的规制思路,进而影响数据处理活动的风险管控和权责划分,数据处理活动中的不同主体都应该明确其在数据跨境传输活动中的主体义务和责任。从这个角度而言,GDPR将数据跨境流动的主体分为"数据控制者"和"数据处理者"的做法有利于区分不同角色所承担的不同的数据保护义务。因为数据跨境传输往往涉及多个参与主体,相对细致地区分主体性质有助于数据跨境流动主体进行风险分配和责任分配。同时,全球首个隐私管理体系标准ISO/IEC 27701也区分了可识别个人信息的控制者和处理者,并分别规定了各自的隐私管理要求。实践中,严格区分数据控制者和数据处理者并不容易,同一个主体可能会在数据跨境流动的不同阶段出现身份上的错位转换。不可否认的是,任何涉及对数据的控制和处理的角色都可以成为数据跨境流动的主体。但有时候个人在数据

---

[1] 郭春镇、候天赐:《个人信息跨境流动的界定困境及其判定框架》,载《中国法律评论》2022年第6期。

跨境传输活动中并不能被视为法律意义上的数据跨境流动主体，例如我国《个人信息保护法》明确指出"自然人因个人或者家庭事务处理个人信息的，不适用本法"。[1] 故而自然人是否能够成为数据跨境流动的主体需要根据具体的数据处理活动而定。简言之，数据跨境流动的主体包括数据控制者和处理者，但是否构成法律意义上的义务和责任主体需要依据其处理目的和处理方式具体判定。

（三）数据跨境流动的客体

数据跨境流动的客体是数据，或者可以说数据跨境流动的作用对象是数据。对于数据的概念认知，学术界未能达成统一共识。有学者认为数据是对事实和活动的数字化记录，通常呈现为非物质性的比特构成，它不需要具体的物质作为载体，它的载体仅是符号，[2] 也有学者认为数据是"旨在记录认识主体对认识对象之主观反映的信息载体"。[3] 数据本体的内涵从不同的视角和学科领域可以做出多样化的阐释，从中我们可以抽离出数据的一些特征：第一，数据的基础性。当代社会是信息社会，每天海量的数字化信息被不停地生产、收集、存储、流转和使用。大数据时代下的所有活动都可以被数字化，数据蕴含着巨大的经济价值和战略价值，是新一轮科技创新和技术发展的重要资源，数据已然成为信息技术社会不可或缺的物质

---

[1]《个人信息保护法》第72条。
[2] 李爱君：《数据权利属性与法律特征》，载《东方法学》2018年第3期。
[3] 吴沈括：《数据跨境流动与数据主权研究》，载《新疆师范大学学报（哲学社会科学版）》2016年第5期。

性的基础要素。第二,数据的无形流动性。当代社会的数据往往是通过计算机上的应用代码和程序的形式存在于虚拟的网络空间中。不同于土地和劳动力等传统的经济要素,数据的生成、存储和传输等活动都不能在有形的现实世界中被直接看见和感知,并且它无时无刻不在流转和传输中,贯通在数字经济社会生产、分配、流通和交换的各个环节。数据的流动性也是数据具有商业经济价值最为关键的特性。第三,数据的可复制性。传统民法意义上的"物"一般只能被一个主体所占有和使用,而数据因为是电子化的存在,所以它可以在非常低的成本和非常高的速率条件下借助网络信息技术和平台实现大范围无边界的复制。同一数据的多次复制可以供给多人使用,数据的循环复制使用会激发数据的流转价值和经济效用。第四,数据的非损耗性。通常我们的数据是存在于网络虚拟空间的代码表达,数据不仅可以无限制地重复使用,不会因为使用而减少其价值,而且数据在使用过程中不仅不会产生消耗,反而会在数据的生产、共享和交换中产生更多的数据和更大的价值。数据被多个主体重复采集和使用并不会减损其本身的内容,反而会因为数据的不断流通和共享丰富原始数据的内容和样式。第五,数据的时效性。数据能反映一定的客观事实,而客观事实则是处于时刻变化的状态,外部环境的变化会时刻影响数据的质量。数据的价值会随着时间的推移不断趋于衰减,从而降低数据的可用性和有效性。能即时反映客观事实变化样态和轨迹的数据往往具备可利用和可挖掘的价值,而没有及时加工处理的原始数据样本在价值利用层面可能会慢慢贬值。

虽然数据具备上述特征,但在日常习惯和学科研究中仍存在与"信息"的概念相混淆之处。有学者坚持认为信息是数据的内容,数据是信息的形式,无法将二者分离开进行论述,二者需要统一理解。[1] 目前各国立法也存在交互使用的情况。例如,欧盟的个人信息保护立法中大多以"数据"作为其立法主要对象名称,加拿大、韩国和日本等国则在本土立法中使用"信息"的概念。笔者认为尽管"数据"和"信息"这两个术语有时可以互换使用,但它们并不相同。数据可以被界定为单独的事实,而信息则是这些事实的组织和解释。如果数据被比喻为砖块,那么信息就是它们以有组织的方式放置排列形成的房子。数据是知识的原始形式,其本身不具有任何意义或目的。信息则可以被认为是通过学习、交流、研究或指导获得的知识。本质上,信息是分析和解释数据的结果。数据是单独的图形、数字或图表,而信息是对这些知识的感知。如有学者所言,信息的外延大于数据,网络空间中信息的产生基于数据,信息秩序的建立无法脱离数据媒介。[2] 而数据和信息主要的差异表现为:①数据是事实的集合,而信息则是置于某种背景或场景下的事实;②数据是原始且无组织的状态,而信息则是有组织的;③单个数据点往往是孤立且不相关的,而信息

---

[1] 程啸:《论大数据时代的个人数据权利》,载《中国社会科学》2018年第3期。

[2] 梅夏英:《数据的法律属性及其民法定位》,载《中国社会科学》2016年第9期。

则是映射和组合特定数据后形成的总体视图；④数据本身是没有意义的，当它被解释和分析后就变成有意义的信息；⑤数据不依赖于信息，但信息取决于数据；⑥数据通常以数字或图形等形式呈现，而信息则经常是通过文字、语言、思想和观念呈现；⑦单纯拥有数据并不能帮助做出决策，但可以基于信息形成决策。[1]

区分数据和信息的主要意义在于明晰数据权属和信息权在法律视域下的分割，同时也对数据的范围提供向导和指引。数据的范围涉及数据的分类，有人认为数据跨境流动仅指与特定个人有关的信息和数据的跨境传输,[2] 有人认为关涉特定身份识别的个人数据跨境传输只是数据跨境流动内容的一部分，其他大量非个人数据（如地理气象数据、国民经济数据等）也是数据跨境流动内容的重要组成部分。[3] 实际上由于云计算和大数据技术的发展，数据的收集和获取不仅包括个人数据也包括非个人数据，将数据简单区分为个人数据和非个人数据意义甚微，非个人数据所蕴含的经济价值和安全价值同样值得重视。从法学意义上讲，数据的分类分级可以更多的着眼于数据一旦遭到泄露和非法利用对不同主体合法权益的伤害和威胁。如果数据遭到非法利用将直接影响国家政治安全和国家经

---

[1] Byron Galbraith, "Data vs. Information: What's the Difference?", available at https://bloomfire.com/blog/data-vs-information/.
[2] 黄宁、李杨：《"三难选择"下跨境数据流动规制的演进与成因》，载《清华大学学报（哲学社会科学版）》2017年第5期。
[3] 陈咏梅、张姣：《跨境数据流动国际规制新发展：困境与前路》，载《上海对外经贸大学学报》2017年第6期。

济命脉，该类数据可以被归类为核心数据。如果某些数据与国家经济运行、公共健康与安全紧密相关，该类数据则可以被界定为重要数据，除此之外的其他数据则统一定性为一般数据。不同级别的数据对应不同的管理办法，同时采取差异性的数据出境的规制要求。

综上而论，"数据"作为数据跨境流动的客体，与"信息"的概念语义有所区别，具备基础性、无形流动性、可复制性、非损耗性和时效性等独立的特征。对数据的概念解读和分类分级并不固定，所以对数据本身的理解主要是与特定国家或地区的立法体系和语境相适配，形成特定数据法律制度下的一致性认识。

（四）数据跨境流动的方式

数据跨境流动包括数据跨境流入和数据跨境流出，也即数据出境和数据入境两种方式。在数据入境的场景下，国家对数据跨境流动的管制主要体现为对境内个人和组织收集、获取和处理数据的限制，从而避免不利信息的流入，大多是基于国家安全、文化安全、民族认同和意识形态的原因，这也是国家信息主权的体现。[1] 相比之下，数据出境则成为国家规制数据跨境流动行为的主要面向。数据出境涉及本国公民的个人信息权利和国家整体的数据主权和政治安全，因而数据出境会经过严格的审查程序和安全评估。数据出境主要包括两种形式：一是数据跨越物理性的国境和边境。这种情形下的数据出境意味

---

[1] 刘连泰：《信息技术与主权概念》，载《中外法学》2015年第2期。

着数据依附在某种物理性的有形载体中,且数据的移动传输依赖于该载体的物理性位置的变化。这种意义下的数据出境是点对点式的物理传输,与客观的国境边界和疆域边境密切相关,这也是对数据出境最直接和原始的理解。二是数据没有被物理性地携带出境,而境外主体已经远程获取和掌控。现代信息技术已经让原始意义上的物理边界不再是数据跨境传输的障碍。数据存储设施在一国境内,但境外主体可以通过互联网和境外的计算机设备远程访问和获取。数据是否出境的标准就变为数据的接受方和获取方是否位于境外,而不再以传统的物理方式来判定数据是否发生跨越国界的转移。有学者指出,以数据是否被境外主体掌握作为数据是否出境的判断依据会引发实践中数据实际控制效果的认定问题,例如数据中转活动中的数据处理行为和域外委托处理数据的行为如果受到数据跨境流动条件的约束和限制,则会带来相对较高的数据合规成本。[1] 综而论之,数据跨境流动主要包括数据向内流入和数据向外流出两种方式,判断数据是否跨境流动不再以传统的物理疆界作为基准,而是考察数据接收者和获取者等数据控制主体的位置,从而施加不同的数据跨境管控义务。

二、数据跨境流动的利益要素

(一) 数字经济利益

数据跨境流动能够产生巨大的数字经济利益。一方面,数

---

[1] 郭春镇、候天赐:《个人信息跨境流动的界定困境及其判定框架》,载《中国法律评论》2022 年第 6 期。

据跨境流动已经成为全球经济发展的重要基础。据世界银行估计，数字经济对全球GDP的贡献率超过15%，并且在过去十年中数字经济的增长速度是实体经济GDP的2.5倍。到2030年，数字经济的全球贡献率将会达到30%，并创造3000万人就业。[1] 根据《中国数字经济发展研究报告（2023年）》显示，2022年我国数字经济规模达到50.2万亿元，数字经济占GDP比重达到41.5%，相当于第二产业占国民经济的比重，数字经济保持高位增长，在国民经济中的地位更加稳固。[2] 数据要素为基础的数字经济发挥着释放消费潜力、拉动内外投资和创造就业等效应，为我国和世界经济带来了巨大的推动作用。海量数据资源流动交易下的跨境数据贸易能够不断加速数字资源化与数字产业化的进程，资本、劳动、土地等其他生产要素被不断整合，生产经营的决策优化能力和要素资源的深度挖掘能力得到极大提升。[3] 数据跨境流动成为跨国企业日常生产经营和对外交流必不可少的环节，打造数字化的商业模式越来越成为企业改革发展的趋势。数据跨境流动是经济全球化的必然结果，同时经济全球化的纵深发展也促使数据大规模地

---

[1] Arya Devi, "DCO 2030: Digital Economy to Contribute 30% of Global GDP and Create 30 Million Jobs by 2030", available at https://www.edgemiddleeast.com/business/dco-2030-digital-economy-to-contribute-30-of-global-gdp-and-create-30-million-jobs-by-2030.

[2] 中国信息通信研究院：《中国数字经济发展研究报告（2023年）》，第9~13页。

[3] 眭占菱、刘敏：《跨境数据贸易规制的国际规约与中国因应》，载《图书与情报》2022年第6期。

跨境流动。另一方面，数据跨境流动背景下数字经济的利益竞争和冲突导致国家对数据跨境流动采取不同的规制措施。虽然全球数字经济发展态势平稳，但纵观全球数字经济发展格局，发达国家和高收入国家数字经济总量庞大，中美欧形成了全球数字经济发展的三极格局。[1] 位于发达国家的头部数字经济企业规模逐渐庞大，而发展中国家的数字基础设施较为落后，企业的数字化业务非常贫瘠。发达国家和发展中国家之间的数字经济鸿沟逐步扩大，为了弥合数字经济发展差距，许多国家欢迎数字化技术和数字基础设施进入国内，但对与国家经济相关的数据出境则采取严格的管理措施。正如有学者所言，不同国家对数字经济的整合程度不同，从而导致全球数字经济利益分配的不均衡，不稳固的全球数字经济竞争格局会促动处于数字经济弱势地位的国家通过限制数据跨境流动的方式维护本国的数字经济利益。[2]

（二）国家安全利益

数据跨境流动密切牵动着国家安全利益。数据在跨境传输流动中不仅能发挥巨大的经济价值，而且会蕴含重要的国家安全要素，包含国家重大安全和国防秘密的数据信息一旦被非法泄露和窃取，可能会危害国家经济社会的正常运行。数据跨境流动对国家安全利益的影响体现在两个方面：一是内部性风险，即数据跨境流动本身给国家安全带来的风险；二是外部性

---

[1] 中国信息通信研究院：《全球数字经济白皮书（2022年）》，第8~14页。
[2] 沈传年：《跨境数据流动治理进展研究》，载《信息安全研究》2023年第7期。

风险,即数据跨境流动影响其他涉及国家安全的要素,间接联动造成国家安全风险。[1] 不同种类的数据与国家安全利益的关联程度不同,根据数据生产方式的不同,可以将数据跨境流动的国家安全风险样态分为三种:第一,原始数据的国家安全风险。原始数据所引发的国家安全风险意味着这些数据本身就与国家安全利益密切相关,不需要进一步分析、挖掘和处理,例如重要基础设施的位置数据、核设施的安全监管资料信息和金融机构的安全信息等国家核心数据。这些数据一旦非法流出或泄露,就可能直接威胁国家安全。第二,统计数据的国家安全风险。统计数据主要涉及具体领域的单点测定数据,例如交通运输领域的铁路线路图和轨道分布图、人口普查数据、能源和通信等国家重要产业数据。这些数据如果被集中批量地收集获取后,就会产生巨大的社会公共利益和国家安全利益。第三,大数据的国家安全风险。大数据跳脱了原始数据的局限,也不像统计数据那样简单的汇总,它借助数据挖掘和机器深度学习等技术将海量数据收集、整合和分析后形成具有战略意义的数据集群,进而能够反映原始数据之外的信息内容,极大影响社会公共利益和国家安全。例如个人数据被大量跨境传输,境外主体使用数据挖掘分析技术可以推断出国家居民的生活习惯和偏好等内容,对该国的社会状况有精准化的判断,从而增

---

[1] 熊光清、张素敏:《总体国家安全观视角下我国数据出境安全管理制度的完善》,载《哈尔滨工业大学学报(社会科学版)》2023年第5期。

加了国家经济社会的安全风险。[1]例如,美国就以国家安全为名对中国华为公司的业务进行了严格审查,而且要求字节跳动完全剥离 TikTok 在美国的业务。

单个数据或部分数据的跨境传输可能对个体的隐私保护或企业的商业机密造成侵害风险,而涉及国家经济命脉、生产发展和社会状况等公共利益的重要数据一旦被境外主体掌控,可能会对国家政治安全和国家核心利益造成不同程度的伤害。因而强化数据安全治理对于维护国家安全而言至关重要,正如习近平主席所言,要加强关键信息基础设施安全保护,强化国家关键数据资源保护能力,增强数据安全预警和溯源能力。[2]数据跨境流动是数字经济时代不可避免的活动,但数据具备经济价值之外也承载着国家安全利益,只有重视数据跨境流动的国家安全面向才能更好地开展数据跨境流动的交往与合作,增强国家数字经济发展的持续性和稳定性。

(三) 数据隐私利益

数据跨境流动直接影响个人的数据隐私利益。在数字社会,人们每天日常的生活生产活动会产生大量的数据,其中涉及自然人私人生活、私密空间和私密活动等内容的数据蕴含个

---

[1] 李晓楠、宋阳:《国家安全视域下数据出境审查规则研究》,载《情报杂志》2021年第10期。

[2] 《习近平:没有网络安全就没有国家安全》,载 http://www.cac.gov.cn/2018-12/27/c_1123907720.htm?from=timeline&isappinstalled=0。

人隐私利益,例如个人的位置信息就具有敏感性和价值性,[1]蕴含着自然人的隐私期待。GDPR把"个人数据"界定为已识别或可识别的自然人的相关信息,这些具有身份识别性的数据或多或少会包含私密性的内容。这些关涉个人隐私的数据一旦被泄露或非法利用,就会对数据关联的自然人的人格和精神造成伤害,影响个人生活状态和精神安宁,这也是隐私作为自由与尊严的价值体现。[2] 近年来,Twitter、Google等大型网络服务平台相继发生用户数据泄露事件,社交平台用户的个人资料、邮件地址、职业信息等数据被黑客公开披露,个人数据隐私受侵扰的用户慢慢变成网络世界的"透明人"。数据保护是"隐私权的表达",隐私是"数据保护的核心"。[3] 出于数据隐私保护的目的,数据跨境流动并不是完全的自由无限制,数据跨境流动的管理会更加倾向对数据所涉自然人的权利保护。我国《个人信息保护法》明确个人信息提供者向境外提供个人信息必须遵循"知情-同意"规则,只有个人信息提供者取得了数据所涉自然人的有效授权,其数据跨境传输活动才具有合法性基础,这是对个人信息自决权的尊重和保障。同样,欧盟也采取了对数据隐私的高标准保护要求。欧盟一直将个人数

---

[1] 李延舜:《位置何以成为隐私?——大数据时代位置信息的法律保护》,载《法律科学(西北政法大学学报)》2021年第2期。

[2] 彭诚信:《数据利用的根本矛盾何以消除——基于隐私、信息与数据的法理厘清》,载《探索与争鸣》2020年第2期。

[3] J. Kokott, C. Sobotta, "The Distinction between Privacy and Data Protection in the Jurisprudence of the CJEU and the ECtHR", *International Data Privacy Law*, 2013, 3 (4), p. 223.

据保护视为一项基本权利，其认为只有高标准的数据保护规则才能有助于数字经济的信任和长期发展。而且欧盟相关数据法案中的"个人数据"也是从隐私权的概念中发展得出，[1] 个人数据的内涵演变与个人隐私密不可分。数据跨境自由流动对推动数字经济的蓬勃发展起到不可替代的作用，然而无序的数据跨境自由流动不仅会威胁个人的数据隐私，也会反噬正常的数据跨境传输活动，不利于建设一个可信安全的数据流动环境。因此，只有在重视数据隐私保护诉求的基础上鼓励数据跨境自由流动才可能推动全球数字经济的人性化发展。

三、数据跨境流动的理论基础

（一）生产要素国际流动理论

生产要素国际流动理论源于要素流动理论。传统经济学的要素流动理论认为，一个国家的资本、劳动力、土地等都是经济增长的重要生产要素。传统经济学和贸易理论假定在一国经济体内的生产要素流动并不存在显著的障碍，劳动力和资本的自由流动是国家经济生产的必要条件，[2] 并且古典贸易理论的研究前提大多是基于生产要素的国内流动，生产要素无法实现跨国层面的流动变换。传统经济学的观点未能考虑到生产要素更大范围的跨国流动以及市场一体化进程，而生产要素国际

---

[1] Gloria Gozalez Fuster, *The Emergence of Personal Data Protection as a Fundamental Right of the EU*, Springer International Publishing, 2014, p.45.

[2] 侯方玉：《古典经济学关于要素流动理论的分析及启示》，载《河北经贸大学学报》2008年第2期。

流动理论正是对传统经济学不足的弥补和修正。

跨国公司作为全球生产要素流动的组织者和推动者，不断突破传统国家疆域向外扩张投资，生产要素在世界各地流转利用，生产资源配置得到优化重组，促使世界经济格局发生重大变化。在此背景下，生产要素的流动出现新的特征：其一，全球范围的生产要素比以往更加聚集性流动。自20世纪70年代以来，国际直接投资规模增长100多倍，世界各国之间的最惠国关税率不断下降。全球范围内国际投资协定的缔结数量不断激增，据《世界投资报告（2023年）》数据，当前仍有2584个国际投资协定处于生效期。[1] 同时，由于发达国家和发展中国家之间的要素禀赋差异，跨国公司以直接投资为载体的方式促使生产要素在全球范围更加聚集性流动，改变了全球要素供给结构。[2] 其二，经济全球化背景下生产要素的动态流动性价值更加凸显。评定生产要素规模价值有"要素存量"和"要素流量"两个向度，传统经济视角认为追求要素存量的扩张是社会财富增加的重要手段，土地、劳动力等生产要素的静态扩张是财富积累的发展方向。随着互联网经济时代的到来，传统经济时代倡导增加要素存量的理念无法适应以流动性为主导的信息化时代的发展要求，生产要素流量化逐渐成为经济发展的新常态。其三，新兴生产要素不断涌现。传统经济学定义的生产要素主要包括资本、土地、劳动力等，但随着科技的迅

---

[1] UNCTAD, World Investment Report 2023.
[2] 马飒：《生产要素国际流动：规律、动因与影响》，载《世界经济研究》2014年第1期。

速发展，数据、信息等新的生产要素得以诞生并日渐发挥重要的作用。数据成为数字经济的核心关键要素，传统产业的数字化升级进一步提高生产效率，数字经济和实体经济相互协调融合，其中蕴含的经济潜能让数据不仅成为一种新的生产资料，也成为一种新的"资本"和"资产"。[1]

在生产要素国际流动理论的解释体系下，生产要素的跨国流动是经济全球化背景下国民财富增长的重要方式，以土地、劳动力、技术为代表的传统生产要素的跨国流动依旧是生产要素国际流动的主要方面，而数据作为新型生产要素在数字经济时代的作用日益显著，数据跨境流动为全球产业链和供应链体系的完整运行提供坚实基础，数字经济将会成为国际竞争与合作的新领域。生产要素流动的缘由是为了尽可能激发生产要素的经济潜能，而数据的价值本就在于互通流动，它不会因为流动次数的增加而有所损耗，反而会进一步实现数据本身的保值增值。同时由于数据的虚拟性特征，数据跨境流动不同于传统经济视角下的产品流动，通过数据平台的运作就可以实现瞬间的跨境传输。数据跨境流动驱动下的全球数字贸易相比传统国际货物贸易更加便捷高效，这意味着在数字经济时代的深度演变中，拥有强大数字化运作能力和数据处理能力的平台企业会引导全球经济市场的走向，进而重塑全球价值链和世界经济的

---

[1] 《数据作为生产要素的作用和价值》，载 https://www.iii.tsinghua.edu.cn/info/1059/2358.htm。

运行机制。[1]

(二)"技术-经济"范式理论

"技术-经济"范式理论的形成发展起始于"技术范式"的概念,用以描述技术发展演变下经济系统的生产分配结构和条件。1988年,克里斯托弗·弗里曼(Christopher Freeman)和卡洛塔·佩雷斯(Carlota Perez)在《结构性危机调整,商业周期与投资行为》(Structural Crises of Adjustment: Business Cycles)一文中认为历史上发生的五次技术革命都迸发了新的生产要素,每一次技术革命中的经济主体都会运用新的生产要素创造出最佳生产实践模式。以工业革命为代表的第一次技术革命中的经济主体运用机械技术形成了机械化范式,以蒸汽动力革命为代表的第二次技术革命中的经济主体运用蒸汽动力技术形成了蒸汽动力和铁路范式,以电工革命为代表的第三次技术革命中的经济主体运用钢铁电力等燃料技术形成了电气和重型工程范式,以石油革命为代表的第四次技术革命中的经济主体运用石油化工和航空航天技术形成了福特制大规模生产范式,而最新信息革命中的经济主体则是运用信息通信技术打造了数字经济范式。[2] 同时,克里斯托弗·弗里曼和卡洛塔·佩雷斯将"技术-经济"范式变革的内容概括为:①企业组织

---

[1] 惠志斌:《数据经济时代企业跨境数据流动风险管理》,社会科学文献出版社2018年版,第40页。

[2] Christopher Freeman, and Carlota Perez, "Structural Crises of Adjustment: Business Cycles", *Technical Change and Economic Theory*, Londres: Pinter, 1988, pp. 38-66.

生产的新型"最佳实践模式";②影响劳动力质量和收入分配模式的劳动力新技能;③采取低成本生产的新型产品组合;④增量创新和突破式创新引发的新要素变更趋势;⑤比较优势作用下的国内国际投资新模式;⑥新型基础设施的投资趋势;⑦中小企业扩增新型生产部门;⑧大公司集中力量发展关键部门;⑨新型消费产品和消费行为模式。〔1〕在此,有学者从"技术-经济"范式理论出发,将数字经济解构为包括数字技术、数字要素、数字产业、数字基础设施、数字生产方式、数字生活方式和数字社会经济运行方式在内的七个部分,是数字化时代的新型经济形态。〔2〕在"技术-经济"范式理论的视角下,数字经济具有三大范式特征:第一,数据是基础性生产资料。数据是继土地、劳动、资本和制度之后的新型经济增长要素,数据价值在数据挖掘分析技术和机器学习技术的应用下被持续激活。因为数据要素成本不断递减、数据要素供给持续增加以及数据要素应用逐渐普及,〔3〕数据要素渗透到全球各

---

〔1〕 Christopher Freeman, and Carlota Perez, "Structural Crises of Adjustment: Business Cycles", *Technical Change and Economic Theory*, Londres: Pinter, 1988, pp. 38-66.

〔2〕 陈雨露:《数字经济与实体经济融合发展的理论探索》,载《经济研究》2023年第9期。

〔3〕 在"技术-经济"范式理论下,可以被称作"关键要素"的需要具备成本下降、供给增加和应用普及三个条件。See G. Dosi, "Technological Paradigms and Technological Trajectories: A suggested Interpretation of the Determinants and Directions of Technical Change", *Research Policy*, 1982, 11 (3), p.152.

行各业,数据跨境流动成为新常态。[1] 第二,数字信息技术的突破创新打造生产制造新范式。新一代无线通讯技术、人工智能技术、区块链技术、云计算处理技术不断成熟并取得重大突破,更加便利数字经济的发展,同时由于数字技术的自演化性,数字技术在自我升级和自我进化的过程中推动经济生产朝着更加智能化的方向迈进。第三,传统的生产组织和社会分工被重新整合。数字经济依赖大型的网络数字平台,大型网络平台将上中下游的资源服务重新塑造,形成满足用户差异化需求的新型经济生态系统。[2] 同时,数字经济的发展加速了知识和信息的传播与流动,大小企业间的沟通交流、企业内部的沟通交流以及不同平台的沟通交流更加直接,中间层级的商业沟通成本被大大压缩,商业结构模式逐渐扁平化。[3]

数字经济的三大范式特征向我们揭示了数据流动的必要性与必然趋势。在数字经济下,数据成为最重要的生产要素,而数据只有在流动中才能发挥其作为生产要素的作用,因此,各市场主体和社会组织采集、应用和共享数据将成为必然。同时,随着未来人类社会信息技术的进一步发展,数据所具有的流动性特点将更为突出,海量数据的跨境、跨国流动将成为一

---

[1] 王姝楠、陈江生:《数字经济的技术-经济范式》,载《上海经济研究》2019年第12期。

[2] 梁正、李瑞:《数字时代的技术-经济新范式及全球竞争新格局》,载《科技导报》2020年第14期。

[3] 孙杰:《从数字经济到数字贸易:内涵、特征、规则与影响》,载《国际经贸探索》2020年第5期。

种必然趋势。

四、结论

数字经济时代，数据跨境流动是开展数字贸易的前提条件，当前学界并未对"数据跨境流动是什么"这一基本问题进行探讨，只是将其作为一个既成事实和现象加以对待，然而加强对数据跨境流动的内涵认知有助于我们更加准确把握数据跨境流动背后的基本诉求和价值倾向。从主体上看，数据跨境流动是数据控制者和处理者开展的活动。从客体上看，"数据"和"信息"存在概念语义上的差别，数据跨境流动是数据控制者和处理者围绕"数据"这一对象展开的活动，而不是直接将"信息"当作行为客体。从方式上看，数据跨境流动包括数据出境和数据入境两种类型，目前国际社会对数据跨境流动的管控更多关注数据出境的场景。数据天然具有流动的属性，而愈发频繁的数据跨境流动背后隐含巨大的数字经济利益、国家安全利益和数据隐私利益，这也揭示了数据作为全球经济重要生产要素的关键角色，进一步印证了生产要素国际流动理论和"技术-经济"范式理论对"数据为何需要跨境流动"的解释逻辑。

参考文献

1. 中国信息通信研究院：《中国大数据发展调查报告（2018年）》。
2. 中国信息通信研究院：《全球数字治理白皮书（2022年）》。

3. 中国信息通信研究院：《全球数字经济白皮书（2022年）》。

4. 中国信息通信研究院：《中国数字经济发展研究报告（2023年）》。

5. 程卫东：《跨境数据流动的法律监管》，载《政治与法律》1998年第3期。

6. 胡海波、耿骞：《数据跨境流动治理研究：溯源、脉络与动向》，载《情报理论与实践》2023年第7期。

7. 郭春镇、候天赐：《个人信息跨境流动的界定困境及其判定框架》，载《中国法律评论》2022年第6期。

8. 李爱君：《数据权利属性与法律特征》，载《东方法学》2018年第3期。

9. 吴沈括：《数据跨境流动与数据主权研究》，载《新疆师范大学学报（哲学社会科学版）》2016年第5期。

10. 程啸：《论大数据时代的个人数据权利》，载《中国社会科学》2018年第3期。

11. 梅夏英：《数据的法律属性及其民法定位》，载《中国社会科学》2016年第9期。

12. 黄宁、李杨：《"三难选择"下跨境数据流动规制的演进与成因》，载《清华大学学报（哲学社会科学版）》2017年第5期。

13. 陈咏梅、张姣：《跨境数据流动国际规制新发展：困境与前路》，载《上海对外经贸大学学报》2017年第6期。

14. 刘连泰：《信息技术与主权概念》，载《中外法学》2015年第2期。

15. 眭占菱、刘敏：《跨境数据贸易规制的国际规约与中国因应》，载《图书与情报》2022年第6期。

16. 沈传年：《跨境数据流动治理进展研究》，载《信息安全研究》

2023 年第 7 期。

17. 熊光清、张素敏:《总体国家安全观视角下我国数据出境安全管理制度的完善》,载《哈尔滨工业大学学报(社会科学版)》2023 年第 5 期。

18. 李晓楠、宋阳:《国家安全视域下数据出境审查规则研究》,载《情报杂志》2021 年第 10 期。

19. 李延舜:《位置何以成为隐私?——大数据时代位置信息的法律保护》,载《法律科学(西北政法大学学报)》2021 年第 2 期。

20. 彭诚信:《数据利用的根本矛盾何以消除——基于隐私、信息与数据的法理厘清》,载《探索与争鸣》2020 年第 2 期。

21. 侯方玉:《古典经济学关于要素流动理论的分析及启示》,载《河北经贸大学学报》2008 年第 2 期。

22. 马飒:《生产要素国际流动:规律、动因与影响》,载《世界经济研究》2014 年第 1 期。

23. 陈雨露:《数字经济与实体经济融合发展的理论探索》,载《经济研究》2023 年第 9 期。

24. 王姝楠、陈江生:《数字经济的技术-经济范式》,载《上海经济研究》2019 年第 12 期。

25. 梁正、李瑞:《数字时代的技术-经济新范式及全球竞争新格局》,载《科技导报》2020 年第 14 期。

26. 孙杰:《从数字经济到数字贸易:内涵、特征、规则与影响》,载《国际经贸探索》2020 年第 5 期。

27. 惠志斌:《数据经济时代企业跨境数据流动风险管理》,社会科学文献出版社 2018 年版。

28. 《习近平:没有网络安全就没有国家安全》,载 http://www.cac.

gov. cn/2018-12/27/c_1123907720. htm? from = timeline&isappinstalled = 0。

29.《数据作为生产要素的作用和价值》,载 https://www.iii.tsinghua.edu.cn/info/1059/2358.htm。

30. Organization for Economic Co-operation and Development, "OECD Guidelines on the Protection of Privacy and Transborder Flows of Personal Data", Paris, France, 1980.

31. D. Yarn, "The Development of Canadian Law on Trans-Border Data Flow", *Ga. J. Int'l & Comp. L*, 1983, 13.

32. World Economic Forum, "Exploring International Data Flow Governance Platform for Shaping the Future of Trade and Global Economic Interdependence", White Paper, December 2019.

33. J. Kokott, C. Sobotta, "The Distinction between Privacy and Data Protection in the Jurisprudence of the CJEU and the ECtHR", *International Data Privacy Law*, 2013, 3 (4).

34. Gloria Gozalez Fuster, *The Emergence of Personal Data Protection as a Fundamental Right of the EU*, Springer International Publishing, 2014.

35. G. Dosi, "Technological Paradigms and Technological Trajectories: A Suggested Interpretation of the Determinants and Directions of Technical Change", *Research policy*, 1982, 11 (3).

36. Christopher Freeman, and Carlota Perez, "Structural Crises of Adjustment: Business Cycles", *Technical Change and Economic Theory*, Londres: Pinter, 1988.

37. UNCTAD, World Investment Report 2023.

38. Byron Galbraith, "Data vs. Information: What's the Difference?", available at https://bloomfire.com/blog/data-vs-information/.

39. Arya Devi, "DCO 2030: Digital Economy to Contribute 30% of Global GDP and Create 30 Million Jobs by 2030", available at https://www.edgemiddleeast.com/business/dco-2030-digital-economy-to-contribute-30-of-global-gdp-and-create-30-million-jobs-by-2030.

40. Technological paradigm (Wikipedia), available at https://en.wikipedia.org/wiki/Technological_paradigm.

第二章

技术创新及其对数据法律的影响

一、新兴技术和数据法

区块链技术和人工智能是当今数字化时代发展的革命性科技成果,在数字治理生态领域发挥着愈加重要的作用。区块链技术因其去中心化的特性和共识机制,为数据治理,尤其是跨境数据流动的合规性提供了强有力的溯源机制。而人工智能则依托其精密的算法和强大的算力,为数据治理带来了精准的分析和预判赋能。故二者已成为数据治理生态系统中重要的技术路径,帮助进一步了解其底层逻辑、技术特征和发展趋势,对于数据治理的不断优化具有十分现实的意义。本节内容通过相应的技术分析并结合实践中的治理案例,希冀向读者呈现出完整且精确的治理脉络图,展现新兴技术在数据治理中的应用以及这对于数据跨境流动规制的变革性影响。

(一)区块链与数据安全

1. 区块链技术概述

(1)去中心化(Decentralization)。在区块链技术领域,去中心化是一项基本原则，从根本上将范式从传统的集中式系统转变为分布式网络架构。与中心化模型不同，在中心化模型中，管理机构等单一实体拥有对系统的总体控制和权力，而去中心化则将这种控制权分布在参与者网络中。这种方法类似于从由唯一权威机构管理的单服务器数据库转变为分布式账本，其中每个参与者或节点都持有整个数据库的副本。区块链的去中心化本质不仅仅是一个技术细节，它还代表了信息管理和验证方式的重大转变，为数据处理提供了民主和平等的方法。

去中心化数据的影响是深远的，特别是在安全和信任方面。在传统的集中式系统中，中央机构是单点故障，使其容易受到安全漏洞、数据操纵和潜在停机的影响。去中心化通过将数据分布到多个节点来减轻这些风险。[1] 在这种结构中，即使一个或多个节点受到损害，整个系统的完整性仍然无损，因为网络中的其他节点维护着数据的未更改版本。这种分布不仅增强了网络的安全性，而且还确保系统具有弹性并且可以连续运行，而不会出现单点故障的风险。

此外，去中心化本质上促进了网络内参与者之间的信任。在去中心化的区块链网络中，信任不是放在中央机构中，而是通过工作量证明（PoW）或权益证明（PoS）等共识机制构建到系统中。这些机制确保区块链上的所有交易和数据添加均得到大多数网络节点的验证和同意，从而使欺诈性交易或数据更

---

[1] J. Zarrin, Phang H. Wen, et al., "Blockchain for Decentralization of Internet: Prospects, Trends, and Challenges", *Cluster Computing*, 2021, 24 (4), pp. 2842-2845.

改变得极其困难。这个过程使数据验证民主化,允许采用透明和协作的方法来维护账本。因此,去中心化区块链网络的参与者不需要信任中央机构,他们信任系统的协议和同行的共识。

因此,去中心化不仅仅是区块链技术的一个技术特征,还是一种哲学理念和实用的数据管理方法,挑战了传统的控制和权威概念。通过在网络上分发数据,区块链技术提供了一个安全、有弹性和基于信任的平台,为从金融和供应链管理到投票系统和身份验证等各个领域的创新提供了多种可能性。当我们继续探索区块链的潜力时,去中心化原则仍然是其发展的关键驱动力,塑造着我们在日益数字化的世界中与数据交互和感知数据的方式。

(2)**透明度和不变性**(Transparency and Immutability)。区块链技术的透明度是其区别于传统数据管理系统的一个基本方面。从本质上讲,区块链环境中的透明度意味着网络上进行的所有交易或数据条目对所有参与者都是可见和可验证的。每笔交易一旦经过验证并添加到区块链中,就会成为公共分类账的一部分。与传统的私有数据库不同,参与网络的任何人都可以访问该分类账。[1] 对于公共区块链,任何可以访问互联网的人都可以查看这些信息。这种程度的开放性确保区块链内的活动不会被保密,而是开放接受审查和验证,从而培养信任感和诚信感。这种透明度在信任至关重要的场景中尤其具有影响

---

[1] D. L. Fekete, A. Kiss, "A Survey of Ledger Technology-based Databases", *Future Internet*, 2021, 13 (8), p.197.

力，例如在金融交易或供应链管理中，允许对数据和交易进行可验证和可审计的跟踪。

不变性是区块链技术的另一个基石，它与透明度密切相关，[1] 在确保区块链中存储的数据的完整性方面发挥着至关重要的作用。不变性是指区块链的特性，一旦数据被记录到区块链上，就无法更改或删除。这种持久性是通过使用加密哈希功能和区块链本身的结构来实现的。链中的每个块都包含一个唯一的哈希值，即由算法生成的固定长度的字符串，如果对数据进行任何更改，该字符串就会发生变化。由于每个后续块都包含前一个块的哈希值，因此更改任何信息都需要重新计算此后的每个哈希值，这项任务在计算上被认为是不可行的，尤其是在大型且活跃的区块链上。[2] 此功能可确保数据的完整性和持久性，使区块链成为维护历史准确性至关重要的记录的特殊工具，例如在法律合同、产权或金融交易中。

区块链技术的透明度和不变性的协同作用创建了一个在数字数据管理中无与伦比的信任和可靠性生态系统。透明度允许开放和可验证的操作，而不变性则确保一旦记录某些内容，它就成为历史记录中永久且不可更改的部分。这种组合对于问责制和数据完整性至关重要的行业尤其具有变革性。例如，在供

---

〔1〕 E. Politou, et al., "Blockchain Mutability: Challenges and Proposed Solutions", *IEEE Transactions on Emerging Topics in Computing*, 2019, 9 (4), p.1977.

〔2〕 R. C. W. Phan, D. Wagner, "Security Considerations for Incremental Hash Functions Based on Pair Block Chaining", *Computers & Security*, 2006, 25 (2), pp.131-136.

应链管理中，区块链可用于创建透明且不可更改的产品移动记录（从制造到销售），从而增强可追溯性和消费者信任。在金融领域，它允许透明且不可逆转的交易，减少欺诈和错误。在治理中，它可用于确保选举过程或公共记录的完整性。

综上所述，透明度和不变性不仅仅是区块链技术的技术特征，也是区块链技术的核心特征。它们代表着向更加开放、负责和值得信赖的数据记录和维护方式的转变。随着我们不断探索和扩展区块链的应用，这些特征成为未来的灯塔，数据完整性和透明度不仅是理想主义目标，而且是现实。

（3）共识机制（Consensus Mechanisms）。在区块链技术领域，共识机制在维护网络的完整性和功能方面发挥着关键作用。这些机制是确保区块链网络中的所有参与者就交易的有效性和分类账的当前状态达成一致的协议。[1] 本质上，它们是实现去中心化决策的规则和流程，允许区块链在不信任的环境中运行——参与者不需要互相信任，但可以信任系统本身。共识的需要源于区块链的去中心化性质，其中没有中央机构来验证交易。相反，这种责任被分配给网络参与者（通常称为"节点"）。通过共识机制，这些节点共同同意向区块链添加新交易，确保分布式账本的每个副本在网络上同步和一致。

两种最常用的共识机制是工作量证明（PoW）和权益证明

---

[1] B. Lashkari, P. Musilek, "A Comprehensive Review of Blockchain Consensus Mechanisms", *IEEE Access*, 2021（9），p. 43622.

(PoS)，每种机制都有其独特的达成共识的方法。[1] PoW是比特币使用的机制，涉及一个称为"挖矿"的过程。在此过程中，矿工们竞相解决复杂的密码难题，第一个解决难题的人将获得向区块链添加新交易块的权利。这种方法不仅验证交易并将其记录到分类账上，而且还将新的代币引入系统作为对矿工的奖励。虽然PoW以其安全性和去中心化而闻名，但它也因其高能耗和缓慢的交易速度而受到批评，导致随着网络的发展而出现可扩展性问题。

另外，以太坊2.0等网络采用的PoS提供了一种更节能的替代方案。在PoS中，新区块的创建是通过在愿意"抵押"其代币作为抵押品的利益相关者之间进行选择的过程来完成的。被选择锻造下一个区块的概率通常取决于质押的金额，这意味着一个人在网络中投资越多，被选择的机会就越高。这种机制减少了验证交易和区块所需的计算工作量，从而显著降低了能耗。此外，PoS因其支持更高交易吞吐量的潜力而受到称赞，解决了PoW系统面临的一些可扩展性问题。

共识机制对于区块链的运行至关重要，是其去中心化架构的支柱[2]。他们确保尽管缺乏中央权威，区块链仍能以安全、

---

〔1〕 S. Yan, "Analysis on Blockchain Consensus Mechanism Based on Proof of Work and Proof of Stake", 2022 International Conference on Data Analytics, *Computing and Artificial Intelligence*, 2022, pp. 464-467.

〔2〕 S. Alam, "The Current State of Blockchain Consensus Mechanism: Issues and Future Works", *International Journal of Advanced Computer Science and Applications*, 2023, 14（8）, p. 84.

可靠和民主的方式运行。共识机制的选择对区块链的性能、安全性和可扩展性具有深远的影响,使其成为任何区块链系统设计和开发中的关键考虑因素。随着技术的发展,新的、更高效的共识机制正在被探索和开发,有望进一步增强区块链技术的能力和应用。

(4)效率(Efficiency)。区块链技术主要因其在加密货币驱动方面的作用而受到认可,它对各个行业的效率具有更广泛的影响。该技术不仅是进行交易的安全手段,也是运营效率的驱动力。[1] 区块链的去中心化性质减少了对中间商或中介机构的依赖,而传统上这是交易验证和记录保存所必需的。通过以高度信任和透明度实现点对点交易,区块链简化了曾经需要大量时间和资源的流程。例如,在金融服务领域,区块链可以促进更快、更安全的交易。[2] 传统的银行转账,尤其是跨境转账,可能既耗时又昂贵,涉及多个中介机构和复杂的清算流程。通过消除对中介机构的需求,区块链可以实现近乎即时的交易,而不受地理边界的限制。这种交易处理速度不仅对用户来说更加方便,而且还大大降低了与费用和汇率相关的成本。此外,区块链的效率还通过"智能合约"延伸到合约执行。这些是自动执行的合同,协议条款直接写入代码中。当满足预

---

〔1〕 王群等:《区块链原理及关键技术》,载《计算机科学与探索》2020年第10期。

〔2〕 骆慧勇:《区块链技术原理与应用价值》,载《金融纵横》2016年第7期。

定条件时,"智能合约"会自动执行合同协议,无需中心机构。[1] 这种自动化不仅加快了合同执行流程,还最大限度地降低了争议和错误的可能性,确保合同流程更加精简和高效。

区块链技术在供应链管理中的应用体现了其如何显著提高运营效率。在传统供应链中,跟踪产品的生产、运输和交付涉及多个利益相关者,并且由于缺乏透明度和协调而常常效率低下。区块链引入了供应链中以前无法实现的可追溯性和透明度。通过在区块链上记录每笔交易或货物移动,供应链中的各方都可以访问实时、可验证的数据。此功能可以实现更高效的库存管理,减少错误和欺诈的可能性,并增强追踪产品来源的能力——这对于重视真实性和出处的行业来说是一个关键因素。[2] 例如,在制药行业,区块链可以跟踪药品从制造到交付的整个过程,确保假药不会进入供应链,从而保障公众健康并保持监管合规性。区块链对供应链效率的影响还延伸到降低管理成本方面。该技术能够提供单一、不可变的交易记录,从而减少对账和审计的需求,而这在传统供应链中通常是资源密集型流程。管理费用的减少不仅降低了运营成本,而且使企业能够将资源集中在创新和增长上。

尽管区块链提供了许多提高效率的机会,但它也面临着挑战。可扩展性仍然是一个重要问题,特别是对于比特币和以太

---

〔1〕 马春光等:《区块链中的智能合约》,载《信息网络安全》2018年第11期。

〔2〕 丁晓蔚、苏新宁:《基于区块链可信大数据人工智能的金融安全情报分析》,载《情报学报》2019年第12期。

坊等公共区块链来说，交易量可能会导致网络拥塞、处理时间变慢和交易费用更高。[1] 这些挑战的解决方案，例如以太坊2.0中向权益证明（PoS）共识机制的过渡以及第二层扩容解决方案的开发，对于维持和提高区块链网络的效率至关重要。此外，与区块链相关的能源消耗，特别是使用工作量证明（PoW）共识机制的网络，引发了可持续性问题。寻求更节能的共识机制以及在采矿作业中越来越多地采用可再生能源是迈向更可持续的区块链生态系统的重要步骤。

未来，区块链与人工智能（Artificial Intelligence，AI）和物联网（Internet of Things，IoT）等其他新兴技术的集成有可能释放更高的效率。例如，人工智能可以通过预测和管理网络负载来优化区块链网络，而物联网设备可以利用区块链实现安全高效的数据共享。随着这些技术的融合，它们可能会在各个行业的运营效率方面创造新的范式尝试。在技术进步和不断变化的监管环境的推动下，区块链技术不断发展，将继续影响其效率。同时，企业和行业适应将区块链纳入其运营，重点可能会转向优化这些集成，以充分利用区块链效率优势的潜力。

---

[1] M. Pacheco, et al., "Is My Transaction Done Yet? An Empirical Study of Transaction Processing Times in the Ethereum Blockchain Platform", *ACM Transactions on Software Engineering and Methodology*, 2023, 32 (3), p.9.

2. 案例研究：区块链在数据保护和法律影响方面的应用

（1）爱沙尼亚的电子医疗系统和区块链实施。

· 事实层面

爱沙尼亚以其数字治理举措而闻名，一直是将区块链技术融入电子医疗系统的领跑者。爱沙尼亚电子医疗系统是更广泛的电子爱沙尼亚数字社会计划的一部分，采用区块链来增强健康记录的安全性和完整性。通过上述做法，爱沙尼亚旨在为其公民提供更高效、更方便、更安全的医疗保健系统。

爱沙尼亚电子医疗系统中区块链的使用围绕无密钥签名基础设施（KSI）区块链，这是由爱沙尼亚 Guardtime 公司开发的一项技术。[1] 该区块链不是用于存储医疗记录，而是用于确保其完整性。每次创建或修改健康记录时，都会生成加密哈希并将其存储在区块链上。该哈希值充当数字指纹，对于特定时间的每条记录的版本都是唯一的。如果底层数据被更改，存储的哈希值与更改数据的新哈希值之间的不匹配会立即标记差异，从而确保篡改检测的真实性和有效性。

该系统不在区块链上存储个人健康数据；相反，它专注于保护数据完整性，从而增强对数字医疗系统的信任。它使患者能够控制自己的数据，因为他们可以跟踪谁访问了他们的记录以及何时访问，从而提高了健康信息处理的透明度。

· 法律影响

爱沙尼亚电子医疗系统中区块链的实施带来了一些法律影

---

[1] N. Heller, "Estonia, the Digital Republic", *The New Yorker*, 2017（18），p. 9.

响和考虑，主要围绕数据保护、隐私和遵守健康数据法。

首先，区块链在确保数据完整性方面的作用符合《通用数据保护条例》（GDPR）[1]，特别是其有关数据准确性和完整性的原则。然而，区块链的不可变性对 GDPR 的"被遗忘权"[2]和"纠正权"[3]提出了挑战，因为区块链不允许轻易更改或删除记录后的数据。其次，该系统通过提供谁访问其记录的可追溯性来增强患者隐私。然而，它还需要强大的数据访问同意机制，以确保遵守 GDPR 的同意要求。爱沙尼亚参与欧盟跨境健康数据交换计划引发了有关区块链如何影响欧盟内部数据共享和遵守各种国家法律的问题。当然，虽然区块链增强

---

[1] 《通用数据保护条例》是欧盟于 2018 年 5 月颁布的一项关键数据保护立法，从根本上重塑了各个部门处理个人数据的方式。GDPR 旨在加强和统一对欧盟境内所有个人的数据保护，对数据控制者和处理者在个人数据的收集、使用和存储方面施加了严格的规则。它赋予欧盟公民对其个人信息更大的控制权，包括访问、更正、删除和限制其数据处理的权利。该法规还要求组织实施适当的数据保护措施，报告数据泄露，并通过设计和默认确保数据保护。值得注意的是，GDPR 具有域外适用性，这意味着它适用于处理居住在欧盟的个人的个人数据的任何组织，无论其位于何处，从而使其影响全球。

[2] "被遗忘权"是《通用数据保护条例》中的一项关键条款，该条款授予欧盟境内的个人根据特定要求删除其个人数据的权利。这项权利使个人能够要求组织在其个人数据不再需要用于其收集目的时，撤回同意且没有其他合法处理理由或者数据已被非法处理等情况下删除其个人数据。其目的是在数字时代加强隐私保护和主体对个人信息的控制，允许个人限制或消除他们的数字足迹。然而，这项权利并不是绝对的，必须与其他权利和利益相平衡，例如言论自由和获取信息的公共利益。

[3] "纠正权"是指《通用数据保护条例》授权欧盟境内的个人要求修改或更正组织持有的个人数据，基本前提是该数据不准确或不完整。该规定确保个人能够保持对其个人信息的控制，体现了 GDPR 对数据准确性和相关性的重视，强化了数据准确性原则，这是 GDPR 增强数字领域个人权利和保护的更广泛目标的核心。

了安全性,但它并不能使系统免受违规影响。根据GDPR,任何导致个人数据完整性或机密性潜在风险的安全漏洞都必须报告。区块链系统有助于立即检测数据篡改,这对于及时通知违规行为至关重要。爱沙尼亚率先使用区块链,需要一个针对数字健康记录的强大法律框架,解决错误责任、数据访问权和争议解决机制等问题。

爱沙尼亚将区块链集成到其电子医疗系统中代表了数字医疗保健的重大进步。它在增强数据完整性和安全性方面提供了宝贵的经验教训,同时也强调了GDPR合规性、患者隐私和跨境数据管理等法律复杂性。随着数字医疗保健的发展,爱沙尼亚模式或成为其他国家效仿的范本,鼓励医疗数据管理的技术创新和法律保障之间的平衡。

(2)IBM的食品信托和区块链。IBM的"Food Trust"是将区块链技术应用于供应链管理(尤其是食品行业)的一个突出例子。该计划利用区块链创建食品从农场到商店的透明、可追溯且安全的记录,包括沃尔玛在内的主要食品供应商和零售商已采用该系统来跟踪各种食品,从而增强其供应链的可见性和问责制。

· 事实层面

IBM的"Food Trust"使用区块链技术来记录和监控食品运输过程中的每一步,这包括食品种植、加工、运输和销售的时间和地点。供应链中的每个参与者——农民、加工商、分销商和零售商——都将信息添加到区块链中。这个过程确保数据不仅可靠、准确，而且不可变、透明。例如，沃尔玛使用该系统来跟踪绿叶蔬菜和肉类等产品的流动，旨在在发生食品安全问题时快速追踪来源。[1] 该系统能够提供实时、端到端的供应链可视性，不仅提高了运营效率，还显著减少了追踪食品来源所需的时间，这在食品污染事件期间至关重要。

· 法律影响

沃尔玛等实体采用 IBM 的"Food Trust"会产生多种法律影响，特别是在遵守食品安全法规、数据隐私和合同义务方面。首先，区块链系统提供的透明度有助于遵守食品安全法律法规，例如美国的《食品安全现代化法案》（Food Safety Modernization Act，FSMA）[2]。它可以在食源性疾病暴发期间做出快速反应，并更容易遵守监管机构制定的可追溯性要求。其次，虽然区块链增强了供应链的透明度，但它也引发了有关数据隐私和共享的问题。区块链参与者必须就谁可以访问数据以及如何使用数据建立明确的协议，确保遵守数据保护法，例如

---

[1] A. Giri, *US Consumer Preferences for Blockchain-based Traceability of Leafy Greens*, Mississippi State University Press, 2021, pp. 13-14.

[2] 美国于 2011 年签署成为法律的《食品安全现代化法案》（FSMA）代表了该国食品安全法的重大转变，从应对污染的被动系统转向注重预防的主动框架。作为七十多年来美国食品安全法最全面的改革，FSMA 要求对整个食品供应链（包括制造商、加工商和分销商）实施全面、基于科学的预防控制。它赋予美国食品和药物管理局（Food and Drug Administration，FDA）新的权力来监管食品的种植、收获和加工方式，旨在通过重点预防食品安全问题而不仅仅是应对食品安全问题来确保美国食品安全。该法案的关键要素包括更严格地监督食品生产、加强检查、加强执法以实现更高的标准合规率、食源性疾病暴发应对新协议以及改进进口食品的安全法规。FSMA 反映了全球食品安全监管范式的转变，强调需要采取高标准和预防措施来保障公众健康。

欧洲的 GDPR 和各个国家的法律。再次，区块链创建的不可变的交易记录和产品移动可能具有合同影响。它提供了供应商、分销商和零售商之间协议合规性的可靠且可审计的跟踪。这可能会减少有关合同义务的争议，但也需要仔细起草合同以说明通过区块链提供的数据。而且，如果区块链中存在差异或数据错误，可能会出现责任问题。系统的透明度可以帮助识别错误的根源，但需要建立法律框架来解决争议并确定责任。最后，为了使像 IBM 的"Food Trust"这样的区块链解决方案有效，供应链中不同参与者之间的标准化至关重要。需要解决围绕此类系统的互操作性的法律考虑，特别是在涉及不同司法管辖区的全球供应链中。

沃尔玛和其他主要食品供应商使用的 IBM 的"Food Trust"展示了区块链技术如何彻底改变食品行业的供应链管理。它提高了透明度、可追溯性和效率，有助于遵守食品安全法规和运营合同。然而，这种技术创新也带来了数据隐私、标准化和责任方面最前沿的法律挑战。随着区块链继续融入复杂的供应链，管理这些方面的法律框架需要同步发展以确保创新和合规齐头并进。

（二）人工智能与隐私

在不断发展的数字环境中，人工智能（AI）已成为一股变革力量，重新定义了个人数据的收集、处理和利用方式。在技术和隐私的交叉点，人工智能的深远影响引发了有关个人信息处理和保护的关键问题和担忧。[1] 人工智能技术（包括机器学习和深度学习）与医疗保健、金融、社交媒体和电子商务等各个领域的集成，使得能够以前所未有的规模和速度对海量数据集进行分析和解释。这种能力在为个性化和效率带来新机遇的同时，也带来了与数据隐私、安全和道德使用相关的重大挑战。人工智能无处不在，加上其从复杂数据模式中收集见解的固有能力，需要彻底检查其对个人数据隐私的影响。

1. 人工智能和增强的数据收集

人工智能与数据收集的集成代表了各行业信息收集、分析和利用方式的范式转变。人工智能，尤其是通过机器学习（Machine Learning，ML）和深度学习算法，具有处理和解释远远超出人类能力的大量数据的独特能力。它涉及数据中细致入微的理解和模式识别，从而产生更明智的决策和见解。医疗保健、金融、零售和技术等行业已利用人工智能来收集和分析用于各种目的的数据，从个性化医疗到客户行为分析。然而，人工智能的这种变革能力给个人数据隐私和安全带来了重大影响。

首先，人工智能系统擅长从大型数据集中提取有意义的信息，如果手动完成，这个过程将非常耗时且容易出错。例如，在医疗保健领域，人工智能算法分析患者数据以预测疾病模式和治疗结果，从而制定更有效的护理计划。在电子商务中，人

---

[1] 王利明：《和而不同：隐私权与个人信息的规则界分和适用》，载《法学评论》2021年第2期。

工智能检查消费者数据以个性化购物体验、推荐产品并优化库存管理。这种效率不仅限于结构化数据；人工智能可以解释非结构化数据，例如图像、文本和录音，从而增加收集数据的深度。

其次，人工智能扩大的数据收集范围也延伸到不太明显的数据源。社交媒体、互联网搜索模式，甚至智能家居设备都成为丰富的数据源，全面描绘了用户的偏好、习惯和生活方式。虽然这有助于创建量身定制的服务和产品，但它也引发了有关数据收集的范围宽泛和侵入性的问题。这便给人工智能的数据收集能力带来了隐私悖论。一方面，详细的数据收集可以实现前所未有的个性化和便捷的服务；另一方面，它引发了对监视、数据利用和隐私侵犯的担忧。用户常常在不知不觉中提供大量个人数据，人工智能系统可以分析这些数据，揭示用户生活的私密细节。

再次，就法律监管而言，因为这种情况经常发生在监管的灰色地带，同意和数据使用透明度并不总是明确的。人工智能系统的数据聚合可能使个人容易遭受数据泄露。收集的数据越多，发生安全漏洞时的风险就越高。这凸显了严格的网络安全措施和强大的数据保护政策的必要性，特别是遵守《通用数据保护条例》（GDPR）和《加州消费者隐私法案》（California Consumer Privacy Act，CCPA）等法规，这些法规旨在让个人更好地控制自己的个人数据。

最后，围绕人工智能增强数据收集的伦理考虑是多方面的。人们越来越需要尊重隐私并确保数据使用公平的负责任的人工智能实践。算法透明度至关重要,用户有权了解他们的数据如何被使用以及用于什么目的。此外,人们呼吁在人工智能系统中"设计隐私",确保将隐私考虑纳入开发过程。展望未来,挑战在于利用人工智能的社会和经济效益潜力与保护个人隐私之间寻求平衡。政策制定者、技术专家和法律专家必须合作建立管理人工智能数据实践的道德准则和监管框架。这种协作方法对于利用人工智能的优势、同时防范其风险至关重要,确保未来技术进步与数据隐私和保护相协调。

2. 个性化与隐私

在数字时代,人工智能(AI)已成为提供个性化体验的关键工具,这一趋势从根本上重塑了企业与消费者之间的互动。通过利用大量数据,人工智能算法可以根据个人喜好定制产品、服务和内容,创造高度定制的用户体验。例如,Netflix 等流媒体服务使用人工智能来分析观看习惯并提供个性化推荐,从而显著提高用户参与度。[1] 同样,电子商务平台利用人工智能根据用户的浏览和购买历史向用户展示他们更有可能购买的产品。这种由人工智能数据处理能力提供支持的个性化程度是前所未有的,并且已被证明在提高客户满意度和忠诚度方面取得了巨大成功。

然而,这种个性化方法引起了严重的隐私问题。个性化体

---

〔1〕 A. Ahmed, A. M. Abdulkareem, "Big Data Analytics in the Entertainment Industry: Audience Behavior Analysis, Content Recommendation, and Revenue Maximization", *Reviews of Contemporary Business Analytics*, 2023, 6 (1), p. 90.

验所需的数据收集的粒度意味着公司经常收集和分析有关个人的敏感信息，包括他们的行为、兴趣，甚至位置。这种密集的数据收集通常是在没有用户明确同意或知情的情况下进行的，这对用户隐私构成了巨大的风险。它会导致用户不知道有多少个人数据被收集、如何使用或与谁共享。此外，这些数据有可能被出售给第三方或用于非预期目的，这进一步加剧了隐私问题。

挑战在于平衡人工智能驱动的个性化的好处与保护个人隐私的需要。这种平衡行为不仅是一项技术挑战，也是一项法律和道德挑战。GDPR 和 CCPA 等法规的实施，标志着人工智能和大数据时代保障用户隐私迈出的重要一步。这些法规要求提高数据收集实践的透明度，并赋予用户对其数据更多的控制权，包括访问、更正和删除其个人信息的权利。遵守此类法规迫使企业重新评估其数据实践。他们必须确保个性化算法在法律界限和道德规范内运行。这包括获得数据收集的明确同意、实施"隐私设计"方法，以及确保用户了解其数据的使用方式。为了让人工智能驱动的个性化能够长期持续下去，它必须尊重用户隐私并遵守这些不断发展的数据保护法。

展望未来，人工智能驱动的个性化与隐私之间的关系将继续发展，并持续受到技术进步、监管变化和公众对隐私态度转变的影响。人工智能和机器学习的创新可能会带来更复杂的个性化技术，从而可能加剧隐私问题。作为回应，我们可能会看到新的隐私增强技术（Privacy Enhancing Technologies，PET）[1]的发展，这些技术允许在不损害个人隐私的情况下实现个性化。例如，联邦学习等技术使人工智能模型能够从分散的数据源中学习，而无需集中访问或存储个人数据。[2] 此外，公众对隐私问题的认识不断增强，可能会推动对更具隐私意识的个性化解决方案的需求。这可能会导致范式转变，在人工智能应用程序中优先考虑用户隐私的企业将获得竞争优势。政策制定者、技术专家和隐私倡导者之间正在进行的对话，对于塑造人工智能驱动的个性化和用户隐私能够和谐共存的未来至关重要。这种微妙的平衡对于以尊重和保护个人隐私的方式充分发挥人工智能的潜力影响深远。

3. 预测分析和隐私影响

人工智能的出现开创了高级预测分析时代，尤其是生成式人工智能因其基于数据分析预测未来趋势、行为和结果的能力而脱颖而出。预测分析的核心涉及算法和机器学习技术，用于

---

[1] 隐私增强技术（PET）是多种软件和硬件解决方案，旨在通过最大限度地减少或消除可识别信息的收集和共享来保护用户的个人数据和隐私。PET包含加密、匿名化、假名化和安全多方计算等技术，使个人能够在线交互、通信和进行交易，同时保护其个人信息免遭未经授权的访问、滥用或泄露。这些技术在数字时代变得越来越重要，对数据隐私和安全的关注至关重要，并且它们在实施隐私设计原则方面发挥着至关重要的作用。通过促进对个人数据的更好控制，PET使用户能够掌控自己的数字隐私，提供有助于遵守GDPR等严格数据保护法规并增强在线环境信任的工具。

[2] L. U. Khan, W. Saad, Z. Han, et al., "Federated Learning for Internet of Things: Recent advances, Taxonomy, and Open Challenges", *IEEE Communications Surveys & Tutorials*, 2021, 23 (3), p. 4.

分析历史和当前数据以预测未来事件。其应用广泛且多样，从个性化营销和财务预测到医疗诊断和预防犯罪。例如，在医疗保健领域，预测模型可以分析患者数据，以识别患有某些疾病的高风险人群，从而实现早期干预。[1] 在电子商务领域，这些分析有助于预测客户偏好、优化库存并通过个性化推荐增强用户体验。[2]

然而，预测分析的力量伴随着重大的隐私影响。这项技术依赖于广泛的数据收集和处理，其本质对个人隐私构成了固有的风险。由于预测模型通常需要详细的个人信息才能有效发挥作用，因此人们对所收集数据的范围和性质产生了担忧。有用的预测和侵入性监视之间只有一线之隔。例如，虽然预测客户的购买习惯有利于个性化营销，但它也可能导致侵入性广告，从而引发隐私问题。同样，在医疗保健领域，虽然预测分析可以改善患者护理，但必须谨慎管理敏感健康数据的使用，以达到有效诊治和隐私保护之间的微妙平衡。但是，这种平衡不仅仅是一个技术问题，而且是一个涵盖法律、道德和社会层面的更广泛的议题。保障患者隐私并遵守医疗保健法规［例如美国的《健康保险携带和责任法》(Health Insurance Portability and Accountability Act，HIPAA)］对于医疗服务商而言无疑为一种

---

［1］ A. R. Bhuiyan, R. Ullah, A. K. Das, "iHealthcare: Predictive Model Analysis concerning Big Data Applications for Interactive Healthcare Systems", *Applied Sciences*, 2019, 9 (16), p. 9.

［2］ M. Ettl, P. Harsha, A. Papush, et al., "A Data-driven Approach to Personalized Bundle Pricing and Recommendation", *Manufacturing & Service Operations Management*, 2020, 22 (3), pp. 17-18.

底线要求。预测模型可以帮助医疗保健提供者识别潜在的健康风险、定制患者治疗计划和加强疾病管理,但他们必须在不损害患者数据的安全和隐私的情况下进行。这就需要严格的数据治理实践,包括在适当的情况下对患者数据进行匿名化或假名化,以及实施强大的安全措施以防止未经授权的访问或数据泄露。此外,患者数据如何用于预测分析的透明度对于维持患者的信任和同意十分重要。医疗保健提供商必须仔细应对这些复杂性,利用预测分析的优势,同时坚持最高标准的数据隐私和道德责任。

当然,在人工智能和机器学习持续进步的推动下,预测分析领域将可预见性地维持增长。然而,这种增长可能伴随着隐私倡导者、监管机构和公众的日益严格的审查。随着人们对数据隐私意识的增强,人们越来越需要在预测模型中更加透明和合乎道德地使用个人数据。这可能会导致预测分析中新的隐私增强技术和方法的发展,例如差异隐私[1],它会向数据添加噪音以保护个人隐私,同时仍然提供有用的汇总见解。此外,不断变化的监管环境将继续影响预测分析的部署方式,特别是

---

[1] 差异隐私是一个复杂的框架,用于从数学上确保数据分析和统计报告中的隐私,特别是在处理敏感或个人信息时。这种方法允许研究人员和分析师从数据集中收集有用的见解,同时确保维护个人数据主体的隐私。它的工作原理是向数据或分析算法中添加受控数量的随机噪声,从而在统计上不可能识别或推断数据集中任何个体的信息。在需要共享数据或用于研究但必须保护数据中代表的个人隐私的情况下,差异隐私尤其有价值。通过提供可量化的隐私损失衡量标准并在保护个人隐私的同时启用数据实用性,差异隐私已成为现代数据分析技术的基石,尤其是在数据敏感性成为主要关注点的领域。

在医疗保健和金融等敏感行业。利用预测分析的组织需要保持敏捷，适应新的法规和公众的期望。他们还需要投资建立公众信任，展示他们对隐私和负责任的数据使用的承诺。

总之，预测分析是一把双刃剑，它在各个领域提供显著的优化方案，但同时也对个人隐私带来挑战。预测分析的未来将取决于行业如何有效地应对这些挑战，确保数据分析的创新与强大的隐私保护齐头并进。

4. 人工智能、数据安全和保护措施

在人工智能快速发展的背景下，数据安全成为最重要的问题之一。人工智能处理和分析大量数据的能力不仅带来了创新，也带来了重大的安全挑战。人工智能的本质涉及从大量数据集中学习，可能会使这些系统面临独特的漏洞。随着人工智能越来越多地集成到关键系统中，数据泄露、人工智能模型盗窃和对抗性攻击等网络威胁变得更加明显。此外，人工智能算法的复杂性有时会掩盖潜在的安全弱点，导致难以及时发现和修复漏洞。

人工智能系统的安全性需要从多个方面加以观察，包括保护它们处理的数据、算法本身以及它们做出的决策。确保人工智能系统中数据的机密性、完整性和可靠性至关重要。机密性确保敏感信息不会泄露给未经授权的各方，完整性确保数据和算法不被篡改，可靠性确保这些系统在需要时可访问和运行。保护人工智能系统需要一种全面的方法，包括对传输中和静态数据的强大加密、安全身份验证机制和定期漏洞评估。为了保护数据安全，必须实施一系列安全措施并确定最佳实践。一个关键方面是确保培训数据和培训过程本身的安全性。这涉及验证数据源的完整性，实施安全的数据存储和传输协议[1]，以及防止数据中毒攻击，其中恶意数据会被插入到训练集中以扭曲人工智能的算法结果。此外，部署强大的加密技术和安全数据共享协议[2]对于保护人工智能系统使用的敏感数据同样重要。

识别和解决人工智能系统中潜在安全漏洞的另一重要途径是定期安全审计和漏洞评估。这包括测试人工智能算法对对抗性攻击的敏感性，其中轻微的、通常难以察觉的输入旨在欺骗人工智能模型做出错误的决策。此外，必须建立明确的数据治理政策，定义谁可以访问数据和人工智能模型、在什么条件下以及出于什么目的。这对于处理高度敏感数据的行业尤其重要，例如医疗、金融和国家安全领域。"设计安全"的概念应

---

〔1〕 数据存储和传输协议，是指用于在不同系统和网络内以及跨不同系统和网络安全有效地存储、检索和移动数据的标准化方法和指南。这些协议涵盖一系列技术和实践，包括数据存储的格式和结构、传输过程中保护数据的加密技术以及 SSL/TLS 等安全传输通道的实现。它们确保数据完整性、机密性和可用性，遵守合规性要求和行业最佳实践。在数字交互蓬勃发展和网络安全威胁日益增加的背景下，这些协议在管理数据生命周期（从初始存储到最终目的地或使用点）方面发挥着至关重要的作用。

〔2〕 安全数据共享协议（Secure Data Sharing Agreement, SDSA）是一个法律框架，用于管理实体之间的数据交换，确保敏感或机密信息得到负责任且安全的共享。它详细说明了数据共享的参与方、数据共享的目的、数据的类型和分类，并根据相关法律法规规定了严格的数据处理和安全措施。该协议还概述了访问权、数据保留和销毁政策、违规通知协议，并包括审计、责任和赔偿条款。SDSA 对于维护数据完整性和隐私至关重要，它是以合法且安全的方式管理数据交换的重要工具，特别是在当今的数字和互连环境中。

该成为人工智能开发不可或缺的一部分,其中安全措施被纳入人工智能系统开发的每个阶段以进行事前防御,而非事后补漏。这种方法确保从一开始就将安全考虑因素嵌入到人工智能系统的架构中。此外,人工智能开发人员和操作人员亦应接受网络安全最佳实践的培训,在组织内培养安全意识文化。

随着人工智能的不断发展,与之相关的安全挑战和保护策略也将不断发展。一种新兴趋势是利用人工智能本身来增强网络安全。人工智能驱动的安全系统可以比传统方法更有效地预测和识别潜在威胁,并在出现新的网络威胁时进行适应。然而,这也引发了人们对人工智能可能被滥用于恶意目的的担忧,例如复杂的人工智能网络攻击。另一个挑战是确保物联网(IoT)生态系统中人工智能的安全,其中大量连接设备收集和共享数据。人工智能在物联网设备中的集成增加了攻击面,需要更先进的安全协议和新颖的方法来防范高度互连的环境中的威胁。

综上所述,虽然人工智能为创新和效率提供了巨大的现实机会,但它也带来了重大的数据安全挑战。未来,人工智能领域的网络威胁和保护措施可能会持续性地交替演变,因此需要保持警惕,不断进行安全技术创新,并遵守人工智能开发和部署的最佳实践。

5. 道德考虑和公平性

人工智能(AI)在处理个人数据方面的整合打开了道德考虑的潘多拉魔盒,凸显了人工智能系统中公平和问责的必要性。人工智能处理和分析大量数据集的能力可以在医疗、金融和营销等领域带来重大进步。然而,这种能力也引发了有关隐私、同意和透明度的道德问题。人工智能驱动的个性化服务虽然有利于增强用户体验,但通常会收集和分析敏感的个人数据,有时未经用户明确同意或理解。这引发了有关此类数据收集的道德性以及个人信息潜在滥用的问题。

人工智能在决策过程中的作用也引起了道德问题。人工智能算法越来越多地应用于贷款审批、工作筛选和刑事判决等领域,它们可以对个人的生活产生重大影响。这里的道德困境是双重的:人工智能算法的不透明性,这通常会导致决策过程出现不透明的"黑匣子"场景,以及这些算法可能存在固有偏见。[1]人工智能中的偏见可能源于不正确的训练数据或算法设计,从而导致对某些群体的歧视性结果。这挑战了公平的道德原则,强调人工智能系统需要透明且没有歧视性偏见。

在人工智能系统中实现公平是一项复杂的任务,涉及多个利益相关者,包括开发人员、监管机构和最终用户。公平意味着人工智能系统不会延续现有的偏见或创造新形式的歧视。这需要在数据收集、算法设计和部署阶段仔细考虑,尤其需要确保训练数据集的多样性,这是避免可能导致不公平结果的样本基础。例如,面部识别技术因其不准确而受到批评,特别是在识别来自某些种族或民族背景的个人方面。这强调了多样化、

---

[1] J. Zerilli, A. Knott, J. Maclaurin, et al., "Transparency in Algorithmic and Human Decision-making: Is There a Double Standard?", *Philosophy & Technology*, 2019 (32), pp. 14-15.

代表性数据集在训练人工智能模型中的重要性。而透明度则是确保公平的另一个关键组成部分。这包括让最终用户和监管机构能够理解人工智能系统的工作原理,以便进行审查和问责。透明度有助于在用户之间建立信任,确保人工智能决策能够得到解释和合理化。此外,当人工智能系统导致不公平或有害结果时,需要有一个明确的问责框架。这包括为人工智能开发和使用建立法律和道德准则,特别是在高风险场景中。

由此可见,人工智能的伦理发展需要社会各界的共同努力。可解释的人工智能(Explainable Artificial Intelligence,XAI)[1]等技术进步旨在使人工智能决策过程更加透明和易于理解,解决"黑匣子"问题。此外,在国家和国际层面上,人们越来越多地倡导人工智能道德框架和指南。这些框架强调透明度、公平、问责制和尊重用户隐私等原则。监管在道德人工智能发展中的作用怎么强调都不为过。管理人工智能使用的法律和政策(例如欧盟的GDPR)设定了数据保护和用户权利的标准。然而,仍然需要更具体的法规来解决人工智能道德和公平性的细微差别。同时,人们也越来越重视人工智能专业人员的道德培训,确保他们不仅技术熟练,而且具有道德意识。

人工智能的道德考虑和公平性可以确保在不损害个人权利

---

〔1〕 可解释的人工智能(XAI),是指旨在为其操作、决策和输出提供人类可理解的解释的人工智能系统。与"黑匣子"人工智能模型相比,"黑匣子"人工智能模型无法深入了解其决策过程,XAI旨在使人工智能更加透明、负责和值得信赖,从而增强用户信心并促进更广泛的采用。XAI涉及允许用户理解和信任人工智能模型的结果和输出的技术和方法。

和社会价值观的情况下实现这种变革性技术。当然，通往"道德人工智能"的旅程涉及复杂的多个领域的冲突与协调，需要采取多方面的技术方法和思想理念，包括技术创新、监管框架和道德意识。随着人工智能的不断发展，道德考虑应当始终处于其开发和部署的最前沿。

二、物联网中的数据安全

在当今快速发展的数字环境中，物联网（IoT）作为一项革命性的技术进步脱颖而出，无缝集成了大量设备单元——从日常家居用品到复杂的工业机械。这种互连的设备网络能够收集、传输和处理数据，反映出技术是如何渗透和增强我们生活的各个方面的。然而，随着物联网生态系统的扩展，数据安全方面的严峻挑战也愈加凸显。鉴于这些设备的互连性质，单个漏洞可能会产生更为广泛的不利影响，甚至危及大量敏感数据的安全和隐私。本节内容旨在全面评估物联网设备激增所固有的多方面数据安全挑战，探索复杂网络中可能的安全隐患和漏洞，并深入研究在监管方面对于可适用性法律框架的现实需求。

（一）物联网生态系统和数据生成

1. 走进物联网生态系统

物联网（IoT）代表了一个复杂且相互关联的生态系统，包含各种设备、网络和数据交互。物联网生态系统的核心由嵌入传感器、软件和其他技术的物理对象组成，所有这些都旨在通过互联网与其他设备和系统连接和交换数据。[1] 这些物品的范围从智能恒温器和冰箱等日常家居用品到联网机械和物流跟踪器等复杂的工业工具。物联网生态系统的一个关键组成部分是将这些设备绑定在一起的网络连接。这种连接可以实现设备和中央处理单元之间的数据无缝传输,这些数据通常存储在基于云的服务中,通信协议和标准各不相同,包括 Wi-Fi、蓝牙、Zigbee 和蜂窝连接,每种协议和标准根据范围、能源效率和数据传输要求等因素适合不同的物联网应用。[2]

物联网设备生成的数据数量庞大且多样化。它包括温度读数、能源使用和机械性能等操作数据,以及用户行为模式和环境条件等更细致的数据。这些数据被持续收集,提供实时见解,可用于提高效率、预测维护需求并改善用户体验。这些数据的处理和分析通常涉及人工智能和机器学习算法,将原始数据转化为可操作的情报,从而推动各个部门的决策和创新。

2. 物联网数据的性质和价值

物联网设备产生了前所未有的数量和种类的数据,这构成了其价值主张的基石。[3] 这些数据的性质大致可以分为三类:

---

[1] S. Bansal, D. Kumar, "IoT Ecosystem: A Survey on Devices, Gateways, Operating Systems, Middleware and Communication", *International Journal of Wireless Information Networks*, 2020 (27), pp. 300-304.

[2] A. Al-Fuqaha, M. Guizani, M. Mohammadi, et al., "Internet of Things: A Survey on Enabling Technologies, Protocols, and Applications", *IEEE Communications Surveys & Tutorials*, 2015, 17 (4), p. 2358.

[3] K. L. Chen, A. Lassen, C. Li, et al., "Exploring the Value of IoT Data as an Enabler of the Transformation towards Servitization: An Action Design Research Approach", *European Journal of Information Systems*, 2023, 32 (4), p. 26.

运营数据、环境数据和用户行为数据。运营数据是指与物联网设备本身功能相关的信息，例如性能指标、错误日志和维护记录。环境数据包含设备与之交互或测量的外部因素，例如温度、湿度或空气质量。用户行为数据可能是最复杂的，因为它涉及用户与物联网设备的交互和模式设定，例如使用时间、偏好和设置。

物联网的核心价值在于其将物理对象连接到数字世界的能力，创建一个由智能互联设备组成的网络，用于通信和交换数据。这种持续的数据流为日常生活和业务运营的众多方面提供了前所未有的洞察力，从而实现更明智的决策、优化流程并开辟了创新途径。在从制造到医疗保健的各个行业，以及从智能家居到智能城市的应用中，物联网正在改变我们与技术和周围环境互动的方式。

在工业领域，物联网的影响深刻地体现在效率和生产力的提高上。通过将传感器和智能设备集成到机械和设备中，企业可以持续实时监控和分析运营数据。此功能允许进行预测性维护，在潜在问题导致设备故障之前识别并解决它们，从而显著减少停机时间和维护成本。此外，物联网数据有助于优化制造流程、供应链管理和能源使用，从而节省成本并增强可持续性。在农业中，物联网技术用于监测土壤湿度、作物健康和天气状况，使农民能够在灌溉、施肥和收获方面做出更明智的决策，从而提高作物产量和资源利用效率。

除了工业应用之外，物联网的价值还延伸到改善生活质量和促进城市可持续发展方面。在智能家居中,恒温器、照明系统和安全摄像头等物联网设备为房主提供便利、能源效率和增强的安全性。这些设备可以学习用户的行为和偏好,实现流程自动化以节省能源并提供个性化体验。[1] 在智慧城市领域,物联网在交通管理、公共安全和环境监测方面发挥着关键作用。[2] 通过分析全市传感器和摄像头的数据,市政部门可以更有效地管理交通流量、降低污染水平并加强公共安全措施。此外,物联网数据有助于更好地资源管理,包括水和废物管理,使城市更加可持续和宜居。

因此,物联网的价值是多方面的,包括经济效益、社会进步和环境可持续性。它提供实时、可操作数据的能力是这一价值的基石,推动各个领域的创新和效率。随着物联网技术不断发展并与人工智能和区块链等其他新兴技术融合,其彻底改变行业和改善日常生活的潜力必将进一步扩大。

3. 物联网数据生成的规模和影响

物联网设备的数量和种类呈指数级增长,导致生成的数据量相应激增。物联网数据的激增正在重塑整个行业,催生新的商业模式,并创造创新机会。然而,它也带来了重大挑战,特别是在数据管理、安全和隐私方面。

---

[1] A. Sharida, A. Hamdan, M. Al-Hashimi, "Smart Cities: The Next Urban Evolution in Delivering a Better Quality of Life", *Studies in Computational Intelligence Book Series*, 2020 (846), p. 287.

[2] S. P. Mohanty, U. Choppali, E. Kougianos, "Everything You Wanted to Know About Smart Cities: The Internet of Things is the Backbone," *IEEE Consumer Electronics Magazine*, 2016, 5 (3), pp. 4-6.

物联网数据生成的规模是巨大的。据思科称，到 2023 年，全球联网设备的数量预计将达到 293 亿台。[1] 从智能手表到工业传感器，每一个设备都会造成数据洪流，产生需要存储、处理和分析的信息。这一规模的影响是多方面的。一方面，它导致了更复杂的数据分析工具的开发，包括能够从大型数据集中提取有意义的见解的先进人工智能和机器学习算法。另一方面，它引发了人们对处理这些数据所需的基础设施的担忧，包括网络带宽、存储容量和处理能力。

物联网数据产生的影响是多维度的，渗透到社会和行业的各个方面。它提高效率，增强个性化，支持可持续实践，并为个人和社区的福祉做出贡献。随着物联网技术的不断发展和扩散，通过数据生成和利用产生变革性影响的潜力将进一步增长，预示着不断推陈出新的生活和工作方式。但是，物联网数据生成的规模也带来了重大的隐私和安全挑战。生成和收集的数据越多，数据泄露和未经授权访问的风险就越大。确保这些数据的安全性，特别是当数据穿越各种网络和设备时，变得越来越复杂。随着物联网生态系统的不断扩展，解决这些挑战对于数字经济生态而言则极为关键。某种意义上，这需要行业利益相关者、政策制定者和技术提供商共同努力，为物联网数据安全和隐私制定强大的标准和协议。它还需要重新思考法律框架和监管指南，以跟上物联网数据生成和使用不断变化的

---

[1] Wi-Fi © predictions from Cisco's Annual Internet Report | Wi-Fi Alliance, last visited on January 12, 2024.

格局。

(二) 物联网中的数据安全挑战

物联网（IoT）中的安全挑战非常重大且多种多样，这主要是由于物联网本身多样性和广泛性的特征所造成的。物联网涉及庞大的互联设备网络，从简单的传感器到复杂的工业机器，每种设备都有不同的硬件和软件配置。这种多样性使得在所有设备上实施统一的安全协议变得困难。由此，物联网现实性地面临多种独特的安全挑战。

1. 固有的设备脆弱性

物联网（IoT）背景下的设备脆弱性是指物联网设备对各种安全威胁和漏洞的敏感性，这主要源于设备固有的特征和限制，使得它们很容易成为网络攻击的目标。[1] 物联网设备范围从简单的传感器和家用电器到复杂的工业工具，所有设备都通过互联网互连和通信，它们的主要功能是收集、处理和传输数据，这些数据通常具有敏感性质，需要强有力的保护。然而，许多设备都是用有限的计算资源和最少的内置安全功能构建的，这主要是基于节约制造成本的考虑并确保操作的易用性和效率。因此，这些设备通常缺乏运行复杂安全软件的能力，从而容易受到黑客攻击和未经授权的访问。

许多物联网设备的简单性很大程度上导致了它们的脆弱性。这些设备是为特定的、通常是基本的功能而设计的，不具

---

[1] I. Butun, P. Österberg, H. Song, "Security of the Internet of Things: Vulnerabilities, Attacks, and Countermeasures", *IEEE Communications Surveys & Tutorials*, 2019, 22 (1), pp. 9-10.

备笔记本电脑或服务器等更复杂的计算设备中的复杂操作系统或安全协议。例如，智能恒温器或健身追踪器非常注重功能和用户友好性，而往往以牺牲安全性为代价，这使得它们很容易被利用。黑客可以利用这些弱点来获得未经授权的访问、拦截数据，甚至利用这些设备作为侵入更广泛网络的切入点。一旦受到威胁，这些设备可用于各种恶意活动，包括发起分布式拒绝服务（Distributed Denial of Service，DDoS）攻击[1]、挖掘加密货币或参与僵尸网络[2]。

　　此外，物联网设备的庞大规模和多样性更是加剧了这种脆弱性。由于有数十亿台设备连接到互联网，保持每台设备的更新和安全则是一项重大挑战。许多物联网设备一旦部署，就很少收到固件更新或安全补丁，从而使它们面临不断变化的网络威胁。这些设备的异构性（通常来自具有不同安全标准的不同制造商）使统一安全措施的实施变得复杂。物联网安全协议缺

---

　　[1]　分布式拒绝服务（DDoS）攻击是一种恶意尝试，通过用大量Internet流量淹没目标服务器、服务或网络来破坏目标服务器、服务或网络的正常流量。其主要机制涉及使用来自多个来源的大量数据压垮目标，这些数据可能是数百甚至数千个唯一的IP地址。大量的数据包使服务器无法响应合法流量，或者使服务器完全崩溃，导致用户无法使用。DDoS攻击是网络犯罪分子的强大武器，通常用于勒索企业、扰乱运营，或作为活动人士抗议的一种形式。由于其分布式特性，很难被防御，需要先进的过滤和流量分配策略来缓解。

　　[2]　僵尸网络是一个由连接互联网的设备组成的网络，每个设备都感染了恶意软件，因此攻击者可以在设备所有者不知情的情况下对其进行远程控制。这些设备被称为"机器人"，可以包括计算机、服务器以及越来越多的物联网（IoT）设备，例如智能恒温器和摄像头。攻击者或"僵尸主机"可以命令和控制受感染设备的网络，共同使用它们来执行恶意活动。僵尸网络的常见用途包括发起DDoS攻击、发送垃圾邮件、窃取数据和挖掘加密货币。僵尸网络因其规模和所拥有的分布式计算能力而特别危险。

乏标准化意味着即使某些设备受到保护,其他设备也可能仍然暴露,从而对整个网络构成风险。因此,挑战在于开发和实施全面的安全策略,这些策略可以统一应用于各种设备,同时适应各自的操作限制。

2. 与遗留系统的集成问题

物联网(IoT)领域中与遗留系统的集成亦是一项重大挑战。因为需要将新的先进物联网技术与旧的现有系统连接起来,而这些系统最初并不是为与现代互连环境交互而设计的。遗留系统是指已经使用了很长时间并且是许多组织运营不可或缺的较旧的软件、硬件和网络基础设施。这些系统通常运行关键业务流程并包含有价值的数据,这使其不可或缺。然而,它们通常缺乏与更新的物联网技术无缝通信的灵活性和兼容性。这种脱节的出现是因为遗留系统是在物联网出现之前很久就被开发出来的,具有不同的架构标准、通信协议和安全框架。[1]因此,将这些系统与物联网设备集成会带来技术和操作上的复杂性。

将物联网与遗留系统集成的技术挑战是多方面的。首先,存在互操作性问题。遗留系统通常使用过时的协议和数据格式,这些协议和数据格式与现代物联网设备使用的协议和数据格式不兼容,这使得两者之间的直接通信充满挑战。这就需要开发专门的中间件或接口层来在物联网设备和遗留系统之间转

---

[1] N. F. Syed, Z. Baig, A. Ibrahim, et al., "Denial of Service Attack Detection through Machine Learning for the IoT", *Journal of Information and Telecommunication*, 2020, 4 (4), p. 482.

换和中继数据。此外,架构差异也带来了另一个障碍。传统系统通常是为集中式和动态性较差的环境而设计的,很难适应物联网网络的分布式和不断发展的性质,这会导致性能瓶颈、数据同步问题以及增加管理整个系统的复杂性。

除了技术方面之外,物联网与遗留系统的集成还引发了一定程度的安全和运营问题。遗留系统通常存在固有的安全漏洞,而在设计时考虑到当代安全威胁的现代系统中不存在这些漏洞。当这些系统连接到物联网网络时,它们可能会使整个网络面临这些漏洞,从而容易受到网络攻击和引发数据泄露。[1] 这需要严格的安全评估和实施额外的安全层来保护互连网络。从操作上来说,集成过程可能会占用大量资源,并且会破坏现有的工作流程。由于存在运营中断的风险和高昂的成本,许多组织对修改遗留系统持谨慎态度。因此,实现成功的集成需要仔细的规划、大量的投资,并且通常需要采取分阶段的方法来逐步将物联网功能融入遗留基础设施中,以确保对正在进行的运营的干扰最小化。

3. 物联网生态系统的规模性和复杂性

物联网(IoT)生态系统的复杂性之一是需要保护大量设备,每个设备可能运行不同的操作系统和应用程序,并且由不同的供应商制造。建立适用于如此多种设备的通用安全标准或协议是一项重大挑战。由于许多物联网设备的处理能力和存储

---

[1] E. A. Shammar, A. T. Zahary, "The Internet of Things (IoT): A Survey of Techniques, Operating Systems, and Trends", *Library Hi Tech*, 2020, 38 (1), pp. 55-60.

容量有限，限制了可以在其上实施的安全措施的类型，这一事实使情况变得更加复杂。

增加复杂性的另一个方面是物联网设备的生命周期管理。许多物联网设备都是为了长期使用而部署的，通常位于难以到达或偏远的位置。使用最新的安全补丁和固件定期更新这些设备在逻辑上具有挑战性，并且在某些情况下，用户可能不知道需要更新其设备。这导致许多设备在运行时使用过时的安全保护，使它们容易受到新型网络攻击。此外，物联网与关键基础设施和工业系统的集成带来了额外的复杂性。在这些环境中，安全漏洞可能会产生深远的后果，包括基本服务中断、经济损失，在极端情况下甚至危及人类生命。物联网设备与现有遗留系统的集成（可能在设计时并未考虑到物联网）会产生额外的安全漏洞。这些遗留系统通常缺乏抵御现代网络威胁所需的安全功能，使其成为安全链中的薄弱环节。

总之，物联网中的数据安全挑战是多方面且复杂的，源于物联网设备的多样性、物联网网络的庞大性和开放性，以及这些设备与关键基础设施和遗留系统的集成。应对这些挑战需要采取全面的方法，包括强大的安全协议、定期软件更新、用户意识以及制造商、用户和监管机构之间的协作。

4. 协议标准化的缺失

物联网（IoT）生态系统缺乏标准化是影响其部署和运营各个方面的又一挑战。物联网涵盖广泛的设备、技术和应用程序，每种设备、技术和应用程序都由不同的制造商开发并设计用于不同的目的。这种多样性虽然有利于促进创新和提供广泛的解决方案,但会导致设备和系统通常在不同的标准和协议上运行的碎片化格局。这种统一性的缺乏使得设备之间难以无缝连接和协同工作,从而阻碍了互操作性。例如,智能家居设置可能拥有来自多个制造商的设备(例如恒温器、照明系统和安全摄像头),每个设备都使用不同的通信协议,缺乏通用标准迫使用户和集成商投入额外的精力和资源来确保这些设备能够有效交互。

除了互操作性之外,标准化的缺失给可扩展性和安全性也带来了挑战。在标准化环境中,可以跨设备简化安全协议和更新的实施。然而,在当前分散的物联网生态系统中,每个设备可能需要独特的安全方法,这使得确保所有设备得到充分保护变得很麻烦。安全措施的这种变化可能会导致漏洞,因为某些设备可能受到良好的保护,而另一些设备可能很容易成为网络攻击的目标。此外,标准化的缺乏使物联网解决方案的扩展过程变得复杂。[1] 对于希望扩展物联网基础设施的企业和城市来说,新设备或系统的集成成为一项复杂的任务,通常需要广泛的定制和兼容性检查。这不仅增加了扩展所涉及的时间和成本,而且还限制了充分利用物联网创新解决方案的潜力。

解决物联网标准化缺乏的问题需要行业利益相关者(包括制造商、开发商和监管机构)的共同努力。建立物联网的通用

---

[1] S. A. Al-Qaseemi, H. A. Almulhim, M. F. Almulhim, et al., "IoT Architecture Challenges and Issues: Lack of Standardization", 2016 Future Technologies Conference (FTC), *IEEE*, 2016, pp. 731-738.

标准和协议将简化设备通信、增强安全性并简化集成和可扩展性。然而，考虑到物联网的广阔范围和技术进步的快速步伐，实现这一目标是一项复杂的任务。它不仅涉及技术考虑，还涉及监管和经济因素，因为标准化工作必须平衡统一的需要与鼓励创新和竞争的需要。合作倡议和行业联盟在这方面致力于制定可广泛采用的共同框架和准则。从长远来看，标准化工作将是释放物联网全部潜力以及实现更具凝聚力、安全性和可扩展性的物联网生态系统的关键。

5. 数据隐私和保护问题

物联网（IoT）环境中的数据隐私和保护问题正在受到人们的持续关注。从家庭自动化系统到工业传感器，物联网设备不断收集、存储并分析数据，提供对个人习惯、企业运营效率等的洞察。这些数据虽然对于改善服务和用户体验非常宝贵，但如果处理不当也会带来重大风险，尤其应当警惕个人数据遭受未经授权的访问和滥用。物联网设备通常缺乏强大的安全功能，因此很容易受到黑客的攻击，黑客可以利用这些弱点来访问敏感数据。例如，来自健身追踪器的数据可以揭示私密的健康细节，或者来自智能家居设备的信息可以揭示某人的生活方式。由于物联网设备是相互连接的，这一风险更加复杂，这意味着一台设备的漏洞可能会危及整个网络的安全。

物联网数据隐私和保护的另一个方面是需要透明的数据处理实践。用户经常不知道他们的设备收集的数据范围、数据的使用方式或存储位置。这种透明度的缺乏可能会导致不信任和对隐私泄露的担忧。许多物联网设备集成到服务中，分析和利用用户数据于各种目的，这必然会引起人们对数据被用于有针对性的广告，甚至在未经用户明确同意的情况下出售给第三方的忧虑。故而有效的数据隐私政策和实践对于确保用户了解并控制其数据至关重要。这包括提供有关数据收集实践的明确信息、获得用户同意以及提供选择退出或删除其数据的选项。因此，确保物联网设备及其相关服务遵守道德数据使用原则具有相当的必要性。然而，由于设备的多样性和生成的数据量巨大，在物联网领域实施这些实践亦具有相当的挑战性。

此物联网网络的技术异构性和分布式特性进一步加剧了物联网中数据隐私管理和保护的复杂性。不同的设备可能具有不同的实施安全和隐私措施的能力，并且它们可能使用不同的数据通信和存储标准。这种多样性使得在物联网生态系统的所有设备和组件上应用统一的安全和隐私策略变得困难。另外，物联网的动态特性，设备不断添加、更新或更换，意味着保护隐私的安全措施同样需要适应和升级，这便需要物联网设备制造商、服务提供商、监管机构和用户本身的共同努力。设备制造商和服务提供商在设计设备和系统时必须将隐私和安全作为基本原则，而不是事后的想法。监管机构需要建立并执行保护用户数据的标准规范。就用户而言，他们则应该了解并警惕其物联网设备的功能和数据处理实践。

（三）物联网中的数据全球治理

随着物联网设备跨境收集和传输数据，数据主权问题变得极为突出。谁拥有数据？数据属于谁的管辖范围？当数据跨越多个司法管辖区时，这些问题变得尤其复杂，每个司法管辖区都有自己的一套数据保护和隐私法。[1] 因此，有必要深入探讨在全球背景下数据治理的法律和伦理方面的相关问题，提出国际合作和数据管理的框架构想，为全球数据治理的发展方向献计献策。

1. 数据本地化与数据全球流动

数据本地化和数据全球流动代表了数据管理和治理的两种截然不同的方法，特别是在物联网（IoT）和跨境数据流动的背景下。数据本地化是指法律或政策要求数据在特定国家境内进行物理存储、处理和管理。这种方法通常是出于对数据隐私、安全和主权的担忧。实施数据本地化的政府认为，这增强了他们在必要时合法访问数据的能力，并确保数据受到他们自己的隐私和安全法规的保护。例如，一个国家可能要求在其境内收集的所有个人数据存储在位于该国境内的服务器上，旨在保护其公民的数据免受外国监视和网络威胁，并确保其遵守当地法律标准。

另外，数据的全球流动提倡数据在跨境流动中的自由性。这种观点强调了全球范围内无缝交换和处理数据所带来的好处。在物联网生态系统中，设备和服务通常依赖分布在全球范围内的数据中心和云服务来优化性能、提高效率并减少延迟。

---

[1] 吴琦：《网络空间中的司法管辖权冲突与解决方案》，载《西南政法大学学报》2021年第1期。

全球数据流的支持者认为，将数据限制在一个区域会阻碍数字服务的效率和有效性，可能导致成本增加和创新减少。[1] 他们指出，在全球化的世界中，国际业务和服务依赖于跨境自由传输数据的能力。例如，跨国公司可能依靠在一个中心位置汇总和分析来自不同国家的数据来为全球战略和运营提供决策支持。

观其本质，数据本地化和全球数据流动之间的冲突反映了国家利益与互联网和现代商业的全球性之间的紧张关系。数据本地化可能导致碎片化——"分裂互联网"——互联网的普遍性受到国界的损害，成为阻碍国际贸易与导致合作效率低下的壁垒。此外，它给企业（尤其是规模较小的企业）带来了沉重的负担，因为它们可能没有资源在其运营的每个地区建立单独的数据存储设施。然而，全球数据自由流动的观点必须与对数据保护和国家安全的合理担忧相平衡。各国可能不愿允许敏感数据在具有不同法律标准或法律追索权有限的司法管辖区存储或处理。平衡这两种观点是一项复杂的挑战，需要细致入微的政策制定，考虑国家主权和安全、个人隐私的需求以及全球互联的数字经济的现实。

2. 治理和监管框架

物联网（IoT）和跨境数据流背景下的治理和监管框架对于确保实现这些技术的优势并同时降低相关治理风险十分关

---

[1] Ziyu Yi, Long Wei, Xuan Huang, "Does Information-and-Communication-Technology Market Openness Promote Digital Service Exports?", *Sustainability*, 2022, 14 (9), p.4.

键。随着物联网设备日益渗透到个人生活和商业领域的各个方面，它们会产生大量数据，而且往往跨越国界。这就需要强大的治理结构和监管框架来应对如此广泛的数据交换带来的挑战。物联网的有效治理涉及制定政策和标准，确保以负责任、合乎道德且安全的方式收集、使用和共享数据。监管框架必须解决数据隐私、安全性、互操作性以及遵守当地和国际法律等问题。目标是保护消费者和组织，培养对物联网技术的信任，并鼓励该领域的创新和增长。

　　建立物联网治理和监管框架的主要挑战之一是技术进步的快节奏，这往往超过了相应法律和法规的发展速度。这种滞后可能会导致监管空白，新兴技术在法律灰色地带运行，可能使用户和企业面临不可预见的风险。为了解决这个问题，监管框架需要灵活且适应性强，使其能够随着技术进步而发展。另外，这些框架应促进不同物联网系统和设备之间的互操作性和标准化，确保物联网生态系统内的无缝流动和安全通信，因为数据必须穿越监管标准可能不同的各个司法管辖区。在这种情况下，有效的治理需要采取统一的方法，通过国际合作制定全球认可和实施的标准和法规。

　　治理和监管框架必须平衡用户数据和隐私的保护与创新和经济增长的需求。欧盟的 GDPR 是影响物联网监管框架的一个典型例子。GDPR 对个人数据的收集、存储和使用方式进行了严格控制，包括来自物联网设备的数据。例如，跟踪用户健康数据的智能手表必须遵守 GDPR 的同意和数据最小化原则。该法规还授予用户访问其数据[1]甚至删除数据的权利[2]，从而使物联网设备制造商和服务提供商承担确保合规性的重大责任。与 GDPR 类似，美国加州颁布 CCPA 影响收集和处理个人数据的公司，并扩展到物联网设备。从加州居民收集数据的智能家居设备制造商必须遵守 CCPA 的要求，例如披露正在收集的数据并允许消费者选择不出售其数据。

当然，过于严格的法规可能会抑制技术进步并限制物联网的潜在优势，而宽松的法规亦可能会导致隐私侵犯和安全漏洞。这种微妙的平衡需要利益相关者的参与，包括技术开发人员、用户、法律专家和政策制定者的意见。隶属于美国商务部的国家标准与技术研究院（National Institute of Standards and Technology，NIST)[3]开发了一个网络物理系统框架，其中包括物联网。该框架是在听取了工业界、学术界和政府等利益相关者的广泛意见后最终创建的。它对于解决物联网监管方面的相关问题具有一定的借鉴意义，包括安全和隐私，提供了一种

---

[1] European Union, General Data Protection Regulation (GDPR), 2016/679, Art. 15, "Right of Access by the Data Subject."

[2] European Union, General Data Protection Regulation (GDPR), 2016/679, Art. 17, "Right to Erasure ('Right to be Forgotten')."

[3] 美国国家标准与技术研究院（NIST）是美国商务部的非监管机构，在技术、指标和标准的开发方面发挥着重要作用，以推动美国的创新和经济竞争力。NIST 专注于以增强经济安全和提高生活质量的方式推进测量科学、标准和技术，在各个领域开展研究，包括物理、工程、信息技术、纳米技术和网络安全。

结构化的方法来开发和管理物联网系统。[1] 该框架有助于识别和解决物联网中的网络安全挑战，提供平衡安全需求与促进物联网领域创新和增长的需求的指南。透明度和问责制是这些框架的关键组成部分，确保用户了解其数据的使用方式并对其进行控制。物联网领域治理和监管框架的最终目标是创建一个安全、值得信赖和动态的环境，使所有利益相关者都能最大限度地发挥物联网和跨境数据流的优势。

3. 国际合作与政策协调

国际合作与政策协调是管理物联网（IoT）和跨境数据流复杂性的重要组成部分。在物联网生态系统中，设备和服务经常跨境运行，与可能具有不同法律和监管标准的多个司法管辖区进行交互，特别是在数据隐私、安全和使用方面。国际合作有助于创建更加统一的监管环境，这对于全球物联网系统的无缝、安全运行十分重要。这种合作可以采取旨在建立共同标准的跨国协议、条约或伙伴关系的形式。协调工作不仅简化了在多个地区运营的公司的合规性，还提高了物联网系统的整体安全性和效率。这种统一的政策确保了企业的公平竞争环境，促进多样化的竞争并鼓励跨境创新。

国际合作还有助于解决物联网的道德担忧和社会影响等问题。随着这些技术日益融入生活的方方面面，它们引发了有关

---

[1] M. Burns, J. Manganelli, D. Wollman, et al., "Elaborating the Human Aspect of the NIST Framework for Cyber-physical Systems", *Proceedings of the Human Factors and Ergonomics Society Annual Meeting*, Sage CA: Los Angeles, CA: SAGE Publications, 2018, 62 (1), pp. 450-454.

数字公平、访问以及广泛数据收集和监控的社会影响问题。国际合作可以帮助建立道德准则和政策，确保物联网技术的开发和使用对整个社会有利。协作努力还可以集中于弥合数字鸿沟，确保不同社会经济和地理区域都能获得物联网技术的好处。从本质上讲，物联网和跨境数据流动领域的国际合作不仅仅是技术和监管，更是推广"数字伦理"规范的关键场域，核心命题是涉及就这些技术应如何以公平、安全和尊重隐私及人权的方式塑造未来达成共识。

统一的政策在解决跨境数据流固有的隐私和安全挑战方面扮演着十分关键的角色。不同的国家有不同的数据保护方法，一些国家执行严格的隐私法，而另一些国家可能有更宽松的法规。国际合作，例如开发数据保护和网络安全框架，可以帮助弥合这些差异，确保数据受到一致的保护，无论其空间流动如何。这种全球数据治理方法不仅有利于保护用户隐私，而且对于建立对物联网技术的信任同样重要。例如，相互承认隐私标准的协议可以促进数据交换，同时尊重每个参与国的隐私法。这些统一的法规对于物联网新兴技术的普遍推广十分必要，因为物联网的快速创新往往超过了各个国家法律法规的发展。

然而，鉴于各国法律、文化和政治环境的多样性，实现国际合作和政策协调是一项复杂的任务。它需要政府、行业领导者和国际组织之间持续的对话和谈判。关键是要找到尊重国家主权和地区差异的平衡点，同时促进物联网技术的全球效益。全球人工智能伙伴关系（Global Partnership on Artificial Intelligence，GPAI）[1]和联合国互联网治理论坛（Internet Governance Forum，IGF）[2]等举措是开展此类国际对话和合作的平台的典范。总之，国际合作和政策协调对于应对物联网和跨境数据流的挑战具有积极作用，并为保障这些技术在全球范围内得到安全、合乎道德和有效的使用提供了可行路径。

4. 未来治理方向展望

随着物联网（IoT）的不断发展，它正在塑造一个连接和数据交换更加融入日常生活和全球业务运营的未来。物联网未来的突出趋势之一是与 AI、5G 网络和边缘计算等其他先进技术的日益融合。这种融合预计将增强物联网设备的功能，实现更高效的数据处理、实时分析和自主决策。将人工智能与物联网设备集成——即物联网人工智能（AIoT）[3]——将允许更智

---

[1] 全球人工智能合作伙伴关系（GPAI）是一项国际性多利益相关者倡议，旨在根据人权、包容性、多样性、创新和经济增长指导 AI 的负责任开发和使用。GPAI 成立于 2020 年 6 月，汇集了来自行业、政府、民间社会和学术界的专家，合作开展前沿研究，并促进基于以人为中心的价值观和道德原则的人工智能的采用。

[2] 联合国互联网治理论坛（IGF）是一个全球多利益相关方平台，旨在促进与互联网相关的公共政策问题的讨论和对话。IGF 由联合国秘书长召集，根据 2005 年信息社会世界峰会（World Summit on the Information Society，WSIS）的授权，于 2006 年首次召开。IGF 旨在汇聚各种利益相关者，包括政府代表、行业领袖、技术专家、民间社会组织和学术界，讨论互联网治理的法律、政治、社会和技术方面内容。IGF 提供了一个包容、开放的空间，在平等的基础上进行政策对话，就互联网相关公共政策问题的不同观点进行分享和辩论。

[3] 物联网人工智能（AIoT）的概念代表了人工智能（AI）技术与物联网（IoT）基础设施的融合。AIoT 是一种开创性的方法，通过利用机器学习、自然语言处理和模式识别等人工智能功能，使物联网设备变得更加智能和自主。这种融合通过实现更智能、情境感知的决策及提供更深刻的见解，提高了物联网应用的效率、有效性和功能。它标志着技术领域的进步，人工智能被集成到物联网系统中，以增强数据处理、决策和自动化。

能、更具适应性的系统,能够从环境中学习并在无需人工干预的情况下做出决策。例如,智慧城市基础设施可以利用人工智能物联网来实现更高效的交通管理、能源分配和公共安全监控。同样,5G 网络的部署将显著提高数据传输的速度和可靠性,促进物联网应用的快速增长,特别是在需要实时数据处理的领域,诸如在远程医疗、自动驾驶汽车和工业自动化等领域内的应用发展。然而,这一进步给频谱管理、基础设施部署和确保公平使用 5G 技术也带来了挑战,还带来了确保现有物联网设备与 5G 网络兼容的任务。

随着物联网设备变得更加智能和自主,确保其免受网络威胁的安全问题变得越来越复杂。联网设备的激增为网络攻击创造了多个入口点,使安全成为一个关键问题。随着能够收集大量个人数据的物联网设备变得越来越普遍,隐私问题也被放大。当设备变得更加自主时,误用或出现意外后果的风险也会增加。人工智能算法的复杂性同样引发了人们对透明度和问责制的担忧,特别是当这些系统做出影响人类生活的决策时。

展望未来,物联网的监管环境可能会随着这些新兴趋势的发展而充满挑战。政府和国际机构需要制定新的政策和法规来管理与先进物联网应用相关的风险,同时鼓励创新。这可能包括针对物联网设备更严格的网络安全标准、在关键应用中管理人工智能使用的法规以及增强的数据保护法。此外,越来越需要国际合作来管理物联网的全球性质并确保跨境监管标准的一致性。因此,物联网未来有望实现显著增长和创新,但我们必须敏锐地意识到随之而来的挑战，并积极主动地进行监管和道德考量。

三、技术增强合规性和集成方案探析

在错综复杂的现代数据法中，技术在增强合规性方面的新兴作用，特别是在跨境数据流领域，是一个发展的关键。这个时代的特点是跨国界数字信息交换空前激增，既带来了巨大的挑战，也带来了独特的机遇。当我们站在法律严谨性和技术独创性的交汇点时，揭示技术应用在法治环境下如何不但简化甚至强化了合规机制显得意义非凡。从解读法律要求细微差别的人工智能驱动分析到确保数据完整性和安全传输的区块链应用程序，技术正在重塑法律合规的格局。这项探索意在深入分析跨境数据流的现状，审视技术在错综复杂的全球数据保护法网络中的作用，并前瞻性地预测将进一步彻底改变数据法治领域合规性的发展趋势。

（一）区块链技术在数据流合规方面的应用

1. 确保数据完整性

区块链技术以其去中心化、安全性和透明性的内在属性，为跨境数据流的合规性提供了一种颇具变革意味的方法。区块链的核心是一种分布式账本技术，允许数据通过计算机网络存储，几乎不可能进行追溯更改。这一特性可确保数据完整性，这是合规性的一个关键方面，特别是在处理跨国界的敏感或个人信息时。这可以通过加密哈希理论来解释，正如前文所言，区块链中的每个块都包含一个唯一的哈希值，它是该块内数据的加密表示。当一个块添加到区块链时，它包含前一个块的哈希值，从而创建依赖链。块数据的任何更改都会更改其哈希值，从而破坏链并发出篡改信号。区块链的这种结构确保数据一旦被记录，就无法在未被检测到的情况下被更改，从而提供了高度的安全性和透明度。

可以考虑这样一种场景：当货物从一个国家被运往另一个国家时，流程的每个步骤（制造、运输、清关等）都记录在区块链上。货物离开工厂或通过海关的时间戳，都存储在具有唯一哈希值的块中，并链接到上一步的哈希值，这便创建了货物旅程的不可变且透明的记录。如果在任何时候尝试更改记录的数据（例如，更改出发时间以隐藏延误），散列值的差异将立即表明完整性遭到破坏。因此，区块链在国际贸易中的应用不仅可以提高透明度，而且因供应链的每个部分都被准确、安全地记录下来，使任何违反规范的行为无处可藏，这无疑有利于各方遵守约定以及国际贸易准则和监管法规等各项要求。

2. 降低遭受网络攻击的风险

区块链的去中心化性质意味着不存在单点故障，从而增强了针对网络威胁的数据安全性。从理论上讲，这可以通过支撑区块链的分布式账本技术的概念来解释。与由单个实体管理的传统集中式数据库不同，区块链将其数据分散在节点（计算机）网络中。每个节点都保存整个账本的副本，使其具有很强的抵御网络攻击的能力。在集中式系统中，一次违规可能会危及整个数据库。相比之下，使用区块链，攻击者需要同时破坏大多数节点才能更改分类账，这种去中心化的方法显著降低了数据篡改、欺诈和系统停机等风险。以比特币为例，每笔交易都会经过验证并记录在一个区块上，然后添加到先前交易的链中。由于该区块链是在庞大的全球节点网络中维护的，因此要破坏比特币的交易历史，攻击者就需要同时更改至少51%的账本副本。这种安全级别是区块链被认为对网络攻击具有高度抵抗力的原因，也是比特币尽管成为备受瞩目的目标但仍保持强大安全记录的原因。

3. 基于可验证性的数据审计

区块链的透明度还来自它能够保存所有交易的不可变记录，从而实现清晰的审计跟踪。这方面对于保持遵守各种数据保护法特别有益，因为它提供了数据处理和传输过程的可验证证据。从理论上讲，这种透明度植根于区块链的开放账本系统，其中每笔交易都经过网络参与者之间的共识进行验证，然后记录在区块中。一旦一个块被添加到区块链中，它就变得公开可见并且可供网络中的任何人访问。这种程度的开放性确保了区块链上的每笔交易都是可追踪和不可变的，从而可以轻松追踪数据或资产的历史和来源。

区块链的设计本质上促进了问责制和可追溯性，因为每次更改或交易都会被永久记录，并且无法更改或删除，从而提供全面且防篡改的审计跟踪。以应用于跟踪农产品从农场到消费者的过程的区块链为例，该过程的每一步——从收获、加工、运输到最终交付——都可以作为交易记录在区块链上。这些记录提供了产品旅程的透明且不可更改的历史,使消费者能够追踪食品的来源。消费者可以扫描产品包装上的二维码来访问区块链记录,了解产品的整个历史,包括其种植、加工和运输的地点和方式。这种透明度不仅有利于消费者的信任,而且对于产品生产企业遵守食品安全法规也起到促进性的关键作用。

4. 智能合约的应用

具体到跨境数据流领域,可以通过使用智能合约来利用区块链——自动执行合约,协议条款直接写入代码。理论上,一旦满足预定条件,智能合约就会自动执行协议,而不需要中介机构。这些合约存储在区块链上,并在满足特定条件时自动执行操作(例如数据传输或支付处理),这种自动化不仅简化了流程,而且还确保遵守合同条款,因为执行是由代码本身控制的。由于区块链是不可变的和去中心化的,因此合同条款是透明的且无法更改,从而确保了交易的信任和合规性。在国际贸易中,一旦确认货物已到达目的地,就可以使用智能合约自动付款。协议条款,包括发货详细信息和付款条件,均编码在智能合约中。货物到达后,物联网设备(例如 GPS 跟踪器)可以确认交货,触发智能合约执行从买方到卖方的付款。此流程减少了跨境交易中手动处理和相关验证所需要的时间和成本,同时还确保准确遵守贸易条款。

另一个应用是跨境保护知识产权(Intellectual Property,IP)。智能合约可用于管理和自动化数字媒体的许可。合同将制定数字资产（例如一段音乐或数字图像）的使用条款，当用户支付资产费用时，智能合约会自动授予他们在约定条件下使用该资产的权限。如果用户尝试超出这些条件分发或使用资产，智能合约可以限制访问或触发处罚。这种知识产权权利的自动执行确保了无论用户位于何处都遵守许可协议，从而简化了跨不同司法管辖区的内容分发和使用过程。另外，还可以对智能合约进行编程，使其仅在满足某些法律条件（例如用户同意或遵守 GDPR 等特定隐私标准）时才允许数据传输。这种自动化不仅减轻了管理负担，还最大限度地降低了人为错误或故意操纵的风险。

（二）人工智能在数据流合规方面的应用

1. 强大的算法能力有助于行业监管

人工智能（AI）在增强监控和合规性方面发挥着关键作用，特别是在管理跨不同监管环境的复杂数据流方面。人工智能系统凭借其先进的数据处理和模式识别能力，可以有效地监控大量数据，以确保其符合各种法律标准和法规。从理论上讲，这是基于人工智能可以比人类更快、更准确地分析复杂数据集的能力。通过应用机器学习算法，人工智能可以识别数据中可能不合规的模式和异常情况。这些算法根据历史数据进行训练，使它们能够"学习"不同环境下的合规性，并识别与这些模式的偏差。

此种智能数据分析对于要求数据收集、存储、分析必须遵守严格监管标准的行业至关重要，例如金融、医疗保健和国际贸易。随着金融数字化的不断发展，金融活动通过网络实施已极为普遍，金融机构通过使用人工智能来监控交易，标记那些看似异常或符合洗钱模式的交易，并根据交易数据不断深化学习，使人工智能系统变得越来越擅长检测可疑活动。例如，如果一系列交易以"smurfing"（一种常见的洗钱技术）[1]典型的方式分散，人工智能系统可以向合规官员发出警报，然后合规官员可以进一步调查。这种主动的合规方法不仅更加高效，而且有助于避免潜在的法律处罚。

另在医疗保健领域，人工智能系统可以监控对患者记录的访问，确保只有授权人员才能查看敏感信息，他们还可以跟踪患者数据如何在系统之间使用和共享，确保遵守隐私标准。反之，人工智能系统亦可标记任何未经授权的访问患者数据的尝试，或检测是否在未经适当同意的情况下共享患者信息，从而防止潜在的数据泄露并确保监管合规性。

2. 预测分析助力风险评估

在监管合规方面，人工智能的预测分析对于风险评估和管理具有重要价值。人工智能系统可以分析历史数据以识别趋势和模式，预测数据管理和流动中的潜在风险。在理论层面，预测分析涉及使用人工智能算法来分析历史数据、识别模式并预

---

[1] "Smurfing"是一种欺骗性的金融行为，通常用于洗钱，将大量资金分解为多个较小的交易，以逃避监管机构的侦查。这种方法涉及将这些较小的金额分配到不同的账户或地点，以使交易看起来很普通并且不太可疑。"Smurfing"意为"蓝精灵"，源自无数蓝色小精灵的形象，象征着用许多小额交易来掩盖更大的非法操作。

测未来结果。此功能对于在违规发生之前评估合规可能性而言特别有用，使实体组织能够主动管理风险。人工智能系统可以筛选大量数据集，以找到人类分析师可能无法立即发现的相关性。例如，人工智能可以检测交易数据中的潜在模式，这些模式可能表明新出现的风险或不断变化的监管要求，从而使组织能够及时调整其合规策略。一个具体的事例是金融行业遵守"了解你的客户"（Know Your Customer，KYC）[1]法规。金融机构可以使用人工智能来分析客户数据和交易历史，预测哪些客户可能在洗钱或欺诈等活动中构成更高的风险。人工智能算法可以评估交易频率、金额和涉及的地理位置等风险因素，为每个客户分配风险评分。根据这些分数，银行可以对高风险客户进行更彻底的调查，以确保其遵守反洗钱法规。

在跨境数据传输中，人工智能可以评估与不同类型数据和所涉及司法管辖区相关的风险水平，确保遵守国际数据保护法。理论上，这涉及人工智能算法分析各种因素，例如数据的性质、敏感性、参与传输的国家的数据保护法以及历史合规数据。通过评估这些要素，人工智能可以识别潜在的合规风险，并提供有关合法数据传输所需的必要保障措施的意见。

在跨不同法律管辖区运营的跨国公司中，公司通常需要在

---

[1] KYC法规是全球金融和反洗钱（Anti-Money Laundering，AML）法律的一个重要方面，旨在打击洗钱和恐怖主义融资等金融犯罪。这些法规要求金融机构和其他受监管实体验证其客户的身份，了解其金融活动，并评估其非法活动带来的风险。KYC流程涉及收集和验证个人身份数据、了解客户活动的性质（包括其资金来源）以及持续监控其财务交易。KYC的主要目标是确保金融服务不被滥用于非法活动，并使机构能够更深入地了解客户及其金融交易。

国家之间传输个人数据,而每个国家都有自己的一套数据保护法规。人工智能可用于评估将特定类型的数据传输到某些司法管辖区的风险水平。例如,人工智能可以根据 GDPR 或 CCPA 等法律的背景来分析数据传输请求。它可以标记可能违反这些法律具体规定的传输,例如将个人数据传输到未按照 GDPR 的要求提供足够数据保护水平的地区。

最后,人工智能系统还可以评估数据传输协议是否符合国际标准。例如,当电子商务平台收集客户数据时,人工智能可以评估该平台的数据存储和处理实践是否符合适用于其全球客户群的各种国际法律。这包括评估数据收集是否已获得适当的同意,以及数据的存储和使用是否符合客户所在司法管辖区的法律要求。这些例子说明了人工智能如何成为应对跨境数据传输合规复杂性的宝贵工具。

3. 自动化合规审计流程

人工智能驱动的工具可以自动化合规审计流程,有效地审查和报告实体组织的数据处理实践。人工智能系统可以以人类审计员无法达到的速度和规模筛选大量数据,确保在很短的时间内完成全面审计。这些系统可以使用特定的监管标准进行编程,使它们能够识别可能表明合规性问题的模式和实践。同时,人工智能还可以不断学习并适应新的法规和标准,使其成为在动态变化的监管环境中保持持续监测合规性的有效工具。

以《萨班斯-奥克斯利法案》(Sarbanes-Oxley Act, SOX)[1]为例,该法案规定了严格的财务报告和数据管理标准。人工智能驱动的工具可以自动审计财务记录和流程,检查差异、异常或可能违反 SOX 规定的做法。人工智能系统可以通过分析交易记录,以识别可能表明欺诈活动或财务报告错误的异常模式。它还可以确保内部控制和流程得到正确记录和遵循,标记任何偏差以供进一步调查。由此可见,通过自动化日常任务和应用先进的分析功能,人工智能驱动的工具可以让实体组织更深入、更准确地了解其合规状态,帮助他们降低风险并遵守监管标准。这种自动化不仅简化了审计流程,还减少了人为错误,提供了更准确、一致的合规性评估。

4. 有效提高数据的质量和可靠性

人工智能在合规性方面的作用还扩展到提高数据的质量和可靠性方面。人工智能算法可以清理、验证和标准化数据,确保其准确性和一致性,这对于合规性而言至关重要。此过程涉及数据预处理、异常检测和模式识别等各种人工智能技术。数据预处理包括清理(删除不相关或不正确的数据)、规范化

---

[1] 2002 年颁布的《萨班斯-奥克斯利法案》(SOX)是美国的一项关键立法,旨在重大金融丑闻发生后加强公司治理和财务透明度。SOX 以其发起人参议员保罗·萨班斯(Paul Sarbanes)和众议员迈克尔·奥克斯利(Michael Oxley)的名字命名,为上市公司制定了严格的审计和财务法规,以保护投资者免受欺诈性财务报告的侵害。该法案的主要条款包括设立上市公司会计监督委员会(Public Company Accounting Oversight Board,PCAOB)来监督审计行业的活动、加强内部控制和审计委员会的要求,以及加大对公司和会计欺诈的处罚力度。该法案深刻影响了美国的公司治理,极大地改变了上市公司的运营方式,特别是在财务实践、内部控制和报告程序方面。

（将数据缩放到指定范围）以及将数据转换为一致的格式。异常检测算法可识别可能表明错误或不一致的异常值或异常模式。模式识别使人工智能能够理解和应用数据验证和标准化的规则，确保所有数据都遵循所需的格式和标准。

在银行业，人工智能可用于交易数据清理和验证。银行每天处理数百万笔交易，每笔交易都需要遵守反洗钱（AML）指令等监管标准。人工智能算法可以自动处理这些交易数据，标记不完整、不一致或与已知客户资料不匹配的条目，检测偏离客户典型行为的异常交易金额或频率，为识别可能的欺诈活动提供参考指标。通过确保交易数据的准确性和一致性，银行可以更有效地遵守反洗钱法规并降低因违规而受到处罚的风险。人工智能对数据质量和可靠性的贡献不仅有助于合规性，而且在合规的基础上增强了利益相关者之间的信任关系，保障数据驱动流程的完整性。

通过这些应用，人工智能极大地增强了各个领域的监控和合规性，提供高效、准确和主动的解决方案来管理数据治理和保护的复杂性。人工智能系统通过监控大量信息，评估和管理与数据和管辖差异相关的风险，自动化合规审计流程，根据既定法规仔细审查和报告实体组织的数据处理实践。此外，人工智能算法在维护数据完整性、执行数据清理、验证和标准化等任务中，对确保数据的准确性和一致性同样发挥着关键作用。人工智能在这一领域的贡献标志着我们朝着更强大有效的数据治理和监管合规性迈出了变革性的一步。

(三) 物联网在数据流合规方面的应用

1. 确保数据的完整性和安全性

物联网开创了一个数据流不仅丰富而且对各行业运营影响深刻的时代。然而，随着对物联网生成数据的日益依赖，需要严格的数据流合规性，以确保数据完整性、安全性和隐私性。数据流合规性中的物联网应用主要关注数据的合法和道德处理。在工业物联网（Industrial Internet of Things，IIoT）[1]中，物联网设备用于监控和优化制造流程。该领域的合规性涉及确保数据完整性和安全性，特别是在处理专有或敏感业务信息时。例如，制造工厂中的工业物联网应用必须确保数据流的安全，以防止工业间谍活动，同时，采用符合行业标准和法规的加密、访问控制和网络安全措施可以保证生产数据的完整性。IIoT应用程序中的数据处理展示了运营效率与保护敏感业务和员工数据的道德义务之间的平衡，同时遵守法律标准和企业社会责任。

而在智慧城市领域，物联网应用在管理城市基础设施（从交通控制到能源分配）方面则发挥着关键性的作用。在这里，数据流合规性对于保护公民隐私和确保其数据的道德使用十分重要。智慧城市物联网系统从遍布城市的各种传感器和设备收

---

[1] 工业物联网（IIoT），是指联网技术在工业领域的应用，标志着智能制造和工业运营的关键转变。IIoT涵盖复杂机械与网络传感器和软件的集成，以收集、分析和利用工业运营过程中生成的数据。这种集成可以增强自动化、改进通信和自我监控，并通过这些来优化工业流程的效率、生产力和性能。IIoT是工业4.0的基石，可实现实时数据分析、预测性维护和更高效的供应链管理，从而彻底改变传统工业实践。

集数据，这些数据的处理必须符合相关法律法规的要求，以此来确保数据使用的透明度和可控性。因此，智慧城市计划实施物联网解决方案，不仅改善城市生活，而且尊重个人隐私权，体现对数据处理方面的法律合规性和道德责任的承诺。

2. 安全协议机制的应用

物联网中的数据流合规性还需要强大的安全协议来防止数据泄露和网络攻击。物联网设备由于其相互关联的性质，可能成为网络威胁的脆弱入口点。为了解决这个问题，物联网应用程序必须采用先进的安全措施，例如端到端加密[1]、定期固件更新和安全身份验证方法。从理论上讲，这个概念与信息安全 CIA 三要素（Confidentiality, Integrity, and Availability Triad, CIA Triad）[2]一致，即机密性、完整性和可用性。在物联网背景下，机密性确保数据只能由授权用户访问，完整性确保数据准确可靠，可用性意味着信息在需要时可以访问。例如，在支持物联网的智能家居系统中，加密和安全身份验证等安全协议

---

[1] 端到端加密（E2EE）是一种安全通信方法，可确保只有通信用户才能读取消息。在 E2EE 中，数据在发送者的系统或设备上进行加密，只有接收者能够解密，任何第三方（包括服务提供商）都无法访问解密信息所需的密钥。这意味着数据从源点至到达预定目的地都被有效地加扰，从而防止潜在的窃听者（包括黑客和网络服务提供商本身）访问加密密钥或未加密的数据。这种加密方法对于确保数字通信的隐私和安全十分必要。

[2] 信息安全 CIA 三要素是网络安全领域广受推崇的模型，涵盖了信息安全的三个基本支柱：机密性、完整性和可用性。这三位一体构成了安全策略的基石，强调在日益互联和数字化的世界中采用平衡的方法来保护敏感数据和系统。该 CIA 三要素是组织制定和实施强大的安全策略和协议的基础框架，指导保护信息资产免受各种网络威胁。

可以维护用户数据的机密性、保护系统的完整性免遭未经授权的更改，以及确保系统对合法用户的可用性。

在电动汽车大力发展的背景下，电动汽车成为汽车互联的主要载体，这些车辆配备了物联网技术，可以收集和传输各种功能的数据，包括导航、车辆维护和信息娱乐系统。为了防止可能损害驾驶员隐私和车辆安全的网络攻击，实施了安全启动、防火墙和入侵检测系统等强大的安全协议。这些措施确保只有授权的软件和命令才能在车辆网络中运行，从而防范黑客或远程劫持等潜在威胁。

在智能工厂等工业环境中，物联网设备用于监视和控制制造过程。在这里，违规行为可能来自工业间谍或破坏活动。因此，这些环境中的安全协议通常不仅包括加密和强身份验证，还包括网络分段和异常活动的实时监控。这种分层安全方法有助于及早发现和缓解潜在威胁，确保工业流程的完整性和可靠性。这些示例强调了强大的安全协议在维护物联网各种应用中的数据流合规性、平衡高级功能的需求与防范不断发展的网络威胁的必要性方面的关键作用。

3. 模块化设计加强物联网的可扩展性和灵活性

最后，用于数据流合规性的物联网应用程序必须具有可扩展性和灵活性，以适应不断变化的法规和技术进步。随着物联网技术不断发展并渗透到日常生活的更多方面，规制数据保护和隐私的法规也可能发生变化。因此，物联网系统的设计需要能够适应这些变化，这包括采用模块化软件设计，可以轻松更新以响应新法规，以及设计具有未来技术集成远见的设备。这符合软件工程中敏捷开发的概念，强调灵活性、迭代进度和对变化的响应能力。实际上，这可能意味着创建具有即插即用功能的物联网应用程序，允许在不检修整个系统的情况下更新它们。例如，恒温器或安全摄像头等智能家居设备可能需要更新才能符合 GDPR 等新数据保护法。

模块化软件设计使制造商能够快速推出必要的更新或补丁来解决这些法律变更，而不会影响用户体验或设备功能。在汽车行业，无线（Over-the-air，OTA）更新[1]的概念就是这一原则的实际体现。正如前文所言，随着车辆的互联性和对软件的依赖程度越来越高，远程更新操作系统或安全协议变得越来越重要，这不仅是为了改进功能，也是为了遵守新法规。如果新法规要求增强数据加密标准，汽车制造商可以部署这些 OTA 更新以确保合规性，而无须对车辆进行物理修改。在可穿戴健康监视器领域，随着医疗隐私法的发展，这些设备需要保持符合最新标准的要求。设计这些设备时要考虑到未来的集成，这意味着它们可以轻松更新或修改，以满足新的合规性要求，这种设计上的远见不仅确保了法律合规性，而且还通过使其适应

---

[1] OTA 更新，是指通过无线连接（例如 Wi-Fi 或蜂窝网络）远程更新设备软件的过程。该技术广泛应用于各种电子设备，包括智能手机、平板电脑、智能手表，并且越来越多地应用于汽车行业，用于更新车辆固件。OTA 更新允许制造商直接向设备部署软件补丁、安全修复、新功能和性能改进，而无须物理访问。这种方法高效且方便，因为它确保设备能够无缝、及时地保持最新的软件增强功能和安全措施。随着物联网的兴起，OTA 更新的重要性显著增长，其中维护连接设备的软件完整性对于整体系统的安全、可靠至关重要。

未来的技术进步来延长设备的使用寿命。

综上所述，物联网正在从根本上改变各个部门收集和使用数据的方式，因此需要严格的数据流合规性以确保信息处理的合法性和道德性。这包括遵守相关的隐私法规，以及实施强大的安全协议以防止违规和网络攻击。此外，围绕数据保护不断发展的法律环境要求物联网系统具有敏捷性和适应性，采用模块化软件设计以便轻松更新响应新法规，这方面的实际例子包括联网车辆的适应性和医疗设备的无线更新，突显了设计物联网应用程序和设备时预见未来技术集成和符合合规性需求的重要性。

（四）通过技术集成实现全面的合规性解决方案

将区块链、人工智能和物联网相结合，可以为跨境数据流合规创建强大而全面的解决方案。这种集成可以有效应对多样化的挑战，包括数据安全、隐私、实时监控以及遵守不同的监管框架等。同时，在推出综合性的集成方案时，应当根据不同的技术特点，有针对性地适用于数据治理的不同阶段以发挥各技术的最大优势，凸显集成系统的兼容并蓄和优势互补。

1. 区块链作为基础

区块链技术可以作为这个集成系统的支柱，提供一个分散且安全的平台来记录和验证所有跨境数据交易。凭借其加密和分布式共识的固有特征，区块链提供了一个不可变的、按时间顺序排列的账本，非常适合建立可信且不可更改的数据流记录。在跨境数据交易必须遵守严格且经常变化的监管标准的情况下,这一点尤其重要。跟踪和验证区块链上的数据来源和完整性的能力不仅增强了安全性,而且还提供了强大的审计跟踪,这对于证明监管机构的合规性尤其必要。此外,区块链的去中心化性质消除了对中介机构的需求,从而减少了脆弱点和潜在的数据泄露风险,这在跨境数据传输的背景下是一个显著的优势。

另外,智能合约在区块链中的集成可以自动化合规流程,确保只有在满足预定义的监管标准后才执行数据处理和传输程序,从而降低人为错误的风险并提高合规管理的效率。这些嵌入合规规则的自动执行合约可以触发特定操作,例如数据加密、匿名化,甚至在不符合合规标准的情况下阻止传输。这种水平的自动化不仅简化了流程,还确保了合规性的高度准确性和一致性,从而具备适应快速发展的监管环境的能力。智能合约还可以实时监控和即时报告合规状态,为实体组织提供最新信息并能够快速响应任何潜在的合规问题。

2. 人工智能用于高级分析和合规性监控

人工智能通过提供高级分析功能来补充区块链的作用。人工智能算法可以实时分析大量数据,识别可能表明合规性问题或潜在数据泄露的模式。这种强大的组合提高了系统的整体安全性和效率。区块链充当安全且不可变的分类账,人工智能的机器学习算法可以预测和检测异常情况,从而针对复杂的网络威胁提供额外的安全层。通过持续监控数据交易,人工智能可以标记可能意味着违规或不合规的异常活动,从而可以立即进行调查和响应。这种主动的安全方法对于管理敏感的跨境数据流尤其重要，因为不合规和数据泄露的风险很高。人工智能快速处理和分析数据的能力也意味着它能够适应新出现的威胁，在不断发展的数字环境中不断更新其对防御机制的理解。

人工智能还可以帮助理解和解释复杂的监管要求。通过根据各种法律文本和合规指南训练人工智能模型，这些系统可以在数据传输之前提供建议或标记潜在的合规问题。此功能在法规众多、复杂且频繁更新的环境中特别有用。配备自然语言处理功能的人工智能模型可以筛选大量法律文件，提取基本的合规要求，并将其转化为可行的意见。此流程使实体组织能够在合规曲线上保持领先地位，确保其数据管理实践始终符合最新的法律监管要求。这些人工智能模型还可以通过编程来了解不同司法管辖区法规的细微差别和变化，这使得它们对于处理跨境数据的跨国组织而言不可或缺。通过自动解释复杂的法律要求，人工智能不仅可以增强合规性，还可以显著减少法律和合规团队的工作量，使他们能够专注于更具战略性的任务。

3. 物联网聚焦实时数据采集和传输

集成物联网技术可以进一步增强系统的有效性。物联网设备可以实时收集和传输数据，为区块链账本提供持续输入。这种实时数据馈送可确保即时记录所有跨境数据交易，从而维护完整且最新的分类账。物联网的集成通过添加物理世界交互层来扩展区块链和人工智能系统的功能。这些物联网设备（从传感器到智能设备）会生成大量有关现实世界事件和活动的数据,在供应链管理中,物联网传感器可以跟踪货物的跨境流动,每个步骤都安全地记录在区块链上。这不仅确保了透明度和可追溯性,还有助于验证货物的处理是否符合国际贸易法规。此外,将物联网数据集成到区块链系统中可以实现更加动态和响应灵敏的合规方法。它使系统能够对现实世界发生的变化和事件做出及时反应,使实体组织能够根据最新数据做出明智的决策。数字领域和物理领域之间的这种无缝交互创建了一个更强大、更高效的系统来管理跨境数据流动的合规性。

总之,区块链、人工智能和物联网技术之间的协同作用可以创建一个强大的框架来管理跨境数据流动。区块链提供了安全透明的基础,人工智能提供了高级分析和自适应合规性监控,物联网则提供了实时数据收集和环境监控。这种一体化的方法不仅确保符合国际数据保护法规,还提高了跨境数据管理的整体效率和安全性。

四、结论

区块链、人工智能和物联网等新兴技术既是数字时代法律需要规范的对象,同时亦为法律的适用提供了现代意义上的技术工具。实践中,技术的更新迭代往往只在转瞬之间,而伴随着技术不断优化的是生产方式、商业模式的急剧转变,这对法律的规范调整作用的同步性提出了严峻的挑战。只有将数字技术融入法律的实施中方能适应数字法治时代的要求。需要清醒地意识到,为了适应新兴技术的崛起,法治理念需要转变,不能一味地强调新兴技术所带来的监管风险,还应重视技术的革新对于法治的赋能。尽管,在跨境数据流动中,会出现数据泄露进而侵犯公民个人隐私,乃至涉及危害国家安全的情况,但不能因此阻断数据跨境流动的自由性,应该充分利用现有先进技术,升级监管模式,在保障自由性的基础上强化合规性的监督。区块链、人工智能和物联网技术之间的协同作用可以创建一个强大的框架来管理跨境数据流动。区块链提供了安全透明的基础,人工智能提供了高级分析和自适应合规性监控,物联网则提供了实时数据收集和环境监测。这种一体化的方法不仅确保符合国际数据保护法规,还提高了跨境数据管理的整体效率和安全性。

◆ 参考文献

1. 王群等:《区块链原理及关键技术》,载《计算机科学与探索》2020年第10期。

2. 骆慧勇:《区块链技术原理与应用价值》,载《金融纵横》2016年第7期。

3. 马春光等:《区块链中的智能合约》,载《信息网络安全》2018年第11期。

4. 丁晓蔚、苏新宁:《基于区块链可信大数据人工智能的金融安全情报分析》,载《情报学报》2019年第12期。

5. 王利明:《和而不同:隐私权与个人信息的规则界分和适用》,载《法学评论》2021年第2期。

6. 吴琦:《网络空间中的司法管辖权冲突与解决方案》,载《西南政法大学学报》2021 年第 1 期。

7. J. Zarrin, Phang H. Wen, et al., "Blockchain for Decentralization of Internet: Prospects, Trends, and Challenges", *Cluster Computing*, 2021, 24 (4).

8. D. L. Fekete, A. Kiss, "A Survey of Ledger Technology-based Databases", *Future Internet*, 2021, 13 (8).

9. E. Politou, et al., "Blockchain Mutability: Challenges and Proposed Solutions", *IEEE Transactions on Emerging Topics in Computing*, 2019, 9 (4).

10. R. C. W. Phan, D. Wagner, "Security Considerations for Incremental Hash Functions Based on Pair Block Chaining", *Computers & Security*, 2006, 25 (2).

11. B. Lashkari, P. Musilek, "A Comprehensive Review of Blockchain Consensus Mechanisms", *IEEE Access*, 2021 (9).

12. S. Yan, "Analysis on Blockchain Consensus Mechanism Based on Proof of Work and Proof of Stake", *2022 International Conference on Data Analytics, Computing and Artificial Intelligence*, 2022.

13. S. Alam, "The Current State of Blockchain Consensus Mechanism: Issues and Future Works", *International Journal of Advanced Computer Science and Applications*, 2023, 14 (8).

14. M. Pacheco, et al., "Is My Transaction Done Yet? An Empirical Study of Transaction Processing Times in the Ethereum Blockchain Platform", *ACM Transactions on Software Engineering and Methodology*, 2023, 32 (3).

15. N. Heller, "Estonia, the Digital Republic", *The New Yorker*, 2017 (18).

16. A. Giri, *US Consumer Preferences for Blockchain-based Traceability of Leafy Greens*, Mississippi State University Press, 2021.

17. A. Ahmed, A. M. Abdulkareem, "Big Data Analytics in the Entertainment Industry: Audience Behavior Analysis, Content Recommendation, and Revenue Maximization", *Reviews of Contemporary Business Analytics*, 2023, 6(1).

18. L. U. Khan, W. Saad, Z. Han, et al., "Federated Learning for Internet of Things: Recent advances, Taxonomy, and Open Challenges", *IEEE Communications Surveys & Tutorials*, 2021, 23(3).

19. M. A. R. Bhuiyan, M. R. Ullah, A. K. Das, "iHealthcare: Predictive Model Analysis concerning Big Data Applications for Interactive Healthcare Systems", *Applied Sciences*, 2019, 9(16).

20. M. Ettl, P. Harsha, A. Papush, et al., "A Data-driven Approach to Personalized Bundle Pricing and Recommendation", *Manufacturing & Service Operations Management*, 2020, 22(3).

21. J. Zerilli, A. Knott, J. Maclaurin, et al., "Transparency in Algorithmic and Human Decision-making: Is There a Double Standard?", *Philosophy & Technology*, 2019(32).

22. S. Bansal, D. Kumar, "IoT Ecosystem: A Survey on Devices, Gateways, Operating Systems, Middleware and Communication", *International Journal of Wireless Information Networks*, 2020(27).

23. A. Al-Fuqaha, M. Guizani, M. Mohammadi, et al., "Internet of Things: A Survey on Enabling Technologies, Protocols, and Applications", *IEEE Communications Surveys & Tutorials*, 2015, 17(4).

24. K. L. Chen, A. Lassen, C. Li, et al., "Exploring the Value of IoT Da-

ta as an Enabler of the Transformation towards Servitization: An Action Design Research Approach", *European Journal of Information Systems*, 2023, 32 (4).

25. A. Sharida, A. Hamdan, M. Al-Hashimi, "Smart Cities: The Next Urban Evolution in Delivering a Better Quality of Life", *Studies in Computational Intelligence Book Series*, 2020 (846).

26. S. P. Mohanty, U. Choppali, E. Kougianos, "Everything You Wanted to Know About Smart Cities: The Internet of Things is the Backbone," *IEEE Consumer Electronics Magazine*, 2016, 5 (3).

27. I. Butun, P. Österberg, H. Song, "Security of the Internet of Things: Vulnerabilities, Attacks, and Countermeasures", *IEEE Communications Surveys & Tutorials*, 2019, 22 (1).

28. N. F. Syed, Z. Baig, A. Ibrahim, et al., "Denial of Service Attack Detection through Machine Learning for the IoT", *Journal of Information and Telecommunication*, 2020, 4 (4).

29. E. A. Shammar, A. T. Zahary, "The Internet of Things (IoT): A Survey of Techniques, Operating Systems, and Trends", *Library Hi Tech*, 2020, 38 (1).

30. S. A. Al-Qaseemi, H. A. Almulhim, M. F. Almulhim, et al., "IoT Architecture Challenges and Issues: Lack of Standardization", 2016 Future Technologies Conference (FTC), *IEEE*, 2016.

31. Ziyu Yi, Long Wei, Xuan Huang, "Does Information-and-Communication-Technology Market Openness Promote Digital Service Exports?", *Sustainability*, 2022, 14 (9).

32. M. Burns, J. Manganelli, D. Wollman, et al., "Elaborating the Hu-

man Aspect of the NIST Framework for Cyber-physical Systems", *Proceedings of the Human Factors and Ergonomics Society Annual Meeting*, Sage CA: Los Angeles, CA: SAGE Publications, 2018, 62 (1).

33. The Beacon, "Wi-Fi Ⓡ Predictions from Cisco's Annual Internet Report", available at https://www.wi-fi.org/beacon/the-beacon/wi-fi-predictions-from-ciscos-annual-internet-report.

34. European Union, General Data Protection Regulation (GDPR), 2016/679, Art. 15, "Right of Access by the Data Subject."

35. European Union, General Data Protection Regulation (GDPR), 2016/679, Art. 17, "Right to Erasure ('Right to be Forgotten')."

第三章
数据跨境流动与数据主权管辖、个人隐私保护的平衡研究

数字技术的进步和数字基础设施的迅猛发展为全球化扩充了新的要素内涵,数据的跨境流动获得了充足的物质条件,全球化出现崭新的时代命题,数字全球化成为全球化的新形式。[1] 在数字全球化的时代,我们日常的生活结构正在悄然无声地被无处不在的数据所改变,数据甚至在左右着广泛的社会变革。[2] 当没有显著物理边界的数据跨境流动成为不可阻挡的时代潮势时,关于数据跨境流动议题的价值分歧和制度冲突正在不断激增。[3] 数据跨境流动会对国家主权安全、个人隐私保护和数字经济利益等方面带来前所未有的挑战,[4] 它

---

[1] 陈岩、张平:《数字全球化的内涵、特征及发展趋势》,载《人民论坛》2021年第13期。

[2] B. L. Cohn, "Data Governance: A Quality Imperative in the Era of Big Data, Open Data and Beyond", *ISJLP*, 2014, 10, p. 811.

[3] 许可:《自由与安全:数据跨境流动的中国方案》,载《环球法律评论》2021年第1期。

[4] 马其家、李晓楠:《论我国数据跨境流动监管规则的构建》,载《法治研究》2021年第1期。

关乎国家利益、产业利益和风险控制三者间的动态平衡。[1]因而，对于数据跨境流动的规制也是多重价值目标的择取过程，包括从个人视角出发的数据隐私保护目标，从产业视角出发的数据经济贸易目标以及从国家视角出发的国家数据主权安全目标。[2]有学者也进一步指出，数据跨境流动问题既涉及国内又辐射国际，全球层面数据跨境流动规制问题存在"三难选择"，即"数据跨境自由流动""个人数据良好保护"和"数据自主保护权"三者不能同时兼顾。[3]故如何协调数据跨境自由流动与国家数据主权管辖和个人隐私保护的冲突，解决三者暗含的"刺猬困境"（Hedgehog's dilemma），[4]恰如其分地构建三者的巧妙平衡，是本章研究的核心问题。同时，我国跨国公司在开拓海外市场时频频受挫，[5]我国企业在"走

---

〔1〕 惠志斌、张衡：《面向数据经济的跨境数据流动管理研究》，载《社会科学》2016年第8期。

〔2〕 许多奇：《论跨境数据流动规制企业双向合规的法治保障》，载《东方法学》2020年第2期。

〔3〕 黄宁、李杨：《"三难选择"下跨境数据流动规制的演进与成因》，载《清华大学学报（哲学社会科学版）》2017年第5期。

〔4〕 "刺猬困境"由叔本华提出，具体情境是——在一个寒冷的冬日，为了避免冻僵，一群刺猬相拥在一起取暖。但很快，它们各自感受到了对方的硬刺。这让它们被迫分开，但取暖的需要让它们的身体再度靠在一起，身上的硬刺又再次把它们扎痛了。这些刺猬就被这两种苦处反复折腾，直到它们终于找到一段恰好最能容忍对方的距离为止。在此，"刺猬困境"在数据跨境流动规制中体现为数据跨境自由流动、国家数据主权管辖和个人隐私保护三者若执其一端，则其余二者偏废，难以兼顾融合三种可欲的价值目标。

〔5〕 例如美国政府以TikTok和WeChat等多款APP涉嫌未经许可将用户数据传输给中国政府为由多次发布法令要求禁止这些APP在美国的使用；华为公司5G技术的发展也在美国受到阻挠。详见王东光：《国家安全审查：政治法律化与法律政治化》，载《中外法学》2016年第5期。

出去"的时候如何在差别各异的全球数据规则框架内构建跨境合规体系,实现双向合规的稳妥进路,也是本章亟待解决的重要问题。为此,本章第一部分将细述数据跨境流动与数据主权之间的立场冲突,在现有规则的剖析基础上探寻合适的平衡路径;本章第二部分将阐释数据跨境流动与个人隐私保护之间的冲突逻辑,并在对既有制度模式的评价基础上尝试提出合理的平衡方案;最后,笔者将立足中国本土,从国家和企业两个主体视角去思索数据流动规制的国家路径和数据跨境合规的企业策略。

一、数据跨境流动与数据主权管辖的冲突与平衡

数据跨境自由流动是数字经济的巨大引擎,据麦肯锡统计报告,数据作为生产要素和资源对全球经济的贡献已经超过全球货物贸易。[1] 然而数据跨境流动也极易诱发数据安全危机,甚至危害国家重大安全利益和秩序稳定,数据跨境执法困难重重,这也成为许多国家实施数据本地化策略的正当性理由。[2] 如何充分发挥数据跨境流动的经济带动作用,又能在数据跨境流动过程中维护国家主权安全,兼顾数据跨境流动的经济效益和主权利益,需要重新审视数据自由流动和数据主权安全的内

---

[1] See McKinsey Global Institute, "Digital Globalization: The New Era of Global Flows", 2016, available at https://www.mckinsey.com/business-functions/mckinsey-digital/our-insights/digital-globalization-the-new-era-of-global-flows.

[2] 上海社会科学院互联网研究中心:《全球数据跨境流动政策与中国战略研究报告(2019年)》。

在矛盾,并在数据跨境流动管理规则中处理好数据自由和数据保护两大核心要素的冲突,寻求张弛有度的弹性平衡之道。

(一)冲突渊源:数据自由论与数据主权论的博弈

1. 网络自由视角下的数据自由论

数据自由论的兴起肇始于对网络空间主权的否定。在自由空间说的概想中,网络空间作为数据跨境流动的场域,由于其虚拟性、无界性和脱域性的特征,是全人类的自由空间,政府和公权力应该被排斥在外,根本不存在国家主权。[1]约翰·巴洛(Barlow)则直言不讳地在《网络空间独立宣言中》(A Declaration of the Independence of Cyberspace)指出,"工业世界中的各国政府们,网络世界是崭新的心灵家园,你们在这里不受欢迎。网络世界里你们没有主权。"[2] 在主权缺失的网络空间里,以传统物理领域为界限的民族国家身份将会不断消解,数据跨境流动凭借其自身巨大的交互流通性特征[3]将进一步侵蚀着传统主权。由此产生的网络自由主义倾向则把网络社会与现实物理世界截然区别开来。与物理世界的生活逻辑不同,网络社会遵循一套强烈虚拟化的逻辑。人们通过代码控制和算法系统形构一套专有的行为习性、道德律令和技术准则,并构建起独立自治的空间,生成了独特的"网络自身主权",它彻

---

[1] 胡丽、齐爱民:《论"网络疆界"的形成与国家领网主权制度的建立》,载《法学论坛》2016年第2期。

[2] J. P. Barlow, "A Declaration of the Independence of Cyberspace", *Duke L. & Tech. Rev.*, 2019, 18, pp. 5-7.

[3] Manuel Castells, *The Rise of the Network Society*, Wiley-Blackwell, 2010, pp. 368-399.

底粉碎了传统国家的主权模式。[1] 同样在"全球公域"论的视角下,网络空间作为数据跨境流动的领域,某种意义上等同于公海、太空和两极地区等公共空间,网络虚拟空间是区别于现实空间的"全球公域"。[2] 公共空间的行为规导与全人类的整体利益紧密联结,任何主权国家都不能把公共空间置于自身的管辖范围,而应由国际社会共同管理。因而在"全球公域"中进行数据跨境流动是不受主权国家管制的,去主权化或去政府化的全球联动治理才是应有的治理模式,这种独特的整体自治系统着力关注数据自由流通的价值,而不去强调传统的领土边界。杰克·戈德史密斯(Goldsmith)曾表示领土监管制度模式会使某些网络活动的成本过于高昂,[3] 戴维·约翰逊(Johnson)和戴维·波斯特(Post)也认为网络行为具有突破国界限制的天然属性,因此对跨越物理国界的电子数据流通进行控制时,如果仍固守以空间作为规制范围的标准,那么其努力很有可能是徒劳的。[4] 以至有学者认为网络主权的会阻碍互联网空间的自由与开放,并进而导致网络空间四处割裂

---

[1] 郑智航:《网络社会中传统主权模式的消解与重构》,载《国家检察官学院学报》2018 年第 5 期。

[2] Hillary Rodham Clinton, "Remarks on Internet Freedom", available at https: //2009-2017. state. gov/secretary/20092013clinton/rm/2010/01/135519. htm.

[3] J. Goldsmith, "The Internet and the Abiding Significance of Territorial Sovereignty", *Indiana Journal of Global Legal Studies*, 1998, 5, pp. 475-491.

[4] D. R. Johnson, D. Post, "Law and Borders: The Rise of Law in Cyberspace", *Stanford Law Review*, 1996, 48, pp. 1367-1402.

的"巴尔干化"[1]。此外,数据跨境流动本身就使得国家与国家之间、国家与非国家行为体之间的界限逐渐模糊,[2]国家的边界变得可以被渗透,甚至已经开始消失,[3]民族国家面临着冲破制度边界的扩张性私人行为和超越物理疆界的开放性全球活动的双重挑战,[4]传统意义上的主权概念已经很难在数据跨境流动领域沿用。

然而,盲目倡导数据自由论容易滑向极端自由主义的陷阱,落入单向度思考的囚笼。毋庸置疑,数据跨境自由流动会促进数字贸易的发展,但若忽视各国间数字技术的差异,片面地去追求数据跨境自由流动,那些数字技术强国会进一步扩张本国的数字疆域版图,成为看似没有边界的扁平化虚拟世界的主导者。[5]数据自由论的主张下潜藏着对数字公平的漠视,本质上是利强不扶弱的数据管理逻辑。渐而往之,全球数字鸿

---

〔1〕 网络空间的"巴尔干化",是指争夺网络空间权的利益群体林立,形成了碎片化和分裂化的网络空间形态。See A. K. Woods, "Litigating Data Sovereignty", *The Yale Law Journal*, 2018, 128, pp. 328-406; John Selby, "Data Localization Law: Trade Barriers or Legitimate Responses to Cybersecurity Risk, or Both?", *International Journal of Law and Information Technology*, 2017, 3, p. 216.

〔2〕 匡梅:《跨境数据法律规制的主权壁垒与对策》,载《华中科技大学学报(社会科学版)》2021年第2期。

〔3〕 [日]龟井卓也:《5G时代:生活方式和商业模式的大变革》,田中景译,浙江人民出版社2020年版,第33页。

〔4〕 [德]贡塔·托依布纳:《宪法的碎片:全球社会宪治》,陆宇峰译,中央编译出版社2016年版,第2页。

〔5〕 许多奇:《个人数据跨境流动规制的国际格局及中国应对》,载《法学论坛》2018年第3期。

沟会进一步加剧,最终演变并导致不平等格局。[1]

2. 传统主权延伸下的数据主权论

主权是国家概念的核心,它代表国家在其领土内所拥有的最高权威,具有绝对性与永久性。[2] 随着互联网时代数字产业的快速发展,传统主权概念延伸到网络空间,逐渐诞生了数据主权[3]的新概念,成为国家主权下的应然命题。[4] 回溯历史,数据主权概念从媒介主权孕育脱胎,进而发展为网络主权,最后嬗变成数据主权的格式形态。早期的媒介主权（Media Sovereignty）赋予了国家对其境内传播媒介和传播内容不加干涉控制权力,[5] 媒介主权的规制对象主要是实体有形媒介,对于以信息为运转载体的网络空间,媒介主权暴露了其作用有限的短板,不能适应网络时代的要求。网络主权（Cyberspace Sovereignty）源生于网络权力（Cyber Power）的认知。英国政治学家蒂姆·乔丹（Tim Jordan）认为个人独占性的技术主导权和网络世界的想象力释放造就了某种新式国家权力形

---

[1] 王淑敏:《全球数字鸿沟弥合:国际法何去何从》,载《政法论丛》2021年第6期。

[2] W. A. Dunning, "Jean Bodin on Sovereignty", *Political Science Quarterly*, 1896, 1, pp. 82-104.

[3] 广义的数据主权包括国家数据主权和个人数据主权,本书基于研究需要采用狭义的数据主权概念,即国家层面的数据主权。See J. P. Trachtman, "Cyberspace, Sovereignty, Jurisdiction, and Modernism", *Indiana Journal of Global Legal Studies*, 1998, 5, pp. 561-581.

[4] 何傲翾:《数据全球化与数据主权的对抗态势和中国应对——基于数据安全视角的分析》,载《北京航空航天大学学报（社会科学版）》2021年第3期。

[5] 沈国麟:《大数据时代的数据主权和国家数据战略》,载《南京社会科学》2014年第6期。

态，即网络权力。[1] 网络权力是使用网络空间相互联系的信息资源的能力，它涉及一系列与电子计算机相关的信息资源，包括网络、基础设施、软件及人类技能等。[2] 在此基础上，网络主权就发展成为一国对本国境内的网络设备、网络主体、网络行为及相关网络数据和信息等所享有的对内最高权和对外独立权，是国家在虚拟网络空间的权属表达，[3] 包含独立权、平等权、管辖权和防卫权四重权利维度。网络空间根据不同的功能区分可以切割为"物理层""逻辑层"和"内容层"，[4] 每层对应着不同的主权样态，某种意义上网络主权是一种分层式的场域主权。"物理层"主权是对本国领土内支持互联网活动的物理基础设施的主权，与国家领土有直接联系；"逻辑层"主权依附的基础性要件是网络互联互通和数据传输的基本协议和标准，但其核心关键是国家对计算机代码的主权，即在于国家能否控制域名系统（Domain Name System，DNS）；在"内容层"，则因数据控制者、存储者与使用者等主体在空间位置上的分离，极易产生针对如数据归属和数据管辖权能等国

---

[1] 胡丽、齐爱民：《论"网络疆界"的形成与国家领网主权制度的建立》，载《法学论坛》2016年第2期。

[2] Joseph S. Nye, "Cyber Power", Belfer Center for Science and International Affairs, Harvard Kennedy School, May 2010, available at https://www.belfercenter.org/sites/default/files/legacy/files/cyber-power.pdf.

[3] 《网络主权：理论与实践（2.0版）》，载http://www.cac.gov.cn/2020-11/25/c_1607869924931855.htm。

[4] 刘晗、叶开儒：《网络主权的分层法律形态》，载《华东政法大学学报》2020年第4期。

家主权管理冲突。"物理层"和"逻辑层"更多涉及与物理界限密切相关的技术问题,所以当前在"物理层"和"逻辑层"上的数据主权规制延续传统主权思路已形成争议较小的治理规则,而"内容层"涉及多个主体、组织和地区的数据流动规制,不同国家的网络信息通径造成了数据控制方和数据所有方的散裂、数据来源地和数据存储地的区隔以及内外层面数据管辖权和数据规制权的混沌等多重矛盾,[1] 不同国家立场各异,不同的数据管理方案争议不断。例如以欧盟为代表的相关国家坚持要求数据本地化存储,并以数据储存者为标准强调主权,而美国则在《澄清境外数据合法使用法案》(Clarifying Lawful Overseas Use of Data Act or CLOUD Act,以下简称《云法案》)中主张以数据控制者为标准来确定国家的主权。[2] 随着数字信息的爆炸式增长,对于"内容层"的争夺开始分化出数据主权。

数据主权是传统主权在数据层面的必然延伸,它依托网络空间,从属于国家主权,是网络空间主权的下位概念。[3] 网络空间不是排除国家行政权力和政策干预的"法外之地",[4]

---

[1] 邵怿:《论域外数据执法管辖权的单方扩张》,载《社会科学》2020年第10期。

[2] 冯硕:《TikTok被禁中的数据博弈与法律回应》,载《东方法学》2021年第1期。

[3] 梁坤:《基于数据主权的国家刑事取证管辖模式》,载《法学研究》2019年第2期。

[4] [美]劳伦斯·莱斯格:《代码2.0:网络空间中的法律》(修订版),李旭、沈伟伟译,清华大学出版社2018年版,第4页。

相应的数据作为网络空间运转的信息要素也应当受到国家的主权管制,它涉及切实的国家利益和社会利益。[1] 数据主权的本体内涵是国家对数据的独有且不受干涉的最高权力,它意味着国家可以独立自主收集、占用、处置、管控、加工和利用本国数据,它包含数据控制权、数据产业技术的自主发展权和数据立法权三重内涵。[2] 数据主权的主体是国家和政府,既涉及境内的治理,也囊括国家间的数据跨境管制,内容上包括重要性的关键数据和一般性的个人数据两种类别。[3] 我国2021年出台的《数据安全法》就要求重要数据,尤其是核心数据的出境要经过国家安全审查,彰显了鲜明的"数据主权"立场。数据主权实际上是一种"内容主权"或"要素主权",它关注数据信息本身的完整性、真实性和保密性,对数据的跨境传入和传出实施严格把控,数据的出入境无不受到国家的干涉。

在全球数据竞争态势日趋激烈的过程中,欧盟对数据主权进行了新的个性阐释。2018年,欧盟委员会为捍卫自身的数字利益正式创制了"数字主权"(Digital Sovereignty)概

---

〔1〕 尹建国:《我国网络信息的政府治理机制研究》,载《中国法学》2015年第1期。

〔2〕 齐爱民、祝高峰:《论国家数据主权制度的确立与完善》,载《苏州大学学报(哲学社会科学版)》2016年第1期。

〔3〕 邓崧、黄岚、马步涛:《基于数据主权的数据跨境管理比较研究》,载《情报杂志》2021年第6期。

念,[1]它是欧盟战略主权(Strategic Sovereignty)在数字维度上的表达。[2]在 2020 年欧洲议会发布的《欧洲的数字主权》(Digital Sovereignty for Europe)研究报告中,详细阐明了数字主权产生的历史背景和增强欧盟在数据规制方面的全球引领能力与战略自主权,并列明二十四项将要采取的行政方针和举措。[3]同年,欧盟又密集发布了《欧洲数据战略》(A European Strategy for Data)、《塑造欧洲的数字未来》(Shaping Europe's Digital Future)及《人工智能白皮书——追求卓越和信任的欧洲方案》(White Paper: On Artificial Intelligence—A European Approach to Excellence and Trust)三份战略性文件,首次明确提出"技术主权"概念,从技术层面、规则层面和价值层面拓宽了数据主权的理论外延,[4]进一步阐述欧洲必须遵循自己的价值和规则,做出自己关于数据跨境管理的选择,[5]也从侧面反映出欧盟数字技术实力的脆弱性,迫使欧

---

[1] 鲁传颖、范郑杰:《欧盟网络空间战略调整与中欧网络空间合作的机遇》,载《当代世界》2020 年第 8 期。

[2] 房乐宪、殷佳章:《欧盟战略主权的多维内涵及其国际含义》,载《教学与研究》2021 年第 10 期。

[3] European Parliamentary Research Service, Digital Sovereignty for Europe, 2020.

[4] 刘天骄:《数据主权与长臂管辖的理论分野与实践冲突》,载《环球法律评论》2020 年第 2 期。

[5] Ursula von der Leyen, "Shaping Europe's Digital Future: Op-ed by Ursula von der Leyen, President of the European Commission", available at https://ec.europa.eu/commission/presscorner/detail/es/AC_20_260.

盟选择宣示数据主权来改变地缘政治竞争中的被动局面。[1]

从实体空间到虚拟空间,从场域主权到内容主权,数据主权正在精细化地演变,但其根基仍是在延续传统主权的逻辑脉络。尽管数据主权具有维护国家安全和反对数据霸权的双重属性,[2] 但国际社会正步入一个数字"失序"的时代,数字"冷战"结构很有可能出现,[3] 当大国争先实施数据本地化的政策,重申数据主权立场的时候,我们也要警惕数据民族主义(Data Nationalism)的浪潮,[4] 防止网络空间衍生的数据资源成为大国极端政治斗争的工具。

(二)冲突呈现:数据跨境流动的规则表达与实践

数据主权论和数据自由论的对立本质是对数据跨境流动或鼓励或限制的价值选择,由于全球范围内国家通信与数字产业发展进程、数字贸易对外布局以及数据主权规划参差各异,数据跨境流动的限制力度和管理方式也有所区别,[5] 进而体现为国家干涉强度、数据本地化存储的要求力度、数据本地化例

---

[1] Carla Hobbs, "Europe's Digital Sovereignty: From Rulemaker to Superpower in the Age of US-China Rivalry", European Council on Foreign Relations, available at https://ecfr.eu/publication/europe_digital_sovereignty_rulemaker_superpower_age_us_china_rivalry/.

[2] 张钦昱:《数据权利的归集:逻辑与进路》,载《上海政法学院学报(法治论丛)》2021年第4期。

[3] Global Business Policy Council, Competing in an Age of Digital Disorder, 2019.

[4] C. Kuner, "Data Nationalism and Its Discontents", *Emory L. J. Online*, 2014, 64, pp. 2089-2098.

[5] 黄道丽、胡文华:《全球数据本地化与跨境流动立法规制的基本格局》,载《信息安全与通信保密》2019年第9期。

外范围和内容的差异,[1] 纵观全球数据管理体系,不同国家和阵营对数据政策的立场博弈构筑了相互撕裂的数字竞争格局。

1. 单边主导的国内法规制

当代国际社会的立法管辖权主要关注"地点"和"人籍"两个要素,属地管辖原则和属人管辖原则相应成为国际法的主要管辖依据。除此之外,国际社会还发展确认了保护性管辖原则和普遍性管辖原则的合法性。[2] 应用在数据跨境流动管理问题上,就形成了以"数据存储地"和"数据控制者"为不同标准的数据管辖依据。

(1) 维护数据主权的"数据存储地标准"立法。以俄罗斯和印度为代表的数字技术弱势国家,始终坚守数据主权,形成以属地管辖为主的防御性数据规制体系。由于频繁遭受网络黑客攻击,俄罗斯非常重视保障本国信息网络安全,围绕国家数据主权安全展开了"数据本地化存储"的立法。[3] 俄罗斯的数据跨境流动政策体系主要是以《关于信息、信息技术和信息保护法》(Russian Law on Information, Information Technology and Information Protection,以下简称《信息保护法》)和《俄

---

[1] 冯洁菡、周濛:《跨境数据流动规制:核心议题、国际方案及中国因应》,载《深圳大学学报(人文社会科学版)》2021年第4期。
[2] 肖永平:《"长臂管辖权"的法理分析与对策研究》,载《中国法学》2019年第6期。
[3] 朱雅妮:《数据管辖权:立法博弈及中国的对策》,载《湖南行政学院学报》2021年第6期。

罗斯联邦个人数据法》（Russian Federation Personal Data Act，以下简称《个人数据法》）两部专门法为核心，以《俄罗斯联邦大众传媒法》（Russian Federation Mass Media Act）、《俄罗斯联邦安全局法》（Russian Federation Security Agency Act）等细分法律为辅助，形成了以高强度本地化存储为典型特征的数据跨境流动管理体系。[1]"棱镜门"事件后，俄罗斯先后通过联邦第97号法令和联邦第242号法令对《信息保护法》和《个人数据法》进行修改，要求俄罗斯公民的个人数据必须在本国存储和处理，进一步强化"数据本地化"的要求。首先，根据第97号法令在《信息保护法》中增设信息留存要求，规定：电信服务商和在线信息发布组织者有义务在俄罗斯境内存储用户的语音信息、短信、图像、声音、视频和其他信息。从数据发送、接收或处理时起，留存期限为6个月。[2]其次，根据第242号法令在《信息保护法》第16条第4款中增加：信息拥有者、信息系统运营者有义务对俄罗斯联邦公民个人信息进行收集、记录、整理、保存、核对、提取的数据库存放在俄罗斯境内。[3]最后，第242号法令还修订了《个人数据法》，其在第18条中增加第5款：在要求收集个人数据时，网络数据运营商必须使用位于俄罗斯境内的数据库。[4]此外，

---

〔1〕何波：《俄罗斯跨境数据流动立法规则与执法实践》，载《大数据》2016年第6期。

〔2〕See http：//ivo.garant.ru/#/document/70648932/paragraph/1：0.

〔3〕See http：//www.kremlin.ru/acts/bank/38728.

〔4〕See http：//www.kremlin.ru/acts/bank/38728.

第三章 数据跨境流动与数据主权管辖、个人隐私保护的平衡研究

2015 年 9 月 1 日生效的《俄罗斯联邦澄清部分关于信息和电信网络联邦法律中适用处理个人资料程序的修正案》也确立了数据本地化存储的规则。[1] 从上可知，通过在境内储存个人数据、设置数据库和处理数据三个方面的严格规定，俄罗斯实现了数据流动的全面控制，进而掌握对本国数据跨境流动的主动权。

早在 1993 年印度《公共记录法》(Public Records Act) 中，其就规定只有因为"公共目的"才能将公共记录数据带出境，公共记录向境外流动需要经过中央政府批准。[2] 近年来，印度加强数据本地化的管理，数据跨境流动的程序更加繁琐。根据印度 2018 年公布的《个人数据保护法（草案）》(Personal Data Protection Bill, 2018 Draft Text) 第 40 条的规定，每位数据受托人要将一份及以上的个人数据记录副本存储在印度的数据服务器和数据中心，其中被印度中央政府认定为"关键个人数据"的内容必须在印度境内加工处理。[3] 而且在个人数据管理上，该草案将数据分为一般数据、敏感数据和关键数据，采取不同程度的保护措施，并设置有充分的保护认定机制、标准合同规范、集团内部数据传输规则、数据保护机

---

[1] 何波：《俄罗斯跨境数据流动立法规则与执法实践》，载《大数据》2016 年第 6 期。

[2] 高龙英、张晓霞：《域外数据安全法律制度》，载《人民法院报》2021 年 8 月 27 日，第 8 版。

[3] Personal Data Protection Bill, 2018 Draft Text, available at https://prsindia.org/files/bills_acts/bills_parliament/1970/Draft%20Personal%20Data%20Protection%20Bill,%202018%20Draft%20Text.pdf.

构审批监管等措施来进行数据跨境管理。[1]而且中央政府基于必要性和国家战略利益可以豁免一般个人数据的本地化义务。此外，2018年《印度电子商务国家政策框架草案》（Electronic Commerce in India: Draft National Policy Framework）出台，提出将有序推进数据本地化进程，完善本土数据中心和数据服务器，同时也列出了一系列不受数据本地化限制的豁免情形，例如对基于合同向境外进行的数据传输、软件和云计算服务相关的技术数据、跨国企业内部数据传输等情况并不加以限制。[2]以此而论，印度通过采取有限数据本地化的方式来主张数据主权，但没有完全禁止数据跨境流动。印度的差异化路径代表了数据本地化的发展趋势，严格的数据跨境流动限制已经松动，特定数据类型的流动限制将有可能成为数据管理常态。

（2）关注数据流动的"数据控制者标准"立法。以"数据存储地"为标准的数据本地化立法随着数字技术的发展变得难以为继，大数据时代下的数据流动快捷并多变，数据的存储与数据用户相互分离，数据位置独立且分散，[3]并且包括互联网服务提供商和运营商在内的第三方对数据的传输和存储地

---

[1] Personal Data Protection Bill, 2018 Draft Text, available at https://prsindia.org/files/bills_acts/bills_parliament/1970/Draft%20Personal%20Data%20Protection%20Bill,%202018%20Draft%20Text.pdf.

[2] 胡文华、孔华锋：《印度数据本地化与跨境流动立法实践研究》，载《计算机应用与软件》2019年第8期。

[3] D. C. Andrews, J. M. Newman, "Personal Jurisdiction and Choice of Law in the Cloud", *Md. L. Rev.*, 2013, 73, pp. 313-384.

第三章 数据跨境流动与数据主权管辖、个人隐私保护的平衡研究

点有关键决定作用,[1] 提供数据服务的运营主体成为数据的主导者。为了抓住数据流动的核心命脉,以美国为代表的数字技术强国通过强调"数据控制者"标准来争取对全球数据的掌控权。"数据存储地"标准把固定的数据存储位置作为管辖基点,使得某些情况难以获取数据云存储状态下位于他国服务器的数据内容,无法适应大数据时代的管理要求。在"Microsoft vs. FBI"案中,美国联邦执法人员向美国地区法院申请一份搜查令,要求微软将用户的邮件数据内容提交给美国政府,微软拒绝协助搜查,因为存储邮件的数据库位于爱尔兰都柏林的一个数据存储中心,不属于美国管辖范围。本案依据的《存储通信法案》(Stored Communication Act)没有规定搜查令的域外适用性。随即《云法案》的出台为美国执法机构获取美国跨国公司域外服务器中的数据提供了法律支持,[2] 赋予美国执法机构对本国跨国公司控制的数据享有域外主权,不论其数据存储在美国境内还是境外。《云法案》抛弃了以物理储存为界的"数据存储地"管辖标准,确立了"数据控制者"标准的中心地位。在此,《云法案》要求美国管辖的电信或远程计算服务提供者应按照本章要求将自己控制和管理的数据信息进行保存、备份和披露,不论数据和信息记录存储在美国境

---

〔1〕 Andrew Keane Woods, "Against Data Exceptionalism", *Stan. L. Rev.*, 2016, 68, pp. 729-789.

〔2〕 许多奇:《论跨境数据流动规制企业双向合规的法治保障》,载《东方法学》2020 年第 2 期。

内还是境外。[1] 质言之，美国政府基于《云法案》可以直接调取美国数据服务提供商所拥有的数据库内容，这本质上是美国属人管辖在全球范围内的拓展延伸，[2] 加上美国互联网跨国公司在世界处于领先优势地位，美国利用"数据控制者"标准为其布局全球数字版图赢得了先机。《云法案》在为美国政府获取数据资源提供便利的同时，另一方面也规制外国行政机构跨境调取数据的行为，[3] 其中设置了繁杂的调取流程和程序，而且只有美国政府认可的"适格外国政府"才能发出指令请求调取美国服务商控制的数据，[4] 从而极大减少了外国行政机构无端调取美国数据的行为，减少了美国本土数据外流的现象。相比于数据本地化立法模式，虽然"数据控制者"标准可以不局限于一国的领土边界，变相推动了数据跨境流动，但会招致美国频繁假借促动"数据自由"之名强化基于"数据控制者"标准的域外管辖[5]，巧妙构筑以美国为中轴

---

〔1〕张露予：《美国〈澄清域外合法使用数据法〉译文》，载《网络信息法学研究》2018年第1期。

〔2〕覃宇翔：《美国的属人管辖制度及其在互联网案件中的新发展》，载《网络法律评论》2004年第1期。

〔3〕Clarifying Lawful Overseas Use of Data Act, Section 5, Executive Agreements on Access to Data by Foreign Governments § 2523.

〔4〕程昊：《从"云幕"法案看我国数据主权的保护》，载《情报理论与实践》2019年第4期。

〔5〕域外管辖（Extraterritorial Jurisdiction），是指一国将其法律的适用范围或其司法和行政管辖范围扩展至该国领土以外，包括域外立法管辖权、司法管辖权和执法管辖权。参见李庆明：《论美国域外管辖：概念、实践及中国因应》，载《国际法研究》2019年第3期。

的全球数据治理帝国。[1]

事实上,美国所奉行的数据自由流动是全球数据单向流入其本土的自由,而非双向的数据自由互通流动,这也有别于数据控制者的经营自由。[2]近年来,美国对涉美国公民数据的跨国公司投资并购的监管异常严苛。例如 TikTok 风靡全美,获取了大量用户的位置信息和身份信息,美国政府认为其构成重大的国家安全风险,要求 TikTok 将其掌握的个人数据存储在美国境内,并勒令字节跳动公司在限期内完成本土业务的出售交割。此外,由于对中国跨国公司的不信任,美国禁止来自中国的软件应用,包括支付宝、微信支付、腾讯 QQ、WPS Office 等 APP;美国还限制本土企业向中国购买相关通信设备,阻挠境外的跨国公司在美国提供互联网数据服务。[3]通过投资审查和贸易禁令的方式对互联网跨国企业所代表的数据控制者加强行政规导,从而实现数据跨境流入的自由,是政治化主导下的片面数据自由模式。

(3)强主权严流动的"数据当事方标准"立法。加快建设欧盟内部市场,促进欧盟成员国之间的数据资源传输,实现欧盟内数据的自由流动,建构单一数据市场历来是欧盟数字治

---

[1] 强世功:《帝国的司法长臂——美国经济霸权的法律支撑》,载《文化纵横》2019 年第 4 期。

[2] 赵海乐:《Tik Tok 争议中的美欧数据治理路径差异研究》,载《情报杂志》2021 年第 5 期。

[3] A. David, "Hoffman, Schrems II and TikTok: Two Sides of the Same Coin", *N. C. J. L. & Tech.*, 2021, 22, pp. 573-616.

理的愿景。[1] 2018年通过的《通用数据保护条例》（GDPR）结束了欧盟关于数据保护立法的碎片化状态，形成了数据保护的一体化规制。[2] 对于条例的适用范围，GDPR第3条规定位于欧盟区域的数据控制者或处理者处理个人数据的行为适用本法，不论处理行为发生在欧盟境内还是境外。[3] 紧接着在第3条第2款表明在欧盟境外设立的数据控制者或处理者只要他们处理的个人数据所涉主体位于欧盟境内，并属于以下两种情形：（a）为位于欧盟境内的数据主体提供产品或服务，无论是否要求数据主体支付对价；或（b）对欧盟境内数据用户的行为进行监控，也同样适用本条例。[4] 由此而知，GDPR的管辖原则延续了美国"数据控制者"管理标准，并在此基础上引入了对"数据主体用户"的关注重点，打造了以"数据当事方"为目标要素的独特管辖标准，本质上是属人原则和属地原则兼采的管辖逻辑。对内视角上，GDPR对满足流通标准的成员国之间的数据跨境传输没有限制，破除了欧盟成员国之间数据跨境流动和共享的阻碍。后续通过的《非个人数据在欧盟境内自由流动条例》（Regulation on a Framework for the Free Flow of Non-Personal Data in the European Union）也旨在协调欧

---

[1] S. Wachter, B. Mittelstadt, "A Right to Reasonable Inferences: Re-thinking Data Protection Law in the Age of Big Data and AI", *Colum. Bus. L. Rev.*, 2019, 2, pp. 494-500.

[2] 金晶：《欧盟〈一般数据保护条例〉：演进、要点与疑义》，载《欧洲研究》2018年第4期。

[3] GDPR第3条。

[4] GDPR第3条第2款。

盟成员国之间商业数据和政府数据流动规则的差异，进一步消除了欧盟内各国的数据本地化规定的障碍，激发了欧盟市场的活力和潜力。[1] 这大大降低了数据跨境流动的经济成本，加快实现了欧盟数字化单一市场战略。[2] 对外视角上，欧盟被视作独立地理范畴的"国家"单位，GDPR 作为"单套规则"[3] 来构建欧盟统一的数据治理框架。GDPR 首先通过"充分性认定"的方式确定数据跨境自由流动"白名单"国家。[4] 只有特定国家、地区或国际组织达到欧盟认可的充分保护水平时才可以免除欧盟的审批管理进行无障碍的数据自由流动，其中评估要素包括法治、人权、公共安全等诸多标准。[5] 其次，对于不满足"充分性认定"标准的国家或国际组织，数据控制者或处理者要提供适当的保障措施才能传输个人数据。多样化的保障措施包括公共机构或企业实体之间签订的具有法律拘束力和可执行性的文件，符合一致性机制并且有

---

[1] 吴沈括、霍文新：《欧盟数据治理新指向：〈非个人数据自由流动框架条例〉（提案）研究》，载《网络空间安全》2018 年第 3 期。

[2] Aaditya Mattoo & Joshua P. Meltzer, "International Data Flows and Privacy: The Conflict and Its Resolution", World Bank Group, May 2018.

[3] GDPR 作为"单套规制"（one single set of rules）可以不需要成员国在国家层面单独批准就能直接适用于欧盟所有成员国。See European Commission, "General Data Protection Regulation Shows Results, But Work Needs to Continue", available at https: //ec. europa. eu/commission/presscorner/detail/en/IP_19_4449.

[4] 目前欧盟确认的"白名单"国家有日本、加拿大、澳大利亚、瑞士等 13 个国家。See European Commission, Communication from the Commission to the European Parliament, the Council, the European Economic and Social Committee and the Committee of the Regions, a European Strategy for Data, Brussels, 19. 2. 2020, Com (2020) 66 Final, p. 4.

[5] GDPR 第 45 条。

约束力的多集团跨国公司规则,欧盟审核后拟定的数据保护标准条款,监管机构核查后制定并被欧盟委员会批准的数据保护标准条款,第三国数据控制者或数据处理者根据前述规定的行为准则并基于安全保障目的而做出的具有约束力和执行性的承诺等。[1] 最后,跨国企业集团内部的数据流动传输要遵守GDPR制定的有约束力的公司规则,明确个人数据跨境传输的严格企业责任。[2] 该标准有助于集团公司位于不同国家的跨国公司,即使各国数据保护水平参差不齐,其内部也能为数据提供统一的高标准保护。[3] 概而观之,欧盟没有把公权力的触角直接伸进数据跨境的具体场景,而是围绕欧盟的数据主体和相关数据控制者展开数据跨境流动管制,构建起独特的"事前保护"数据管理模式,以"主权内化于私权"的管制进路隐秘地维护数据主权安全。[4] 此外,欧盟GDPR以高标准的数据保护水平来严格数据跨境传输,不仅能实现数据跨境流动和个人数据主体权益保护的双重目标,[5] 也倒逼他国改变数据立法来迎合欧盟标准,事实上是把欧盟的数据保护标准推行

---

[1] GDPR 第 46 条。

[2] GDPR 第 47 条。

[3] Norton Rose Fulbright, "Schrems II Landmark Ruling: A Detailed Analysis", available at https://www.nortonrosefulbright.com/en-jp/knowledge/publications/ad5f304c/schrems-ii-landmark-ruling-a-detailed-analysis.

[4] 洪延青:《在发展与安全的平衡中构建数据跨境流动安全评估框架》,载《信息安全与通信保密》2017 年第 2 期。

[5] 许多奇:《个人数据跨境流动规制的国际格局及中国应对》,载《法学论坛》2018 年第 3 期。

为一种全球规范标准。[1]

2. 多元共治的国际法统筹

（1）美欧数字竞争的双边较量与妥协。数据跨境流动的双边安排蕴含着两国关于数据治理的竞争博弈，美欧之间一直保有密切的数字贸易交流，但二者的数字治理规则存在理念和价值上的分歧，二者的双边规则也经过几轮激烈的博弈。第一轮博弈体现为美欧为达成《安全港协议》（Safe Harbor Framework）进行的利益争斗。20世纪90年代后期，由于《关于个人数据处理保护和自由流动的个人保护指令》（以下简称《数据保护指令》）的颁布实施，欧盟开始限制个人数据向第三国转移。随后美国为了促使欧盟公民数据向外传输，美欧双方于2000年达成《安全港协议》。加入《安全港协议》的美国企业需要遵循其中严格的隐私原则并提供详细的方案才能不受限制地传输数据。事实上美国本土没有一部综合性的隐私保护法典，却享受了欧盟充分性认定待遇，[2] 这是美国政府和企业为了欧盟数字市场所做的妥协，也是尊重了欧盟数据主权安全和个人隐私保护的价值诉求。其后随着"棱镜门"事件的爆发和持续发酵，美国政府对其他国家大范围的网络监控造成

---

[1] A. Callahan-Slaughter, "Lipstick on a Pig: The Future of Transnational Data Flow between the EU and the United States", *Tul. J. Int'l & Comp. L.*, 2016, 25, p. 239.

[2] Oliver Patel, Nathan Lea, "EU-U. S. Privacy Shield, Brexit and the Future of Transatlantic Data Flows", available at https://iapp.org/resources/article/eu-u-s-privacy-shield-brexit-and-the-future-of-transatlantic-data-flows/.

了对其他国家主权安全和个人隐私的严重侵犯,引起了国际社会的谴责和讨伐,欧盟开始丧失对美国政府的信任并重新审视《安全港协议》的内容。[1] 同时《安全港协议》也因为Facebook数据转移事件被欧盟法院宣告无效。随即欧盟数据保护机构(EU Data Protection Authorities)宣布美国与欧盟之间的数据传输管理不再适用"安全港"制度。[2] 于是,双方紧急磋商达成了《隐私盾协议》(Privacy Shield Framework),该协议完善了《安全港协议》的隐私保护内容,要求美国跨国公司签订内含隐私盾原则的协议,并增设年度联合审查机制来督促美国跨国公司保护欧盟公民的数据隐私,还为美国情报机构收集欧盟公民数据确立了额外的特殊标准,可以说是《安全港协议》的改进升级版。[3] 美国在此次规则博弈中又做了妥协和让步,一定程度上保证了美欧之间数据跨境安全流动。但好景不长,2020年7月欧盟法院又认为美国对欧盟个人数据开展的情报活动不符合比例原则,而且没有为可能受到侵犯的欧盟数据主体提供有效可行的司法赔偿救济,美国实质上没有达

---

[1] European Commission, "European Commission Calls on the U.S. to Restore Trust in EU-U.S. Data Flows", available at https://ec.europa.eu/commission/presscorner/detail/en/IP_13_1166.

[2] G. Drake, "Navigating the Atlantic: Understanding EU Data Privacy Compliance Amidst a Sea of Uncertainty", *S. Cal. L. Rev.*, 2017, 91, pp. 163-194.

[3] 单文华、邓娜:《欧美跨境数据流动规制:冲突、协调与借鉴——基于欧盟法院"隐私盾"无效案的考察》,载《西安交通大学学报(社会科学版)》2021年第5期。

到与欧盟同等的保护水平,[1] 从而作出判决否定了《隐私盾协议》的效力。这也意味着先前加入《隐私盾协议》的企业不能按照原协议开展数据跨境传输业务,美国的跨国企业需要付出更高昂的数据合规成本才能与欧盟本土公司竞争,显然重挫了美欧数据跨境流动合作。[2] 美欧双边数据治理规则的博弈反映出数据自由流动和数据主权安全的价值冲撞,是二者数字技术差异在规则层面的现实体现,随着《隐私盾协议》成为过去式,美欧双方新一轮的数字博弈将有可能催生"加强版隐私盾"的出现。[3]

(2) **区域和多边安排下的数据规制与平衡**。纵观全球区域性的贸易协定中关于数字贸易条款的规定,大多是采用"原则+例外"的规制模式去管理数据跨境流动。美国为主导达成的《跨太平洋伙伴关系协定》(Trans-Pacific Partnership,TPP)渗透着鼓励数据跨境自由流动的理念,促使多方达成更加自由的数字贸易承诺。TPP原则上禁止缔约方限制数据跨境自由流动和采取数据本地化的措施,要求缔约成员方应允许为执行相关业务而进行的电子方式的数据跨境传输,其中包括个

---

[1] 黄志雄、韦欣妤:《美欧跨境数据流动规则博弈及中国因应——以〈隐私盾协议〉无效判决为视角》,载《同济大学学报(社会科学版)》2021年第2期。

[2] 黄志雄、韦欣妤:《美欧跨境数据流动规则博弈及中国因应——以〈隐私盾协议〉无效判决为视角》,载《同济大学学报(社会科学版)》2021年第2期。

[3] 董京波:《跨境数据流动安全治理》,载《科技导报》2021年第21期。

人信息,[1]而且缔约成员方不能把适用其领域内的计算设施或将数据设施安放在其领域内作为在其领域内从事经营和服务的前置条件。[2]此外,TPP也允许缔约方把"实现合法公共政策目标"和"尊重缔约成员国内的个人数据法规"作为数据本地化限制的例外,即缔约成员方可以在"管理措施不具有任意歧视性或对贸易不构成变相限制"和"不超过必要限度"的前提下,限制数据跨境传输和要求计算机设施的本地化。[3]后来2018年签订的《美墨加协议》(The United States-Mexico-Canada Agreement,USMCA)电子商务章节中的数字贸易条款也基本承继了TPP的主要规定,但相关例外条款设置更加严格,它不再允许缔约方利用本国的个人数据法规定来限制数据跨境传输,[4]并且不得以有关公共政策的目标理由来实行数据本地化措施。[5]从限制数据跨境流动的例外情形逐渐缩小可以看出美国在努力追求数据流动的绝对自由化倾向,[6]在数据跨境流动中逐步弱化对个人数据的保护也有利于美国企业不受限制地获取全球的数据流,无形中刺穿了国家的数据主权屏障。

而在WTO多边框架内的电子商务谈判,由于各成员方经

---

[1] TPP Article 14.11.
[2] TPP Article 14.13.
[3] TPP Article 14.11, 14.13.
[4] USMCA Article 19.11.
[5] USMCA Article 19.11.
[6] 林福辰、杜玉琼:《发展与蜕变:多边视域下数字贸易规则建构路径之审思》,载《江海学刊》2020年第5期。

济发展水平不同,以及数字技术发展阶段不一,关于数字贸易的谈判磋商很难推进。美国很早就向 WTO 提交推动电子商务谈判的提案,并明确将数据自由流动(包括促进数据跨境传输、禁止数据本土化措施等)列为其重点谈判议题。[1] 相较之下,欧盟的立场比较保守,认为数据主权安全和个人数据保护的目标需要得到应有的保障。而非洲等欠发达国家因为本国互联网基础设施不健全,数字技术严重落后,更加强调网络安全风险和数据主权,所以大力反对将数字贸易纳入多边贸易框架下讨论。2019 年在瑞士达沃斯举办的电子商务非正式部长级会议上,中美俄日澳以及欧盟等 76 个 WTO 成员方签署发布了《关于电子商务的联合声明》,在现有 WTO 协定基础上开启与贸易有关的电子商务规则谈判,其中涉及数据跨境流动的议题也出现了推动数字自由贸易与强化国内数据监管之间冲突与对立的内容,[2] 以美国为代表的促进数据跨境自由流动的观点和以俄罗斯为代表的坚持数据本地化的立场相持不下,亟待进一步的妥协与平衡。

(三)平衡构造:数据主权的差异化适用

数据跨境自由流动与数据主权安全是一对矛盾的两极,如何调适二者之间的冲突张力,在保障数据主权安全的前提下最大限度地激发数据跨境流动的活力,需要创设三种数据主权样

---

[1] 张磊:《美国提交电子商务倡议联合声明意欲何为》,载《WTO 经济导刊》2018 年第 5 期。

[2] 李墨丝:《WTO 电子商务规则谈判:进展、分歧与进路》,载《武大国际法评论》2020 年第 6 期。

态，即对内进行数据分类分级管理打造场景化的弹性数据主权[1]，并防止数据本地化的扩张倾向，抵制极端数据主权，对外要加强数据跨境流动治理合作，推动相互依赖的数据主权[2]深度融合发展。

1. 数据分类分级管理

传统的静态数据保护模式主要关注个人数据的完整性和隐秘性，无法解决数据在流动或处理环节中所出现的保护缺失或保护不达的问题。新型个人数据规制体系需要适应数据安全的动态保护走向，确保数据在采集、处理和共享等各类数据行为情形下都保持安全状态。不同的场景变换会形成不同的数据流动效益和数据安全风险，对个人数据进行精细化的分类分级保护应当成为数据主权保障的基本思路。[3] 首先，要区分个人数据（信息）与非个人数据。个人数据是"以电子或者其他方式记录的与已识别或者可识别的自然人有关的各种信息，不包括匿名化处理后的信息"[4]，其他则为非个人数据。个人数

---

〔1〕 数据跨境流动的治理涉及许多公共和私人行为主体，法律机制和技术（计算机、数据服务器、海底电缆、代码和软件等），以及传统上以领土要素为界别的"域内-域外"二元分割模式无法有效规制数据流动，因而必须通过弹性主权来重塑数据管辖权力。See Roxana Vatanparast, "Data Governance and the Elasticity of Sovereignty", *Brooklyn Journal of International Law*, 2020, 46, pp. 1-38.

〔2〕 斯蒂芬·D. 克莱斯勒（S. D. Krasner）曾提出四种主权形式，分别为威斯特伐利亚主权（Westphalia Sovereignty）、国际法主权（International Legal Sovereignty）、相互依赖的主权（Interdependence Sovereignty）和内部主权（Domestic Sovereignty）。See S. D. Krasner, *Sovereignty*, Princeton University Press, 1999, pp. 3-4.

〔3〕 刘云：《健全数据分级分类规则，完善网络数据安全立法》，载http://www.cac.gov.cn/2020-09/28/c_1602854536494247.htm。

〔4〕 《个人信息保护法》第4条。

据的认定标准是可识别,匿名化或去标识化的信息不能确定识别到特定的自然人,相应的也就不属于个人信息。[1] 对于个人数据中的跨境流动规则需要采取"知情+同意"的原则,充分尊重个人选择权。对于非个人数据的跨境流动管理,由于其主体通常是国家、公共机构和企业等,[2] 往往涉及重要的国家利益、公共利益和商业利益,所以应当给予严格的流动限制。其次,区分个人数据中的一般个人数据和重要个人数据。一般个人数据主要涉及私人权益,具有弱主权属性,带来的国家和社会层面的风险较小,在尊重数据主体的个人意愿基础上可以实行弱审查机制,[3] 如果涉及的一般个人数据流量较大,可以适当采取严格的跨境审查机制。对于重要的个人数据,例如来源于国家关键信息基础设施的重要数据,涉及特殊群体(政治、军事和经济等领域的核心领导人物,还有儿童等群体)的重要数据以及敏感个人数据,与国家的主权安全密切相关以及具有强主权属性的重要数据,[4] 应从安全评估、监测预警和应急处置等多方面构建严格审查机制。在此,中国的数据分类管理制度则是将数据分为一般数据、重要数据和核心数据,其中对重要数据进行重要保护,对核心数据进行严格保

---

[1] 程啸:《论我国民法典中个人信息权益的性质》,载《政治与法律》2020年第8期。
[2] Regulation on the Free Flow of Non-personal Data, Article 3.
[3] 吴玄:《数据主权视野下个人信息跨境规则的建构》,载《清华法学》2021年第3期。
[4] 吴玄:《数据主权视野下个人信息跨境规则的建构》,载《清华法学》2021年第3期。

护,这种分类方法不失为一种可采的规制路径。[1] 最后,可以采取场景的类型化评估实施精准的数据风险识别与应对,从而保障数据主权安全。在数据主权保障制度中添加数据使用风险评估,以数据利用的具体目的和场景为指引划定数据合法使用的界限,并使用类型化的"场景评估"策略对数据跨境流动的风险予以综合审视,从而根据数据加工、流转、共享等场景中的风险评级,对具体场景环节采取差异化数据管制措施,动态地保障数据主权安全。[2] 统而言之,数据的分类分层管理制度要做到对重要数据"自由流动"硬约束和对非重要数据"自由流动"软约束的双向并举,最终达致可控可信的数据跨境自由流动,[3] 实现数据主权原则的弹性保护。

2. 禁止绝对型数据本地化倾向

数据本地化按程度强弱划分主要有三种类型,分别为备份型数据本地化、可访问型数据本地化和绝对型数据本地化。[4] 备份型数据本地化旨在要求本土生成的数据必须在域内数据中心或服务器上备份留存。可访问型数据本地化不仅要求本国产生的数据由本国存备,而且更强调数据处理的本土化,即境外地区和相关机构可以通过网络远程访问本国数据但无法处理本

---

[1]《网络数据安全管理条例(征求意见稿)》第5条。
[2] 黄海瑛、何梦婷、冉从敬:《数据主权安全风险的国际治理体系与我国路径研究》,载《图书与情报》2021年第4期。
[3] 许可:《自由与安全:数据跨境流动的中国方案》,载《环球法律评论》2021年第1期。
[4] 卜学民:《论数据本地化模式的反思与制度构建》,载《情报理论与实践》2021年第12期。

国数据,严格管限数据流入境外服务器。绝对型数据本地化则要求本国产生的数据只能允许本国存储和利用,严格禁止数据跨境传输和境外访问。前两种类型的数据本地化模式一定程度上保证了数据的充分利用和开放流动,而绝对型数据本地化模式虽然极力维护了国家的数据主权,但完全扼杀了数据的跨境流动,使得数据的经济贸易价值仅局限于本国范围,容易走向极端数据防御主义的道路。[1] 而且数据主权安全和网络安全风险不仅仅是数据储存地理位置问题,更是网络安全程序问题。[2] 有些国家强制要求数据本地存储,但自身的数字技术并不先进,国家的数据中心缺乏过硬的网络安全技术和管理经验,仅储存在本国的数据库可能面临更大的风险。[3] 此外,一味地强调数据本地化限制跨境流动保障数据安全对数字经济的发展是巨大的打击,[4] 有研究表明采取严格数据本地化措施的国家会导致本国数字产业在与他国的数字产业竞争中处于劣势地位,即使通过贸易协定和刺激经济政策也很难弥补其负

---

[1] 卜学民:《论数据本地化模式的反思与制度构建》,载《情报理论与实践》2021年第12期。

[2] C. Kuner, "Regulation of Transborder Data Flows under Data Protection and Privacy Law: Past, Present and Future", OECD Digital Economy Papers, 2011, p.8.

[3] Nigel Cory and Robert D. Atkinson, "Financial Data Does Not Need or Deserve Special Treatment in Trade Agreement", Information Technology and Innovation Foundation Report, April 2016, p.4.

[4] 黄道丽、胡文华:《全球数据本地化与跨境流动立法规制的基本格局》,载《信息安全与通信保密》2019年第9期。

面效应。[1] 故而我们必须抵制绝对数据本地化的风潮,保持数据主权的相对性和谦抑性,缩小数据本地化的适用范围和情形,限制肆意使用数据主权作为限制数据跨境流动的理由,如果可通过其他方式来维护社会公共利益、网络安全、数据安全和国家安全,那么就应减少数据本地化措施立法。[2]

3. 开展数据跨境流动合作

在现今的数据治理实践中,数据主权在网络空间物理层的绝对权威已经被广泛认可,国家能够对位于其领土界限内的基础设施享有直接的管辖权。[3] 但是对于网络空间逻辑层和内容层的规制由于不同国家数据保护制度和标准不统一甚至相互掣肘,往往形成数据主权重叠和数据主权冲突的情况。由此会产生劳伦斯·莱斯格(Lawrence Lessig)所提到的"相互竞争的主权"角逐局面,表现为不同辖区的主权竞争和"地方空间"的法律与"流动空间"的代码之间的竞争。[4] 尽管国际社会应该尊重每个国家自主的数据治理规则,但数据主权不仅意味着数据规则的自决自治,而且需要在恪守主权平等的国际法准则基础上倡导多方参与、平等参与、合作参与的协同共治

---

〔1〕 马蒂亚斯·鲍尔:《〈数据本地化的代价:经济恢复期的自损行为〉(摘译)》,载《汕头大学学报(人文社会科学版)》2017年第5期。

〔2〕 翁国民、宋丽:《数据跨境传输的法律规制》,载《浙江大学学报(人文社会科学版)》2020年第2期。

〔3〕 Michael N. Schmitt ed., *Tallinn Manual 2.0 on the International Law Applicable to Cyber Operations*, Cambridge University Press, 2017, p.69.

〔4〕 [美] 劳伦斯·莱斯格:《代码2.0:网络空间中的法律》(修订版),李旭、沈伟伟译,清华大学出版社2018年版,第30页。

模式。[1] 为此数字全球化进程中的各国应深入理解和尊重数据治理规则中的"异"并尽可能协调各方数据安全利益去求得共同的数据治理愿景，缓和数据主权安全和数据自由流动二元价值的内在抵牾，加强数据跨境合作。一方面，各主权国家可以自身数据发展需求为出发点建立有效的双边数据跨境合作。例如美欧双方从早期的《安全港协议》到后来的《隐私盾协议》，展现了主权国家双边数据跨境合作的妥协和平衡。此外，美国每年与日韩等国举行网络安全对话，构建网络安全集体防御体系，欧盟也成立了"欧洲网络犯罪中心"，积极寻求与他国网络安全平台合作，强化网络集体安全。[2] 双边数据跨境合作灵活而且效率高，还能给其他国家、地区和区域合作提供范本上的借鉴。另一方面，在国际组织的引领下主动参与多边数据跨境执法的协同合作。在打击跨境网络犯罪问题上，如何解决数据跨境取证的管辖权冲突是网络犯罪跨国侦查的首要难题。[3] 外国执法机关进行数据跨境取证需要事先通过数据储存地国家的同意和协助，这是对他国数据主权的尊

---

[1] 张新宝：《尊重网络主权 发扬伙伴精神》，载《人民日报》2018 年 6 月 4 日，第 16 版。

[2] INTERPOL, "Innovation to Beat Cybercrime Acceleration the Theme of 2021 Europol-INTERPOL Cybercrime Conference", available at https://www.interpol.int/News-and-Events/News/2021/Innovation-to-beat-cybercrime-acceleration-the-theme-of-2021-Europol-INTERPOL-Cybercrime-Conference.

[3] 王立梅：《论跨境电子证据司法协助简易程序的构建》，载《法学杂志》2020 年第 3 期。

重。[1] 而实际上能否被认定为犯罪、是否提供协助等事项由国家自主决定会导致数据调取效率极其低下，而且其中的考量蕴含着大量非司法因素，如美国就曾谴责俄罗斯政府因为政治原因很少协助网络犯罪的执法调查。[2] 所以联合国、WTO、APEC等国际组织应发挥平台作用促进各国数据利益的协调，弥合分歧形成"交叠共识"，[3] 国际社会有必要探索示范性的新型跨境数据取证模式或是建立相对统一的数据保护规则，克服数据保护政策的重复性问题和碎片化危机，同时制定例外规则便利数据跨境合作执法，提高政策的兼容性，以保护跨境数据流动，防止各国制造不必要的障碍，提升网络犯罪国际治理的总体能力。[4] 总而言之，在双边和多边层面竭力探索数据主权安全合作的国际机制既能够弥补数据主权相互竞争产生的"盲区"，也能避免数据主权"冲撞地带"的恶意扩大，继而促使数据领域"相互竞争的主权"逐渐过渡为"相互依赖的主权"，在网络空间命运共同体[5]的蓝图下达到数据主权与

---

[1] M. V. Yazdi, "The Digital Revolution and the Demise of Democracy", *Tul. J. Tech. & Intell. Prop.*, 2021, 23, pp.61-80.

[2] R. Broadhurst, "Developments in the Global Law Enforcement of Cybercrime", *Policing: An International Journal of Police Strategies & Management*, 2006, 29 (3), pp.408-433.

[3] 秦天宝：《国际法的新概念"人类共同关切事项"初探——以〈生物多样性公约〉为例的考察》，载《法学评论》2006年第5期。

[4] 裴炜：《未来犯罪治理的关键：跨境数据取证》，载《中国信息安全》2019年第5期。

[5] 习近平：《在第二届世界互联网大会开幕式上的讲话》，载《人民日报》2015年12月17日，第2版。

数据自由性的平衡共进。

二、数据跨境流动与个人隐私保护的冲突与平衡

在经济全球化的背景下,数据跨境自由流动的程度直接影响数字经济的发展状况。[1] 然而不加限制的数据跨境流动不仅会瓦解国家主权的基础,也在持续诱发个人隐私保护[2]的风险,而且数据的集成性、流动性、透明性等特征导致在信息利用的过程中,个人数据隐私保护也变得愈发困难。[3] 当我们享受着数据跨境流动带来的经济红利时,如何协调数据跨境流动与个人隐私保护的潜在冲突,确保数据隐私风险最小化和数据可用性最大化,是数字经济时代必须解决的核心命题之一。由于从技术层面而言,数字经济天然无地域限制,数据流动面对的是全球化市场而不仅仅是国内市场或区域市场,[4]所以数据流动是否跨境在探讨数据自由流动与个人数据隐私保护的关系中并不重要。数据自由流动所显现的"攻"的趋势与个人数据隐私保护所秉持的"守"的态势共同构成了动态复杂的冲突关系。在此,我们必须全面透视数据自由流动与个

---

[1] M. Burri, "The Regulation of Data Flows Through Trade Agreements", *Geo. J. Int'l L.*, 2016, 48, pp. 407-430.

[2] 学界有使用个人数据(personal data)和个人信息(personally identifiable information)等称谓的,个人信息/数据隐私也基本等同于个人信息/数据保护,本书为研究方便交替使用。

[3] 刘志坚、郭秉贵:《大数据时代公共安全保障与个人信息保护的冲突与协调》,载《广州大学学报(社会科学版)》2018年第5期。

[4] 彭岳:《贸易规制视域下数据隐私保护的冲突与解决》,载《比较法研究》2018年第4期。

人数据隐私保护之间的本源关系，综合比较各国关于数据隐私的价值分歧和制度差异，找到平衡二者冲突的现实路径。

（一）冲突渊源：个人数据隐私的三重之辩

1. 人的个体性与社会性

数据跨境流动与个人信息保护是一对此消彼长的矛盾关系，数据的无限制流动必然会侵犯个人信息的保护边界，这种矛盾的冲突根源在于数据主体"人"所具有的双重本性。人是个体性与社会性并存的生命体，它既作为独立的个体存在也作为共同体的成员存在，个体性与社会性的重合与互构缔造"现实的个人"。[1] 人作为混元统一体，表现出不同的存在形态并对应判然不同的生存需求。一方面，人的许多活动需要自身作为个体独立完成，每个人通过自己的身心感受来形成自我，这是不能被过分干扰和剥夺的行为存在。个体性活动所延展开来的世界就逐渐形成了个人隐私生活的范畴。沃伦（Warren）与布兰德斯（Brandeis）早在1890年就把"隐私权"界定为"个人独处的权利"。[2] 当隐私成为维持个人信息的内在领域，人的个体性存在也就需要外界给予一定程度的隐私尊重和保护。而个人数据是人的延伸，个体性存在下的人应当自主自决自立，所以个人数据亦应当由数据主体掌控，这是个体性存在中内我本性的彰显。保障信息主体对个人数据事务的处

---

[1] 袁明霞：《"现实的个人"及其对人的本质理解的意义》，载《前沿》2006年第3期。

[2] Samuel D. Warren, and Louis D. Brandeis, "The Right to Privacy", *Harvard Law Review*, 1890, 4 (5), pp. 193-220.

理和私密空间管理的自主、自治、自决，是个人数据保护的应有之义，[1] 也是在数据层面维续个体性存在的基本主张。另一方面，人在与他人的交往中产生出社会性存在的形态。从其现实意义上讲，人不是固有的抽象物，而是一切社会关系的总和。[2] 亚里士多德所做的"人是政治动物"的命题也表明要把人放在一定的社会关系中来考察和分析，而不能脱离社会或国家孤立地判断，个人对社会整体有很强的依存性。[3] 人的交往合作等社会性活动是以信息的传递和共享为前提的，个人信息是维系社会运作和社会生态的必要工具或介质。[4] 没有信息的互通流动，人的社会性存在难以为继，仅凭"孤岛式"的个体存在不能保证人的长久生存。随着社会性存在的活动增多，人与人之间信息传递会更加频繁透明，数据信息的流动速率会不停加快。质言之，数据自由流动是社会性存在的必然结果。此外，人的个体性存在与社会性存在是相互滋养又相互竞争的关系。在互助关系上，个体性存在活动所培育的独立精神世界源源不断产生社会性存在所需要的内部资源，同时社会性存在活动所提供的外部物质资源为个体性存在发展培植沃土，

---

[1] 高富平：《个人信息保护：从个人控制到社会控制》，载《法学研究》2018年第3期。

[2] 中共中央马克思恩格斯列宁斯大林著作编译局编译：《马克思恩格斯文集》（第1卷），人民出版社2009年版，第505页。

[3] 王善超：《论亚里士多德关于人的本质的三个论断》，载《北京大学学报（哲学社会科学版）》2000年第1期。

[4] 高富平：《论个人信息保护的目的——以个人信息保护法益区分为核心》，载《法商研究》2019年第1期。

没有社会性存在人就不能获取足够的外部资源去哺养个体性生存，二者共同构成人的生存发展根基。在竞争关系上，社会性存在往往会消磨个体性存在，[1] 打造"去个体性"社会。个体性存在会强烈要求对某些内部资源进行独占，这与社会性存在蕴含的资源社会化机制所冲突，进而形成了排他独占与流动共享的角力关系。以此而论，人的个体性存在与社会性存在之间的张力结构在数据问题上的映现也就是个人数据流动与数据隐私保护的冲突矛盾，个人信息也因此具有个体属性与公共流通属性的双重界貌，[2] 从而导致数据隐私的个体性与数据流动的社会性相互钳制而呈现出动态的拉扯态势。

2. 个人数据的人格性与经济性

个人数据具有二象性，个人数据与人格权益、个人数据与财产利益在数据流动空间中表现出不同形态。[3] 因而数据跨境流动与数据隐私保护的冲突缘由还在于个人数据问题的两种不同研究进路的分歧，即法学意义上隐私人格权的思考路径和经济学意义上经济商品属性思路的视角对垒。从法学意义上讲，个人信息保护关涉个人的隐私人格权。个人信息的可识别性特征使得个人信息直接指向信息主体，它勾勒出人格形象并

---

〔1〕 胡玉鸿：《个人社会性的法理分析》，载《法制与社会发展》2008 年第 1 期。

〔2〕 丁晓东：《个人信息的双重属性与行为主义规制》，载《法学家》2020 年第 1 期。

〔3〕 程关松：《个人信息保护的中国权利话语》，载《法学家》2019 年第 5 期。

形成个人的"信息化形象"来指代信息社会的真实个人。[1]
而隐私具有高度私密性和可辨别性,并突出强烈的人身属性,其中不想被他人知悉的私密信息也就构成了个人数据隐私的范畴。[2] 如今,大数据时代下个人隐私在不同的电子设备、不同的网络平台之间高速流转,随时即刻的隐私流动让隐私信息不再属于自己,[3] 如果不对数据流动进行有效规范,在数据流动过程中对个人数据的原始收集、储存、处理、分析和使用等行为会很容易侵犯特定自然人的隐私权人格利益,例如非法窃取和出售个人数据。个人数据隐私强调个人享受的"数据安宁",它表现为个人对私生活的自主决定,彰显了一种人格尊严和个人自由,[4] 同时这也是个人信息保护的基本目的。[5] 个人信息保护的核心是要增强个人对其数据隐私的控制,要防止个人数据无端流动对私领域的侵扰,本质上是确立私人空间和公共空间的边界,甚至形成某种个人信息自决权,来排除数据的使用、分享和流通。[6] 当然,也有学者认为个人数据赋

---

[1] 张新宝:《从隐私到个人信息:利益再衡量的理论与制度安排》,载《中国法学》2015年第3期。

[2] 郑飞、李思言:《大数据时代的权利演进与竞合:从隐私权、个人信息权到个人数据权》,载《上海政法学院学报(法治论丛)》2021年第5期。

[3] 林爱珺、蔡牧:《大数据中的隐私流动与个人信息保护》,载《现代传播(中国传媒大学学报)》2020年第4期。

[4] 王利明:《论个人信息权的法律保护——以个人信息权与隐私权的界分为中心》,载《现代法学》2013年第4期。

[5] 高富平:《论个人信息保护的目的——以个人信息保护法益区分为核心》,载《法商研究》2019年第1期。

[6] 梅夏英:《在分享和控制之间 数据保护的私法局限和公共秩序构建》,载《中外法学》2019年第4期。

予自然人的权利内容是保护数据主体对其个人数据被他人采集、加工、流转和使用过程中自我决断的利益,是一种消极性或防御性的利益,[1] 但其所构筑的权利屏障本质上是在抵制数据的无序流动。从经济学视角上论,个人数据是一种重要的生产要素和市场资源,[2] 如何实现个人数据信息最大化的市场利用是经济学关注的问题,它聚焦的是个人数据隐私的经济商品属性。个人数据本身并不具备独立的经济价值,单独不能直接产生经济效益,它需要依赖于载体、代码、协议、合同和其他诸要素才能发挥工具性的作用。[3] 个人数据只有在流动中才能发挥其经济效益,例如经营者通过获取消费者在互联网留下的个人信息痕迹,精准预测消费者的需求和偏好,定向地投放个性化的互联网广告,[4] 同时进行相关产品和服务的更新升级,极大提高商业决策的效率,并实现经营者与消费者之间"有的放矢"的互动。[5] 而且数字经济全球互联互通,个人数据在全球层面的流动共享可以最大化挖掘数据要素的经济

---

[1] 程啸:《论大数据时代的个人数据权利》,载《中国社会科学》2018年第3期。

[2] UNCTAD, "Data Protection Regulations and International Data Flows: Implications for Trade and Development", available at https://unctad.org/webflyer/data-protection-regulations-and-international-data-flows-implications-trade-and.

[3] 梅夏英:《数据的法律属性及其民法定位》,载《中国社会科学》2016年第9期。

[4] 吴秀尧:《互联网定向广告的法律规制:一个比较法的视角》,载《广东社会科学》2019年第3期。

[5] 张新宝:《从隐私到个人信息:利益再衡量的理论与制度安排》,载《中国法学》2015年第3期。

价值，有助于降低企业生产成本，提高数字产业的总产值。[1]跨国公司通过大数据挖掘、智能画像等开展精准营销投放和产业布局，来获取巨额数字经济利益，人工智能产业也在逐渐依靠数据流动分析来进行生产价值增值。[2]个人数据研究两条进路的分野展示了法学视角和经济学视角的价值侧重，也揭开了个人数据流动和个人信息保护二者的冲突表征。二者研究思路的区别可以互补取鉴，就像加强数据隐私保护并不当然就阻滞个人数据的传输流动，而应当被理解为数据主体对其个人数据流动共享的控制权问题。[3]因此数据隐私保护问题实际上是找到个人数据利用的合理边界，即确定个人数据封闭独占和数据流动共享之间的最优界域，从而缓和个人数据流动和个人信息保护的矛盾关系。

3. 个人数据流动的私人利益与公共利益

数据不仅作为私人介质存在，也是某种民主介质（社会性媒介）。[4]个人数据流动与个人数据隐私的冲突某种程度上也可以归结为个人数据本体的利益叠重，即个人数据流动存在私人利益与公共利益的博弈取舍，并化归为个人本位与社会本位

---

[1] 孙方江：《跨境数据流动：数字经济下的全球博弈与中国选择》，载《西南金融》2021年第1期。

[2] 胡凌：《人工智能视阈下的网络法核心问题》，载《中国法律评论》2018年第2期。

[3] A. Acquisti, C. Taylor, L. Wagman, "The Economics of Privacy", *Journal of Economic Literature*, 2016, 54 (2), pp. 442-492.

[4] S. Viljoen, "A Relational Theory of Data Governance", *Yale L. J.*, 2021, 131, pp. 582-584.

的主义争斗。第一，个人数据流动渗透着个体私利属性。个人信息权强调自然人对个人身份信息的自我支配并排除他人侵害。[1] 个人数据如果作为一种消极的防御性信息权利，个人有权防止自己的隐私权益受到外部主体的侵扰。同时个人数据如果被视作控制性信息权利，个人可以主张对个人信息的积极控制。无论是防御性的信息权利还是控制性的信息权利都侧重于捍卫私人利益，体现为一种高度个体主义的权利宗旨。[2] 而且个人数据所内嵌的数据主体的人格尊严与自由是个体的人格利益，属于数据主体的私人利益，[3] 个人信息保护的目的宗旨与个人信息流通的效率价值都应服务于此。[4] 另外，个人身份信息的冒用还会给个人带来人身和财产损害，个人身份信息如果被用于违法犯罪活动，甚至会危害个人的人身和财产安全，徐玉玉诈骗案就是个人数据泄露酿成的惨剧。因而个人数据涉及复杂的私人利益群。[5] 纵观个人数据法律属性定位

---

[1] 杨立新：《个人信息：法益抑或民事权利——对〈民法总则〉第111条规定的"个人信息"之解读》，载《法学论坛》2018年第1期。

[2] 丁晓东：《个人信息的双重属性与行为主义规制》，载《法学家》2020年第1期。

[3] 高富平、尹腊梅：《数据上个人信息权益：从保护到治理的范式转变》，载《浙江社会科学》2022年第1期。

[4] 凌霞：《安全价值优先：大数据时代个人信息保护的法律路径》，载《湖南社会科学》2021年第6期。

[5] 高富平、尹腊梅：《数据上个人信息权益：从保护到治理的范式转变》，载《浙江社会科学》2022年第1期。

的论争,[1] 无论是主张个人数据的人格利益性,还是指出个人数据是一种新兴的个人信息权,抑或认为个人信息兼具人格要素和财产要素,里面都包含私法视角的观察考证,都或多或少建立在私人利益的保护基础之上。

第二,个人数据流动也关涉社会公共利益。信息自古是公共领域的公共素材或材料,是任何人均可以使用的公共资源。[2] 个人信息作为交流和表达的工具,从诞生之时就带有公共属性。个人信息可以标识和描述个人,但不意味着个人对信息有绝对支配权和独占权。个人数据的使用价值以大规模的流动聚合为前提,具有共通意义上的非对立性。[3] 而个人信息经常成为实现社会公共利益的重要资源。例如社会公众人物在接受大众百姓的监督过程中需要及时披露公布相关个人信息,来维护公众的知情权。公民的健康数据影响社会整体健康数据库的完整性和科学性,收集个人医疗健康数据不仅可以推动社会整体医学研究,也能为个人疾病预防和接受精准诊治提

---

[1] 有学者统计关于个人信息法律属性的观点立场有个人信息权否定说、基本权利和自由说、物权说或所有权说等八种。参见叶名怡:《论个人信息权的基本范畴》,载《清华法学》2018年第5期。

[2] J. E. Stiglitz, "The Contributions of the Economics of Information to Twentieth Century Economics", *The Quarterly Journal of Economics*, 2000, 115 (4), pp. 1441-1478.

[3] C. I. Jones, C. Tonetti, "Nonrivalry and the Economics of Data", *American Economic Review*, 2020, 110 (9), pp. 2819-2858.

供便利，提升公民生活水平，福泽整体社会大众，[1] 还有对交通大数据的分析，也能预测交通状况进而改善城市交通运行环境等。[2] 同时政府在进行公共管理和执法时，为保障社会安全和整体秩序，在打击刑事违法犯罪过程中出于刑事侦查目的的需要，执法部门广泛收集公民的个人信息发现追踪犯罪活动，[3] 还有在社会信用体系建设中公开欠税处罚等失信信息数据来提示交易安全，这些都说明处理个人信息是提升政府效能、完善社会治理、实现公共管理目标的有效手段。[4] 个人信息的流动共享能够保证社群成员便捷高效生活，牵动着共同体成员共同守护的"生活要素意义上的社会利益"。[5]

要而言之，个人数据流动承载着捍卫私人利益和增进公共利益的双重取向，私人利益注重个人生存发展需要的私人需求，公共利益专注一种共同生活方式的社会集群，[6] 由此在数据问题上催生出私利视角的"重保护"与公益视角的"重

---

[1] J. Wilson, D. Herron, P. Nachev, et al., "The Value of Data: Applying a Public Value Model to the English National Health Service", *Journal of Medical Internet Research*, 2020, 22 (3), p. 15816.

[2] Paul B. C. van Erp, Victor L. Knoop, Serge P. Hoogendoorn, "On the Value of Relative Flow Data", *Transportation Research Procedia*, 2019, 38, pp. 180-200.

[3] J. Bambauer, "Is Data Speech?", *Stanford Law Review*, 2014, 66, pp. 57-120.

[4] P. M. Schwartz, D. J. Solove, "Reconciling Personal Information in the United States and European Union", *Calif. L. Rev.*, 2014, 102, pp. 877-916.

[5] B. Barry, *Political Argument (Routledge Revivals)*, Routledge, 2010, p. 196.

[6] F. E. Oppenheim, "II. Self-Interest and Public Interest", *Political Theory*, 1975, 3 (3), pp, 259-276.

流动"相互掣肘，也成为个人数据流动与个人信息保护冲突分立的利益根源。

(二) 冲突呈现：数据隐私保护的制度模式与评价

数据跨境流动是否自由很大层面上决定了数字贸易自由化程度，一味限制数据跨境流动会对数字经济带来不良影响，然而放任自流则会使数据泄露和非法利用等侵犯个人数据隐私的势头和负面影响持续高涨。[1] 欧美拥有世界上庞大的数据市场规模，二者关于数据隐私保护方面的规则代表着两种数据治理的价值进路，并引领世界其他国家的数据立法潮流。[2] 此外，欧美在多边数据治理框架竞相争夺主导权，从而导致不同数据隐私保护主张的话语碰撞，共同揭示了数据跨境自由流动与个人数据隐私保护在制度层面的冲突阐发。

1. 单边主导的国内法规制

(1) **产业视角下的数据隐私保护**。美国没有一部综合性的个人信息保护立法，而是通过分散性立法的方式将个人信息纳入隐私权框架内进行保护。[3] 从隐私权的研究基点出发，美国主要从联邦立法体系、州立法体系和行业自律体系三个层

---

[1] 戴龙：《论数字贸易背景下的个人隐私权保护》，载《当代法学》2020年第1期。

[2] 刘宏松、程海烨：《跨境数据流动的全球治理——进展、趋势与中国路径》，载《国际展望》2020年第6期。

[3] 美国的隐私权滥觞于塞缪尔·D. 沃伦（Samuel D. Warren）提出的"个人具有的不受干扰的权利"，后来威廉·普罗瑟（William Prosser）提出隐私侵权的四种类型：对清净和独处生活的侵犯，公开披露私人事实，导致个人暴露于不恰当公众视野的披露行为，擅自使用姓名与肖像。N. M. Richards, D. J. Solove, "Prosser's Privacy Law: A Mixed Legacy", *Calif. L. Rev.*, 2010, 98, pp. 1887-1924.

次构建个人信息保护的立法框架。

从联邦立法体系来看，涉及个人信息保护的立法模式比较碎片化。美国国会曾发布《数据保护法：综述》（Data Protection Law: An Overview），其中列举了美国涉及个人信息保护的诸多立法：《联邦贸易委员会法》（FTC Act 1914）、《公平信用报告法》（Fair Credit Reporting Act 1970）、《家庭教育权和隐私权法》（Family Educational Rights and Privacy Act 1974）、《电子通信隐私法》（Electronic Communications Privacy Act 1986）、《计算机欺诈和滥用法》（Computer Fraud and Abuse Act 1986）、《视频隐私保护法》（Video Privacy Protection Act 1988）、《健康保险携带和责任法》（HIPAA 1996）、《格雷姆-里奇-比利雷法》（Gramm-Leach-Bliley Act 1999）、《儿童在线隐私保护法》（Children's Online Privacy Protection Act 1999），等等。[1]总体上这些法案大致划分为联邦政府部门的个人信息保护立法、特殊性商业领域的个人信息保护立法和一般性商业领域的个人信息保护立法三大类。其一，政府层面的个人信息保护立法主要规范政府处理个人信息的行为，像《隐私法》（Privacy Act）要求联邦机构收集个人信息要与任务目的相关，而且避免不正当的披露和滥用，[2]以及《信息自由法》（Freedom of Information Act）中规定若个人查阅联邦机构中关于公民人事、医疗档案或类似个人信息会侵犯公民隐私权则被排除公众查阅

---

[1] "Data Protection Law: An Overview", available at https://crsreports.congress.gov/product/pdf/R/R45631.

[2] Privacy Act of 1974, 5 U.S.C. § 552a (2012).

权等,[1] 都从消极防御的角度去维护公民的个人隐私,防止公民个人信息的不当流动和利用,但这些法案不适用于司法部门,总体上适用范围狭小。其二,美国联邦政府针对特定行业或领域的个人信息收集和利用进行单独立法,如在金融领域规范金融机构处理消费者和客户个人信息行为的《金融服务现代化法》(Financial Services Modernization Act),在健康信息领域规范医疗机构传输和披露患者健康隐私信息行为的《健康保险携带和责任法》,通信领域为个人信息提供保护的《电子通信隐私法》《计算机欺诈和滥用法》和《电信法案》(Telecommunications Act),以及儿童隐私保护方面的《儿童在线隐私保护法》等,形成了多产业并举、特殊行业重点关照的个人信息保护立法体系。其三,对于一般性商业领域的个人信息保护,美国通过《联邦贸易委员会法》第5条来提供笼统性的兜底保护,[2] 它禁止商业中或影响商业的不正当或欺骗性的行为实践,要求商业遵守自身的隐私政策,不得侵害消费者的知情权、查阅权和修改权等,[3] 注重对消费者隐私的保护。

从州立法体系来看,各州的立法机关对个人隐私保护的规则制定层出不穷,涉及数据处置、隐私政策、数据泄露通知、

---

[1] Freedom of Information Act, 5 U. S. C. § 552.
[2] J. Brookman, "Protecting Privacy in an Era of Weakening Regulation", *Harv. L. & Pol'y Rev.*, 2015, 9, p.356.
[3] Federal Trade Commission Act, Sec.5.

社交媒体账户的访问等诸多方面，〔1〕但最有代表性意义的法案则是对个人数据隐私提供了非常严格法律保护的《加州消费者隐私法案》（CCPA）。该法聚焦个人数据本身，重点关注个人数据的利用和共享及第三方披露开放情形下的主体知悉权、充分选择权及同意授权，形成个人信息利用效率最大化的数据隐私保护。而且 CCPA 对于个人信息保护相对全面，它对个人信息的概念界定相对广泛，而且所有收集加州消费者个人信息的企业都在规制范围内，数据主体对数据处理企业享有的知情权、访问权、个人信息更正权、信息披露权、退出选择权等。〔2〕后来 2020 年通过《加州隐私权法案》（The California Privacy Rights Act）从适用范围、隐私保护原则、隐私权内容、同意机制、敏感信息、监管执法机构、罚则等七个方面对 CCPA 相关内容进行了调整与完善，共同形成加州数据隐私法律制度的基础性框架。〔3〕从中可以看出整体立法趋势是在高度重视数字产业利益的基础上探索出高标准个人信息保护的数据商业利用模式。

从行业自律体系来看，关于个人信息保护的规则秩序鲜明

---

〔1〕 Alan Charles Raul, "The Privacy, Data Protection and Cybersecurity Law Review: USA", available at https://thelawreviews.co.uk/title/the-privacy-data-protection-and-cybersecurity-law-review/usa.

〔2〕 California Consumer Privacy Act of 2018, Cal. Civ. Code §§ 1798.100-1798.199.

〔3〕 张继红、文露：《美国〈加州隐私权法案〉评述》，载《中国信息安全》2021 年第 3 期。

体现了以市场为中心的企业自律自治。[1] 随着互联网的发展,美国联邦政府将个人数据隐私保护问题留给行业自我调整规制,一大批关于网络隐私保护的规则陆续形成,比如在线隐私联盟(Online Privacy Alliance)发布的《在线隐私政策指南》(Guidelines for Online Privacy Policies)、网络广告倡议(Network Advertising Initiative)发布的《网络广告倡议原则》等,此外还形成了独特的隐私保护标准。第一层标准为美国在线隐私联盟向社会发布的确定隐私边界的在线隐私指引,它要求网络运营商明确告知公民收集个人信息的类型和目的,以及是否会按照使用方向披露给第三方;第二层标准则是美国境内两大隐私认证企业"信任"组织(TRUSTe)和"3B 在线"组织(BBB online)制定的隐私保护框架计划(Privacy Seal Program)。[2] 在线隐私指引为隐私保护框架计划提供文本示范,而后者对经过其认证的企业有直接的强制力和约束力,企业在认证过程中需要将内部的隐私政策交由组织审核,获得隐私认证的企业需要将认证标识放置在网络平台上以便取得消费者的信任。在这种行业自治的隐私保护模式下,由于其直接与认证企业打交道,内部违约成本较低,威慑力远远不够,在监管层面上难以发挥有效价值,同时高昂的认证会费也让许多小型互

---

[1] 王叶刚:《网络隐私政策法律调整与个人信息保护:美国实践及其启示》,载《环球法律评论》2020 年第 2 期。

[2] A. D. Miyazaki, S. Krishnamurthy, "Internet Seals of Approval: Effects on Online Privacy Policies and Consumer Perceptions", *Journal of Consumer Affairs*, 2002, 36(1), pp. 28-49.

联网公司望而却步。[1] 当行业自律体系不能对隐私保护问题做出有效回应时，美国联邦政府就会对这种"市场失灵"情形下的隐私漏洞进行主动干预和监督执法，弥补行业自治的漏洞。[2]

美国的个人信息保护立法从个人隐私权的角度出发，具有碎片化、部门化和行业化的特点，形成了特定隐私领域联邦成文法调整模式与成文法调整之外的企业自治、行业自律调整模式并行的个人信息保护路径。[3] 由于成文法的规制范围相对有限，数据隐私保护实践中企业自治、行业自律调整模式成为主导模式，并逐渐从市场话语的视角中凸显数据隐私的商品性特征，[4] 进而构筑以个人作为隐私消费者的中心视角自下而上地审视数据自由流动的公平性与数据隐私保护的恰当性，从而更高效地提升数字市场的整体利益。

（2）**权利语境下的数据跨境流动**。欧盟历来把个人数据保护作为一项基本人权来对待，并强调欧盟内部成员数据保护政策和标准的统一化。早在1950年签署颁布的《欧洲人权公

---

[1] D. Peterson, D. Meinert, J. Criswell, et al., "Consumer Trust: Privacy Policies and Third-party Seals", *Journal of Small Business and Enterprise Development*, 2007, 14 (4), pp. 654-669.

[2] 赵海乐：《数字贸易谈判背景下的个人信息保护行业自律规范构建研究》，载《国际经贸探索》2021年第12期。

[3] K. A. Bamberger, D. K. Mulligan, "Privacy in Europe: Initial Data on Governance Choices and Corporate Practices", *Geo. Wash. L. Rev.*, 2013, 81, pp. 1553-1564.

[4] P. M. Schwartz, K. N. Peifer, "Transatlantic Data Privacy Law", *Geo. L. J.*, 2017, 106, pp. 132-137.

约》就曾提到"所有人的私人和家庭生活、其住宅和通讯都有权受到尊重"[1]。20世纪70年代欧洲自动化信息处理技术高度发展,公民对个人信息保护逐渐警惕,在此背景下1970年德国黑森州出台的《黑森州资料保护法》(Hessian Data Protection Act)是全球范围内第一部个人信息保护法,主要涉及公共机构对个人数据的处理,后来在1977年出台《德国联邦数据保护法》(German Federal Data Protection Act),并通过"人口普查案"将"信息自决权"确认为一项宪法权利。[2]后来由于欧盟各国陆续出台个人数据相关立法,个人数据保护标准各不相同,欧盟开始探索统一化数据立法来消除个人数据跨境流动的障碍。1981年欧洲议会通过《关于自动化处理个人数据的个人保护公约》(Convention for the Protection of Individuals with Regard to the Automatic Processing of Personal Data),欧盟范围内统一的数据保护模式开始形成,并要求缔约国不得仅以数据隐私保护为由限制个人数据跨境流动,但在两种情况下除外:①缔约国具有针对特定类型个人数据保护的立法,而对方缔约国并无同等保护;②为规避本法,以缔约国为媒介,个人信息从一缔约国传输到另一非缔约国。[3]这显著刺激了欧盟成员国间的数据跨境流动行为。1995年欧洲议会又颁布

---

[1] The European Convention on Human Rights, Article 8.
[2] 任文倩:《德国〈联邦数据保护法〉介绍》,载《网络法律评论》2016年第1期。
[3] European Treaty Series-No.108, Convention for the Protection of Individuals with Regard to the Automatic Processing of Personal Data, Article 12.

了《数据保护指令》,在序言中明确指出个人数据隐私是一项基本权利和自由,也提到不得仅以隐私保护为目的禁止或限制成员国之间的个人数据流动,[1] 同时还为成员国个人数据保护设立了最低限度标准,当第三国确保有充分的个人数据保护水准时,个人数据也能在欧盟和第三国之间自由流动。[2] 该保护指令颁布施行后,欧盟大部分成员国都依据该指令颁布了各自国内数据保护法,由于不同国内数据保护法存在不同的选择和解释,指令在实施过程中产生很多矛盾和冲突,增加了欧盟数据保护法律制度的不确定性。[3] 为了实现欧洲数字市场统一化的目标,建立一体化的数据保护标准,进一步加强个人数据保护和加快数据跨境高标准流动的步伐,GDPR 应运而生。

GDPR 内容全面,涉及数据主体的权利、数据控制者和处理者、个人数据转移到第三国或国际组织的要求、独立监管机构和责任处罚等内容,是一部规则详尽、标准严格的数据保护法律。首先,GDPR 适用范围广阔。该条例适用于对个人数据进行全部或部分性的个人数据处理,[4] 境内外所有直接或间

---

[1] Directive 95/46/EC of the European Parliament and of the Council on the Protection of Individuals with Regard to the Processing of Personal Data and on the Free Movement of Such Data, Article 1.

[2] Directive 95/46/EC of the European Parliament and of the Council on the Protection of Individuals with Regard to the Processing of Personal Data and on the Free Movement of Such Data, Recital (56).

[3] 刘云:《欧洲个人信息保护法的发展历程及其改革创新》,载《暨南学报(哲学社会科学版)》2017 年第 2 期。

[4] GDPR 第 2 条。

接接触到欧盟公民个人数据的数据控制者、处理者和接收者都成为规制对象。[1] 其次，GDPR 就个人数据处理规定了七项数据处理的原则：①合法性、合理性、透明性原则；[2] ②目的限定原则；[3] ③数据最小化原则；[4] ④准确性原则；[5] ⑤有限留存原则；[6] ⑥完整与机密原则；[7] ⑦责任原则。[8] 此外，GDPR 采取对数据主体设权的方式来加强个人数据隐私的保护。GDPR 以数据主体的"同意"为个人数据处理的前提原则，[9] 然后通过赋予数据主体的访问权、[10] 更正权、[11] 擦除权（被遗忘权）、[12] 限制处理权、[13] 数据可携带权,[14] 形成个人数据主体的综合权利图谱，强化数据相关人的义务，防止数据处理者和控制者非法收集和滥用个人数据。再次，GDPR 对于欧盟个人数据的跨境传输提供了两条路径：一种是基于获得欧盟"充分性保护"认定标准后的自由数据流

---

[1] GDPR 第 3 条。
[2] GDPR 第 5 条第 1 款 (a)。
[3] GDPR 第 5 条第 1 款 (b)。
[4] GDPR 第 5 条第 1 款 (c)。
[5] GDPR 第 5 条第 1 款 (d)。
[6] GDPR 第 5 条第 1 款 (e)。
[7] GDPR 第 5 条第 1 款 (f)。
[8] GDPR 第 5 条第 2 款。
[9] GDPR 第 6 条、第 7 条。
[10] GDPR 第 15 条。
[11] GDPR 第 16 条。
[12] GDPR 第 17 条。
[13] GDPR 第 18 条。
[14] GDPR 第 20 条。

动,[1]另一种是不具备"充分性保护"认定标准的情况下,数据控制者或处理者可以通过提供适当的保障措施[2]、建立有约束力的公司规则[3],或满足向第三国和国际组织传输数据的例外情形[4]三种方式来进行数据的跨境传输,而且所有的数据跨境传输途径都必须保证对于自然人的隐私保护程度不被削弱。[5]最后,GDPR还建立起数据保护官(Data Protection Officer,DPO)制度,负责加强欧盟个人数据的保护工作,[6]并要求欧盟成员国设置独立的监管机构监督条例的执行实施,监管机构可以对数据控制者和处理者进行纠正、授权和建议。[7]此外,数据主体若认为个人数据权利被侵犯,还有权向监管机构提起申诉,[8]以及有权向监管机构或数据控制者和处理者提起相应的有效司法救济,[9]在此,数据控制者和处理者的数据违规行为还将面临巨额的行政罚款,[10]数据保护的严苛程度可见一斑。

欧盟关于个人数据保护的立法沿革从"分散化"不断趋向"一体化",最终形成个人数据保护集中综合立法模式,高

---

[1] GDPR 第 45 条。
[2] GDPR 第 46 条。
[3] GDPR 第 47 条。
[4] GDPR 第 49 条。
[5] GDPR 第 44 条。
[6] GDPR 第 37~39 条。
[7] GDPR 第 58 条。
[8] GDPR 第 78 条。
[9] GDPR 第 79 条、第 80 条。
[10] GDPR 第 83 条。

位阶法规的约束管控也在宣示个人数据保护是欧盟的顶层设计问题，加上对 GDPR 鸟瞰式的梳理回顾，可以看出欧盟偏重个人数据保护的人权色彩，进而呈现出强政府干预的家长式控制特征。[1] 与欧盟把数据隐私置于人权语境下考虑相比，美国把数据隐私问题安放在商业市场环境下的隐私保护思路则更强调数据主体在数据市场中的消费者角色。权利语境下的数据隐私保护进路会激发公权力的事前干预性，而市场环境下的数据隐私保护进路会强化政府的"守夜人"角色定位，二者分别促生了"数据严格保护前提下的数据弱流动"模式与"数据充分流动基础上的隐私弱保护"模式两种数据治理进路，其中的分歧很大程度上源于欧美不同的政治、社会和文化传统。[2]

(3) **多主体关系进路下的数据跨境流动**。不同于产业视角下将数据自由流动作为数据治理的主要侧面，也区别于权利语境下严格加强数据隐私保护的规制模式，日本则选择了相对稳妥的数据治理模式，注重协调多方主体关系打造充分信任基础上的数据跨境自由流动框架。2019 年在达沃斯论坛上，日本时任首相安倍晋三首次提出了"可信的数据自由流动"（Data Free Flow with Trust，DFFT）理念，并在二十国集团（G20）大阪峰会期间举行的领导人数字经济特别会议上得到欧美等国的支持和肯定。随后通过的《大阪数字经济宣言》

---

[1] 于浩:《我国个人数据的法律规制——域外经验及其借鉴》，载《法商研究》2020 年第 6 期。

[2] J. Q. Whitman, "The Two Western Cultures of Privacy: Dignity Versus Liberty", *Yale L. J.*, 2003, 113, pp. 1151-1221.

中也认可基于信任的数据自由流动会给数字经济带来新的机遇。[1] DFFT理念强调首先要建立数据主体（消费者用户）对数据处理者（企业）的信任关系，其中涉及数据隐私保护和国家数据安全利益。然后在此基础上倡导数据跨境自由和开放流动。在DFFT理念的指引下，企业应当对其所收集的数据负责，不论其数据于何地存储或加工。而且这种"信任"关系的建立重点在于保证数据的安全隐秘流动，企业需要实施关键加密技术来确保数据跨境传输过程中的隐私性。[2] 在2019年茨城举行的G20贸易和数字经济部长会议上，日本再次申明互信是数据跨境自由流动的基础，要广泛建立起国际组织、政府、企业等所有利益攸关方的互信关系，并打通数据治理国内与国际法律框架的限制，增强不同法律规制的互操作性。[3] 日本一方面对外极力宣扬DFFT数据跨境流动规制理念，另一方面在国内形成了政府与民间合力协调治理数据跨境流动的规制格局。[4] 日本不仅推动构建中央政府和地方政府一体化协同治理，还竭力吸引民间组织和团体参与到数据跨境流动的管理中。2018年政府与民间数据流动共享协议会（Data Platform

---

[1] 2019年G20《大阪数字经济宣言》第16段。

[2] Nigel Cory, Robert D. Atkinson, Daniel Castro, "Principles and Policies for 'Data Free Flow With Trust'", 2019, p. 23, available at https://www.researchgate.net/publication/333825811_Principles_and_Policies_for_Data_Free_Flow_With_Trust.

[3] G20 Ministerial Statement on Trade and Digital Economy, June 9, 2019, p. 3.

[4] 邓灵斌：《日本跨境数据流动规制新方案及中国路径——基于"数据安全保障"视角的分析》，载《情报资料工作》2022年第1期。

Consortium）由民间企业带头成立，对促进政府与民间的数据跨境流动和共享发挥了极大的作用。此外，日本关于个人信息保护方面的立法超越了其传统公法和私法方面的界限，与劳动法、社会保障法一同被归于社会法的范畴。[1] 以2003年参议院通过的《个人信息保护法》为纲，日本为国家行政机关、独立行政法人和地方公共团体分别制定了配套法规，明确国家、企业和地方公共团体的保护职责和义务。显而易见，日本摒弃政府单一主导或企业单体自治的数据管理模式，寻求中央和地方、政府与企业、官方与民间多方共治的数据规制路径。在此路径下的数据跨境流动是带有高度信任感的，也必然孕育着对个人数据隐私的充分尊重和保护。2020年日本修订的《个人信息保护法》额外增加了数据运营商处理假名个人信息（Pseudonymously Processed Information）和匿名个人信息（Anonymously Processed Information）的义务，并加重数据运营商对数据泄露事件的报告责任和严厉禁止数据运营商不当利用个人数据，[2] 这也说明日本DFFT理念中的"可信"蕴含对个人数据隐私的高强度保护，以相对审慎的方式推进数据跨境流动。

2. 多元共治的国际法统筹

（1）**美欧数字竞争的双边较量与妥协**。美欧作为世界数

---

[1] 张红：《大数据时代日本个人信息保护法探究》，载《财经法学》2020年第3期。

[2] Personal Information Protection Commission, Amended Act on the Protection of Personal Information, pp. 8-32, available at https：//www.ppc.go.jp/en/legal/.

字经济巨头，在完善自身数据治理规则的同时，也在向外输出数据治理理念，分别形成了美式主导双边模式和欧式主导双边模式。在美式主导双边模式中，数据跨境自由流动是主旋律。进入21世纪以来，美国已与新加坡、澳大利亚等许多国家签订了双边自由贸易协定，并将数据跨境流动内容纳入自由贸易协定（Free Trade Agreement, FTA）谈判中，凭借自身强大的影响力在这些"一揽子"协议中推行数据治理规则。如2012年达成的《美韩自由贸易协定》（US-South Korea FTA）首次在FTAs电子商务章节加入数据跨境流动规则，其中规定缔约方应尽可能减少对电子数据跨境流动实施或维持不必要的阻碍措施，[1]在跨境服务贸易章节还禁止数据本地化的相关要求，减少数字贸易壁垒。[2]在欧式主导双边模式中，数据隐私保护是主方向。由于GDPR规定了严格的个人数据保护标准，欧盟在双边谈判中也继续保持对个人隐私问题的高度关注。例如在《加拿大—欧盟双边贸易协定》（Comprehensive Economic and Trade Agreement, CETA）中，双方就针对电子商务中的信任和隐私问题设定专门条款来加强缔约方的隐私承诺，要求缔约方必须以国际数据保护标准为参考依据加强电子商务使用者的个人数据保护。[3]《欧韩自由贸易协定》（EU-South Korea

---

[1] KORUS FTA, Article 15.8.
[2] KORUS FTA, Article 12.5.
[3] Comprehensive Economic and Trade Agreement (CETA) between Canada, of the one part, and the European Union and its Member States, of the other part Article 16.4.

FTA）也强调缔约方应适用充分的保障措施保护数据处理过程中的隐私权，尤其是涉及个人数据的传输，并重申保护基本权利与个人自由的承诺。[1]

如前所述，美欧相互间的数据传输流动因为价值理念的分化经历了几轮激烈的竞争博弈。前期欧盟的1995年《数据保护指令》禁止成员方向未达到"充分保护水平"的第三国传输个人数据，尽管美国因不符合充分保护水平要求不能接收来自欧盟的个人数据，但美欧之间频繁的数字贸易往来迫使美国做出让步并最终达成了《安全港协议》。[2] 美国的跨国公司等商业机构只要能遵守该协议的隐私保护政策，就能被认定达到1995年《数据保护指令》的要求，可以自由接收和处理欧盟的个人数据。为此，《安全港协议》规定了七项隐私保护原则：知情原则、选择原则、向前转移原则、安全原则、数据完全性原则、接入原则和执行原则。[3] 而且还赋予数据主体许可权、处置权以及侵权求偿权等数据权利，把数据隐私作为一项基本的人权进行系统保障。《安全港协议》允许加入协议的跨国公司忽略欧美各国间的法律差异，实际上给予了美国跨国

---

[1] EU-South Korea FTA, Article 7.42, 7.43.

[2] K. A. Houser, W. G. Voss, "GDPR: The End of Google and Facebook or a New Paradigm in Data Privacy", *Rich. J. L. & Tech.*, 2018, 25, pp.1-108.

[3] R. R. Schriver, "You Cheated, You Lied: The Safe Harbor Agreement and Its Enforcement by the Federal Trade Commission", *Fordham L. Rev.*, 2001, 70, pp.2777-2818.

公司在国际数据跨境流动上的免审通行证。[1] Google、Facebook 等美国跨国公司都在该协议的庇护下得到快速发展，暂时破除了美欧之间的数据传输障碍，然而美欧双方关于数据隐私保护规则的巨大差异使得《安全港协议》无法成为长久之计。[2] 在"棱镜门"事件爆发之后，《安全港协议》被欧洲法院宣告无效，美欧紧急磋商后达成的《隐私盾协议》成为新的数据流动妥协方案。一方面《隐私盾协议》承继了《安全港协议》跨国公司等商业机构自愿加入和隐私保护原则等内容，另一方面《隐私盾协议》在很多方面有新的突破和要求。其一，《隐私盾协议》加重了数据接收和处理者的隐私保护责任，它要求美国的跨国公司必须公开其隐私政策并完成定期的自我审查。其二，该协议要求美国政府向欧盟提交书面声明，确保其在相关数据法律执行过程中的权力范围和保障机制，并要求美国增设独立的监察员为欧盟公民在数据隐私权益受到损害时提供相应的救济帮助。其三，《隐私盾协议》规定欧盟的数据保护机构对数据接收者的数据保护水平有充分调查权，跨国公司等商业机构违反协议要受到严厉制裁，同时欧盟公民也可以依据数据保护规则向美国的跨国公司申诉主张数据权

---

[1] 马芳：《美欧跨境信息〈安全港协议〉的存废及影响》，载《中国信息安全》2015 年第 11 期。
[2] J. M. Fromholz, "The European Union Data Privacy Directive", *Berk. Tech. L. J.*, 2000, 15, p. 483.

利。[1]虽然《隐私盾协议》为欧盟公民的个人数据提供了周详的保障，然而欧洲法院再次以欧盟公民作为数据主体的救济权利被剥夺，美国没有实质上达到欧盟的充分性保护水平为由推翻了《隐私盾协议》，欧美之间的数据跨境传输再次陷入僵局。[2]《隐私盾协议》的无效抑制了美国主张的数据跨境自由流动模式，迫使美国转变观念重新审视数据隐私保护的问题，是欧盟重视个人数据保护治理模式的阶段性胜利。

（2）区域和多边安排下的数据规制与平衡。 经济合作与发展组织（OECD）早在 1980 年就颁布了《关于隐私保护与个人数据跨境流动指南》（Guidelines Governing the Protection of Privacy and Transborder Flows of Personal Data，以下简称《指南》），主要解决数据跨境流动问题，其中对个人数据保护进行了原则性的规定。《指南》在宗旨中明确提到要降低成员方之间因为数据过度保护而引发不当经济损失的风险，并提出八项基本原则，进而全面消除限制数据跨境流动的不利因素，[3]其中要求成员方采取合理措施保障数据跨境流动的可持续性，

---

[1] 刘碧琦：《美欧〈隐私盾协议〉评析》，载《国际法研究》2016 年第 6 期。

[2] E. Fahey, F. Terpan, "Torn between Institutionalisation & Judicialisation: The Demise of the EU-US Privacy Shield", *Ind. J. Global Legal Stud.*, 2021, 28, pp. 205-244.

[3] D. E. O'Leary, S. Bonorris, W. Klosgen, et al., "Some Privacy Issues in Knowledge Discovery: The OECD Personal Privacy Guidelines", *IEEE Expert*, 1995, 10 (2), p. 50.

避免过分保护隐私和个人自由造成数据跨境流动的法律障碍。[1] 从此也可以看出《指南》尽可能促进数据跨境流动而忽视个人隐私保护的价值取向。1985年OECD又通过了《跨境数据流动宣言》（Declaration on Transborder Data Flows），再次强调了个人数据跨境自由流动的重要意义。[2] 在《指南》的广泛影响下，亚太经合组织（Asia-Pacific Economic Cooperation，APEC）于2004年就《亚太经合组织隐私保护框架》（APEC Privacy Framework）达成协议，并以此为基础构建数据跨境流动隐私规则体系（Cross Border Privacy Rules，CBPRs）。APEC隐私框架旨在确保数据跨境自由流动，它要求经济体成员"采取一切合理及适当步骤避免和消除任何不必要的数据流动障碍"，并强调行业自律在隐私保护中的地位，[3] 严重渗透着美国的数据规制理念。而CBPRs更是代表了美国在国际层面数据跨境流动的内在诉求。APEC隐私框架的个人信息保护水平较低，CBPRs设计的制度逻辑是位于不同国家的跨国公司或商业机构遵循APEC隐私框架提出的数据保护原则就能实现公司之间无阻碍的数据跨境流动。[4] 这也意味着在加入CBPRs的公司中，位于数据保护标准较低国家的跨国公司可以

---

[1] OECD Privacy Guidelines 1980, Part 3.

[2] OECD, Declaration on Transborder Data Flows, available at https://www.oecd.org/sti/ieconomy/declarationontransborderdataflows.htm.

[3] APEC Privacy Framework 2005, Part 4.

[4] 洪延青：《推进"一带一路"数据跨境流动的中国方案——以美欧范式为背景的展开》，载《中国法律评论》2021年第2期。

顺利获得数据保护标准较高国家的个人数据，数据接收方实际上是绕过了他国数据出境管理制度，背后的多边考量与美国的数据自由扩张战略高度适配。

WTO 是经济全球化在制度层面的典范，但其很少专设条文去规制数字贸易。WTO 体制下《服务贸易总协定》（General Agreement on Trade in Services，GATS）涉及的四种服务贸易形式中，"跨境交付"可以涵盖电信网络中的在线交付服务，为数据跨境流动的管理打开了豁口。其中 GTAS 第 14 条规定了一般例外条款，成员方可以采取相关贸易政策保护数据处理和传播过程中的个人隐私，肯定了个人隐私在跨境数字服务贸易中的重要性。[1] 由于服务贸易自由化是 GATS 的总体宗旨，成员方不能变相地限制服务贸易，所以必须意识到在 GATS 框架下，数据跨境自由流动面临法律上的双重不确定性：一是无障碍的数据跨境流动不是原则性要求，而是成员方的具体承诺，需要专家组通过个案专判认定；二是所有涉及保护数据隐私的规则制度都可能潜在限制数据跨境自由流动。[2] 与 WTO 体制下相关数字贸易的规则模糊和空白不同，《全面与进步跨太平洋伙伴关系协定》（Comprehensive and Progressive Agreement for Trans-Pacific Partnership，CPTPP）严格限制数据本地化措施，只有在不构成任意或不合理的歧视或变相贸易限制才

---

[1] 时业伟：《跨境数据流动中的国际贸易规则：规制、兼容与发展》，载《比较法研究》2020 年第 4 期。

[2] 彭岳：《贸易规制视域下数据隐私保护的冲突与解决》，载《比较法研究》2018 年第 4 期。

允许数据本地化措施的实行,"合法的公共政策目标"这种表述也存在适用困难和监管的不确定等问题。而且CPTPP尽管要求成员方采取相应的法律框架保护电子商务中的个人信息,但没有规定具体的法律框架和个人信息保护标准,这一定程度上默许了成员方主动降低隐私保护标准,减少数据跨境流动的不必要障碍,繁荣了成员方之间的数字贸易交往。为了就服务业领域达成更广泛的共识,WTO中的23位成员开始了《服务贸易协定》(Trade in Services Agreement, TiSA)的谈判,TiSA的内容基本效仿了GATS的主要规范,关于市场准入承诺和纪律约束等方面有更深层次的安排。[1] 在数据跨境流动问题上,各方都表达了不同的立场。美国认为"一方服务提供者在其业务范围内向境内外访问、存储和转移个人信息不能被任何一方阻止",[2] 中国香港特别行政区则表示"数据跨境自由流动和数据隐私保护同等重要,二者应该取得平衡",[3] 各方争议如何解决、共识如何达成需要TiSA谈判和沟通持续推进。

(三)平衡构造:个人数据的分域处理

1. 价值分域:敏感信息与非敏感信息的区分

通常来讲,数据的隐私保护性与流动自由性呈现反比例关

---

[1] R. Adlung, "The Trade in Services Agreement (TiSA) and Its Compatibility with GATS: An Assessment Based on Current Evidence", *World Trade Review*, 2015, 14 (4), pp. 617–641.

[2] TiSA, Annex on Electronic Commerce, Article 2.

[3] TiSA, Annex on Electronic Commerce, Article 3, 4.

系。[1]数据的私密程度越高,其流动的自由度就越低,反之越高。所以要协调数据跨境流动与数据隐私保护的冲突关系,我们首先要破除个人数据管理"一刀切"的态度,采取区别化的管理模式,对数据要素进行价值分域。在此,我们可以对信息进行二分法,基于敏感度[2]把个人信息区分为敏感信息与非敏感信息。敏感个人信息(Sensitive Personal Information),是指一旦该信息被泄露或非法使用,就易导致个人的人格尊严受到侵害或者人身、财产安全可能受到危害的个人信息。GDPR 第 9 条就详细列举了敏感个人信息的类型,包括种族和民族观念,政治观点、宗教或者哲学信仰,工会成员的个人数据,以及唯一识别自然人为目的的基因数据、生物特征数据、健康数据,自然人的性生活或者性取向的数据。[3]巴西《通用数据保护法》(Brazilian General Data Protection Law)第 5 条也将敏感个人数据规定为:"关于种族或族裔、宗教信仰、政治观点、工会或宗教以及哲学政治组织成员身份的个人数据,与自然人有关的健康或性生活数据、基因或生物数据。"[4]日本《个人信息保护法》关于敏感个人数据的界定也类似,其中包括犯罪经历和被刑事犯罪迫害的事实也被归入敏感个人数

---

[1] 谢登科:《论数据跨境流动的安全与自由原则》,载《中国信息安全》2021 年第 5 期。
[2] 个人信息的"敏感度",是指"个人信息对信息主体造成伤害或影响的程度"。胡文涛:《我国个人敏感信息界定之构想》,载《中国法学》2018 年第 5 期。
[3] GDPR 第 9 条。
[4] Brazilian General Data Protection Law, Article 5.

据。也有学者认为敏感个人数据应该区别于与人身相关但不够私密的数据,如性别、民族、种族和宗教信仰等。[1]我国《个人信息保护法》则采用"概括+列举"的方式界定敏感个人信息,其中敏感个人信息的类别主要有"生物识别、宗教信仰、特定身份、医疗健康、金融账户、行踪轨迹等信息,以及不满十四周岁未成年人的个人信息"[2]。统而言之,敏感个人信息大致分为两种:一种涉及个人宪法上基本权利属性的信息,包括思想观念、政党派系和宗教信仰等;另一种则涉及个人生命财产权益的信息,生物特征信息、医疗信息、金融账户、犯罪经历等。[3]

对个人信息进行价值分域,区分为敏感信息和非敏感信息,目的是要综合利用不同类型的信息价值,通过强化敏感个人信息的保护和强化非敏感个人信息的利用,来调和个人数据流动和数据隐私保护的冲突,实现利益的协调平衡。[4]一方面,个人信息的类型化区分有利于切实保障数据主体的合法权益。高敏感度的个人信息与自然人的人格财产利益有密切联系,如健康信息、性生活信息、金融信息等,一旦被滥用或泄露会导致数据主体遭受巨大的安全风险,或带来隐私权的伤

---

[1] A. Etzioni, "A Cyber Age Privacy Doctrine: More Coherent, Less Subjective, and Operational", *Brooklyn Law Review*, 2015, 80 (4), pp. 1263-1300.
[2] 《个人信息保护法》第 28 条。
[3] 程啸:《论我国个人信息保护法中的个人信息处理规则》,载《清华法学》2021 年第 3 期。
[4] 张新宝:《从隐私到个人信息:利益再衡量的理论与制度安排》,载《中国法学》2015 年第 3 期。

害，造成人格受损，个人基本尊严和权利被严重妨害。因此将这部分信息贴上敏感个人信息的标签，有针对性地严格规范和保护，能够有效避免个人基础性权益被不良侵害。另一方面，个人信息的类型化区分有助于实现个人数据的充分利用。从数据的自身特点来看，动态化的流动决定数据的生命，孤立静态的数据元素毫无价值。[1] 如前所述，个人信息兼具人格性与经济性。敏感个人信息更加强调个人的人格权益，其使用需要经过严格程序和步骤，对于非敏感个人信息，我们应该强调其经济商品属性，为非敏感个人信息的收集、处理、传输和流动提供适当宽松的法律框架，使其得到合理的开发和使用，实现其内在价值。

2. 主体分域："告知-同意"规则的完善

在数据流动实践中，数据主体用户与数据处理者或控制者是一对不平衡的主体关系，分别持有数据隐私保护的诉求和数据自由流动的期待，所以个人信息保护要克服双重障碍：一是数据主体与数据处理者之间数据资源获取的不平等；二是数据主体和数据处理者之间数据处理能力的不平等。[2] 公平信息实践理论[3]的发展为个人数据处理提供了行为准则规范，重新矫正了二者的不平等力量关系。一方面，公平信息实践对数

---

[1] 阿里研究院：《数据生产力崛起：新动能 新治理》，第170页。
[2] 陈林林、严书元：《论个人信息保护立法中的平等原则》，载《华东政法大学学报》2021年第5期。
[3] "公平信息实践"起源于20世纪70年代美国政府起草的一份关于"公平信息实践准则"的报告。参见丁晓东：《论个人信息法律保护的思想渊源与基本原理——基于"公平信息实践"的分析》，载《现代法学》2019年第3期。

据主体进行信息赋权,规定了个体享有的诸多信息权利。另一方面,数据采集者或控制者在公平信息实践的影响下也需要抑制数据权力的无序扩张,承担保护用户数据隐私的义务,如收集个人数据时的通知义务、使用个人数据时的目的限定义务、储存个人数据时的安全保障义务等。[1]"告知-同意"规则框架就是在公平信息实践的影响下形成的个人信息保护规则范式,"告知-同意"规则要求数据处理者或控制者在处理数据前告知所涉数据主体,数据处理行为只有取得数据主体的同意后才是合法行为。"告知-同意"规则包括"告知"规则和"同意"规则,分别指向数据处理者的义务和数据主体的权利,一方面赋予了数据用户的知情权与选择权,另一方面施加了数据处理者的告知义务和保障义务,二者不可分割。"告知-同意"规则虽然强化了个体信息赋权,但招致了形式主义或虚无主义的批评,未能起到理想的数据隐私保护效果,[2]为此我们需重新审视"告知-同意"的规则设计,尝试性地解决规则异化的困境。

从数据控制者或处理者出发,告知义务的履行质量很大程度上决定了数据隐私权利的有效实现,所以数据处理者要在告知内容的完整性和清晰性等方面加强推进。首先,数据处理者必须在处理个人信息前将处理事项和内容告知数据主体,而不

---

[1] 丁晓东:《论个人信息法律保护的思想渊源与基本原理——基于"公平信息实践"的分析》,载《现代法学》2019年第3期。

[2] 丁晓东:《个人信息保护:原理与实践》,法律出版社2021年版,第90~91页。

能在数据处理行为发生后完成告知行为，这是数据处理者履行告知义务的时间要求。如果数据处理行为的目的和方式发生改变，数据处理者须在预变更前将变更内容及时告知数据主体，不能在数据处理行为完成后将变化事项补充告知。[1] 除非是特定紧急情况下由于客观原因或为了保护自然人特定生命健康权益和重大财产利益无法及时告知数据主体，否则越过数据处理行为的事后告知应视为不合格的非法告知。其次，数据处理者的告知方式必须是清晰、简洁和完整的。GDPR 就规定数据控制者应该通过清楚和直白的语言描述与数据处理相关的信息，并以易理解和易获取的简明形式来提供与个人信息处理相关的所有信息。[2] 很多跨国公司提供给用户的隐私政策冗杂晦涩，加上用户主体注意力有限、专业知识不足，用户主体很容易因此忽视而轻率同意信息处理规则。因此数据主体应当以清晰平白的语言去告知用户主体关键信息，尤其是告知数据主体有访问、更正、删除等数据权利，对于复杂艰深容易产生歧义的地方应给予解释，例如通过弹窗提示或补充链接的方式予以强化明示。此外，数据处理者还应该详细告知个人数据的处理主体、处理目的、处理方式和处理范围等内容，完整透明地向数据主体披露有效信息，保障数据主体的知情权。有学者认为可以将需要告知的主要内容简化为三项，即"采集数据的范围和目的""采集数据和利用处理数据的规则和形式""授权

---

〔1〕 程啸:《论个人信息处理者的告知义务》，载《上海政法学院学报（法治论丛）》2021 年第 5 期。
〔2〕 GDPR 第 12 条。

或禁止分别带来的不利后果"。[1] 最后,数据处理者还应建立持续性的告知机制,不仅在收集阶段告知相关信息,还应在处理使用阶段及时履行告知义务,尽可能让数据主体知晓数据流动全过程的风险,[2] 这也是公平信息实践中透明性原则的要求使然。同时要避免一揽子授权导致的统一告知机制,这也意味着企业不能仅通过单次告知来获得不同阶段的无关联数据,而应该采用分阶段逐一告知的方式降低数据滥用或不当处理引发的数据隐私风险,进而解决数据处理方和数据主体间信息不对称的问题,[3] 强化个人数据的阶段性保护。

从数据主体用户出发,同意是对个人数据权益的处分,是数据处理者能否采集使用数据的前提。传统"告知-同意"框架下由于数据主体缺乏对重要情事的知悉以及缺失表意自由,无效力瑕疵的数据用户意思表示难以获得,[4] 加上企业拥有普通数据用户难以匹敌的数据技术能力,个体用户关于数据利用的谈判空间被无形压缩和剥夺,甚至会导致海量用户数据被不当利用或被泄露侵害。[5] 故应对数据主体的同意权使用分

---

[1] 丁晓强:《个人数据保护中同意规则的"扬"与"抑"——卡-梅框架视域下的规则配置研究》,载《法学评论》2020年第4期。

[2] 田野:《大数据时代知情同意原则的困境与出路——以生物资料库的个人信息保护为例》,载《法制与社会发展》2018年第6期。

[3] 蔡培如、王锡锌:《论个人信息保护中的人格保护与经济激励机制》,载《比较法研究》2020年第1期。

[4] 万方:《个人信息处理中的"同意"与"同意撤回"》,载《中国法学》2021年第1期。

[5] 孙莹:《大规模侵害个人信息高额罚款研究》,载《中国法学》2020年第5期。

层设置模式，从而解决数据用户知情同意能力弱化的问题。一方面，根据个人数据的分类采取不同强度的同意模式。对于非敏感个人数据，我们应着眼其流动价值的发挥，可采取一般性的明确同意；对于敏感个人数据，要重点关照特定个人的私密性，所以必须取得数据主体的单独同意。同时数据处理者不能将敏感个人数据与其他数据混合杂糅在一起而笼统概括地取得数据主体的同意，这是无效的同意。[1] 与 GDPR 禁止处理个人敏感数据的规定不同，我国《个人信息保护法》就采取了数据分类同意模式，根据数据敏感程度确定相应的个人同意类型。同时，也有学者提出为了平衡数据流动和数据隐私保护的双重目标，数据主体同意规则仅适用那些含有直接标识符能够单独识别的个人信息，而不含直接标识符的结合识别的个人信息则不沿用同意规则，对于该类个人信息的保护可以建立事后救济机制来弥补，实质上是变相鼓励促动了个人信息的流通和利用。[2] 另一方面，根据数据处理的流程采取分阶段同意模式。对于敏感个人数据，如若数据主体的同意授权仅发生在数据收集阶段，那么数据处理者后续可以在初始同意框架外随意滥用数据，数据隐私保障形同虚设。因而要补强数据主体的同意，可以采取分阶段同意模式，使得数据主体在数据处理的各个阶段（如采集、存储、使用、公开），对包括处理环节所涉

---

〔1〕 程啸：《论个人信息处理中的个人同意》，载《环球法律评论》2021 年第 6 期。

〔2〕 李群涛、高富平：《信息主体同意的适用边界》，载《财经法学》2022 年第 1 期。

主体、处理数据范围、数据安保措施在内的整体风险进行充分认知，[1] 然后针对性地给予数据主体同意权，不能一次性或一揽子同意，动态掌握个人数据的流动归属，实现个人数据隐私的有效控制。

3. 场景分域：个人数据处理行为的例外允许

"告知-同意"规则是认定个人数据处理合法与否的基本规则，然而仅以"告知-同意"规则为个人数据处理的限度，容易忽视个人数据的合理使用，所以有必要规定不适用"告知-同意"规则的例外情形，赋予相关数据处理行为的合法性，充分挖掘数据流动的价值。在此，我们可以引入场景理论[2]动态地规范数据处理行为，化解数据自由流动与数据隐私保护的冲突。场景理论下个人信息保护的内在逻辑是克服静态保护个人信息的局限，根据具体场景有针对性地动态保护个人信息，综合权衡数据主体与数据处理者等主体的利益分配，找到个人数据流动与个人数据保护的合理边界。[3] 因而对数据处理行为的评价是高度场景化的。例如医生在紧急情况下为了患者的生命健康未经患者同意传输使用了患者私密的身体健康信息，

---

[1] 孙清白：《敏感个人信息保护的特殊制度逻辑及其规制策略》，载《行政法学研究》2022年第1期。

[2] 个人信息的场景理论源于美国学者海伦·尼森鲍姆（H. Nissenbaum）提出的隐私场景区分，根据信息构成的不同场景区别对待信息处理行为，场景性是判断数据隐私保护的标准。H. Nissenbaum, "Privacy as Contextual Integrity", *Wash. L. Rev.*, 2004, 79, pp. 119-158.

[3] 赵祖斌：《从静态到动态：场景理论下的个人信息保护》，载《科学与社会》2021年第4期。

此类行为在该场景中具有正当性基础，没有个人同意并不会导致该数据处理行为的合法性被否认；如果医疗机构在擅自采集患者个人信息后用于向个人推广医疗广告等商业用途，此类行为即使经过个人同意也有可能被认定为违法的数据处理行为。2014 年世界经济论坛发布的《重新思考个人数据：增强信任的新视角》（Rethinking Personal Data: A New Lens for Strengthening Trust）报告中将数据使用场景分为七种类型，分别为数据采集方式（主动采集或被动采集）、数据使用方式（主动参与、明示同意和默示处理）、服务提供者的信任（数据主体与数据服务提供者之间的信任程度）、数据价值交换（数据使用的正向收益）、数据类型（医疗信息、金融信息和位置信息等）、数据设备类型（PC 端或移动端）和数据使用机构（政府公权力机关、商业机构或雇主等）。[1] 以此而论，不符合"告知-同意"规则的数据处理和流动也可以基于场景理论赋予其行为合法性。比如维护公共利益和特定群体利益的场景中就不必严格适用"告知-同意"规则，像公共卫生管理中因为疫情防控需要，准确收集相关群体的个人数据或向境外提供公民个人数据应视为合法性的数据流动。此外，为了履行特定主体职责和义务也应当属于"告知-同意"规则的例外允许情形。GDPR 通过有限列举的方式来明确数据处理行为的合法性场景，而且把敏感个人数据与一般个人数据的合法性处理场景

---

[1] World Economic Forum, Rethinking Personal Data: A New Lens for Strengthening Trust, 2014, p. 13.

区别化,大体上主要涉及公共健康、公共治理、个人核心利益和基本权利等内容。[1] 我国《个人信息保护法》也以明确列举具体情形的方式规定了不需要个人同意的合法数据处理行为,主要关涉个人的核心利益、公共利益和国家利益。[2] 有学者归纳总结了我国《个人信息保护法》中国家机关在处理个人数据应当遵守的规则类型,将合法数据处理行为的规则分为"告知+同意""告知+无需同意"和"无需告知+无需同意"三大类,进一步细化了数据处理行为的例外场景。[3] 质言之,对于"告知-同意"规则以外的数据处理行为,我们可以基于数据处理场景的变化情况,综合考虑数据类型、数据处理主体、数据处理目的和数据处理方式等因素,全面评估数据隐私风险,赋予其与场景适配的合法性基础。

三、中国数据跨境流动规制路径与企业合规策略

（一）中国的数据立法现况及问题

我国虽然是数据大国,但关于数据跨境流动方面的立法起步较晚。不过随着《个人信息保护法》的颁布施行,我国已经初步建构起以《网络安全法》《数据安全法》和《个人信息保护法》为龙头的数据法律框架,为数据跨境流动相关问题提供制度和法律支撑。《网络安全法》与《数据安全法》侧重于

---

[1] GDPR第6条和第9条。
[2] 《个人信息保护法》第13条。
[3] 彭錞:《论国家机关处理个人信息的合法性基础》,载《比较法研究》2022年第1期。

维护数据安全和主权,例如《网络安全法》就规定关键信息基础设施的运营者采集和生成的个人数据要在境内存储。[1] 从中可以看出我国数据本地化的立场,对数据跨境流动规制比较严格。同样,《数据安全法》规定建立数据安全审查制度,对可能危害国家主权安全利益的数据处理行为进行系统的安全审查。[2] 此外,《数据安全法》还涉及数据出境安全评估,数据出口管制和外国执法机构跨境调取数据的阻断立法等内容,[3] 避免他国对我国数据主权造成侵犯或危及国家安全,实现了对数据跨境流动的全方面控制管理。而《个人信息保护法》也涉及类似的规定,个人信息处理者只有取得信息主体的单独同意才能向境外提供或传输个人信息,此外还应向数据主体告知与处理个人信息相关的所有事项,[4] 境外接受方处理个人信息活动还要达到同等的数据保护标准,充分显现对个人数据隐私的高强度保护。此外,值得注意的是,《个人信息保护法》在《网络安全法》第37条的基础上,还要求处理个人信息达到国家网信部门的规定量级时,个人信息处理者应将境内收集和产生的个人信息存储在境内,进一步扩大了数据本地化要求的覆盖面。[5]

总体上看,我国关于数据跨境流动的立法框架基本形成,

---

[1]《网络安全法》第37条。
[2]《数据安全法》第24条。
[3]《数据安全法》第25条、第36条。
[4]《个人信息保护法》第39条。
[5]《个人信息保护法》第40条。

弥补了数据类立法的缺口,但仍然存在一些关键性问题。其一,数据立法框架性内容较多,现实针对性指导意义较弱。例如《网络安全法》和《个人信息保护法》要求个人数据出境须经过网信部门的安全评估,《数据出境安全评估办法(征求意见稿)》随即出台开始征求意见,但整体上立法模糊性较大,操作较为困难,需要以相关部门在实践中的确切解释作为行为指导。《数据安全法》中提到要建立数据安全审查制度,但具体的数据安全审查制度的流程步骤以及细则仍是不明确的。以至有学者就直言,制度设计看似完备但缺失数据立法的方向性态度,控制数据跨境流动"疏密松严"的标准仍较不明确。[1] 其二,数据法律境外适用存在一定缺陷。GDPR对境外处理其公民个人数据的行为强加管辖,而《网络安全法》的适用仅以境内为限,我国境内建设、运营、维护和使用网络,以及网络安全的监督管理行为受到此法管理约束,这种自我设限的属地管辖压制了该法的境外适用。《数据安全法》则把境外开展的损害国家安全、公共利益和公民合法权益的行为纳入法律规制范围,而《个人信息保护法》通过有限列举的方式把境外某些处理个人信息的行为也加以规制,但三者的法律适用效力范围相对有限,与世界上有先进经验的国家不断扩张数据管辖权的立法例存在一定差距,也与我国自身日趋强大的数据能力不相适应。其三,数据本地化措施的GATS合规问

---

[1] 洪延青:《数据竞争的美欧战略立场及中国因应——基于国内立法与经贸协定谈判双重视角》,载《国际法研究》2021年第6期。

题。数据本地化措施核心要求是必须把境内运营收集和产生的个人数据在境内存储，而 GATS 并不限制跨境服务提供者的地理位置，所以数据本地化措施很有可能会影响数据跨境服务贸易的自由化。[1] 而且由于中国在 GATS 中做出了对"数据处理服务"没有限制的具体承诺，[2] 采取强制数据本地化措施相当于对服务提供者施加数量或类型限制，极有可能违反中国在 GATS 中所做的具体承诺义务。此外，由于我国参与的双边和多边数据跨境流动治理规则的制定还不够充分，采取数据本地化措施会迫使跨国公司进行本地化的存储和研发，极大增加中国跨国公司的数据合规成本，数据业务面临境内外双向合规的困境和障碍。

(二) 中国数据跨境流动的路径选择

当今世界，一场大范围、深层次的科技革命和产业变革正在发生，大数据、人工智能等现代信息技术不断取得新的突破和拓展，全球数字化时代下的各国利益愈发息息相通。[3] 中国如何提升数据治理能力，占据数字经济发展的制高点，兼顾"数据跨境流动""数据主权安全"与"数据隐私保护"的目标导向，需要从对内对外两个面向综合忖量。

---

[1] 彭岳:《数据本地化措施的贸易规制问题研究》，载《环球法律评论》2018 年第 2 期。

[2] 详见《中华人民共和国服务贸易具体承诺减让表》"B. 计算机及其相关服务"，载 http://www.gov.cn/gongbao/content/2017/content_5168131.htm。

[3] 本刊编辑部:《第五届世界互联网大会开幕 习近平向大会致贺信》，载《中国信息安全》2018 年第 11 期。

1. 对内面向：国内规则建设

第一，完善数据分类分级保护制度，加强数据出境安全评估。《数据安全法》明确提出建立数据分类分级保护制度，具体分类标准可以根据不同的来源将数据分为个人数据、商业数据和特定行业数据，并设置不同的数据出境监管标准。[1]《网络数据安全管理条例（征求意见稿）》则按照数据对国家安全、公共利益或者个人、组织合法权益的影响和重要程度，将数据分为一般数据、重要数据、核心数据，其中国家对个人数据和重要数据进行重点保护，对核心数据实行严格保护。[2] 总之，要建立在数据详细分类分级的基础上实施宽严有序的差异化保护。此外，要对数据的形成、采集、处理、加工和传输等过程进行全生命周期的安全风险评估，做到数据出境提前预警，建立统一的数据安全出境标准。[3] 在此，可以对数据境外接受方或流入国进行数据风险评估，设置数据跨境自由流动的白名单，对达到我国认可的数据保护标准的国家实行宽松流动模式，对数据安全风险等级高的国家实行严格审批。

第二，健全数据跨境流动监管体系。数字经济时代的安全风险来源于数据运行周期的多变性，对数据跨境流动的过程掌握得越全面，应对数据安全风险的能力就越强，而且能够及时

---

[1] 汤霞：《数据安全与开放之间：数字贸易国际规则构建的中国方案》，载《政治与法律》2021 年第 12 期。
[2] 《网络数据安全管理条例（征求意见稿）》第 5 条。
[3] 阙天舒、王子玥：《数字经济时代的全球数据安全治理与中国策略》，载《国际安全研究》2022 年第 1 期。

保护个人的数据隐私。一方面,我们应设立独立的数据跨境监管机构。GDPR 在评估非欧盟国家是否具有充分性数据保护水平时,数据保护官方机构的有效运作与否是其中非常重要的评价标准。我们有必要设立独立于网信部门的数据监管机构,授予其行政调查权、建议权、处罚权等权限,统筹协调不同行业和领域的数据执法标准和权限,解决数据监管重叠和监管真空的问题。[1] 另一方面,数据跨境流动很多时候发生在境内外之间的数据商品服务交易中,因而有必要在设立数据交易所之外,搭建数据交易安全监管平台,对数据流动进行实时监控和预警,促进数据有序流动,增强数据交易主体的合规性。[2] 在此,需要配套加强数据监管机构的责任机制建设,明确各监管机构和监管主体责任,防止滥用监管权。此外,在数据监管对象上要着重关注大型跨国公司。美国的数据霸权高度依赖其跨国公司的发展,因而我们需要根据数据实体和数据技术重点监管。例如滴滴是以数据智能驱动的互联网公司,其赴海外上市可能引发数据主权和国家安全风险,国家网信办、公安部、国家安全部等多个部门联合对滴滴启动网络安全审查表明了掌握大量用户数据的跨国公司是数据安全监管的重心,对今后数据安全审查的方向和跨国公司数据行为的伦理规诫具有示范指

---

[1] 许多奇:《论跨境数据流动规制企业双向合规的法治保障》,载《东方法学》2020 年第 2 期。
[2] 陈兵、胡珍:《数字经济下统筹数据安全与发展的法治路径》,载《长白学刊》2021 年第 5 期。

导意义。[1]

第三,积极发展数据阻断法案,应对美欧的长臂管辖权。一方面,如前所述,我国目前关于数据法律境外适用的范围仍有限,可以参考 GDPR 的相关规定扩大适用范围,为自己预留防御性的"长臂管辖"武器。另外,美国奉行的"数据控制者"标准和欧洲依行的数据"影响主义"原则都隐含着长臂管辖的权能,极有可能对我国的数据主权造成危害。《数据安全法》虽然申明境内组织和个人未经批准,不能向外国司法或执法机关提供数据,但由于这一规定过于笼统而导致效用较低,有学者建议通过编纂涉及国家长臂管辖的法律附录,有的放矢地针对不同类型的长臂管辖进行效力否认。[2] 此外,还应该明确境外执法机构调取我国数据的具体申请程序以及专门机关的审批流程和期限,违反批准义务的法律责任等。

2. 对外面向:国际规则形塑

第一,大力推广网络命运共同体理念。各国关于数据治理的制度差异必然会存在,国家之间关于数据治理的谈判共识难以达成,主权国家在数字技术和数字产业发展的竞争中引发的冲突会持续凸显。在荣损与共的命运共同体中,各国无法独善其身,发达国家和发展中国家之间的数字鸿沟在继续延伸,要构建公正合理的全球数据治理秩序,必须以网络命运共同体理

---

[1] 韩洪灵等:《数据伦理、国家安全与海外上市:基于滴滴的案例研究》,载《财会月刊》2021 年第 15 期。

[2] 董京波:《跨境数据流动安全治理》,载《科技导报》2021 年第 21 期。

念作为思想引领。一方面,网络命运共同体理念坚持网络主权原则,它肯定了国家对网络疆域的自我控制,进而也是对数据主权的潜在支持,赋予国家对本国数据不受干涉的独立管辖。另一方面,网络命运共同体理念在尊重网络主权的前提下,确立共享共治的理念,并倡导建立对话协商的机制,实现网络空间的合作共赢。[1] 落实到数据治理领域,这意味着对数据强权和数据霸权的抵制,努力构建共享普惠的数据治理体系来造福全世界。而且网络命运共同体所提倡的多方参与、合作共治不仅仅指主权国家,还涵盖了私营机构、民间组织等非政府组织,尽可能满足多方主体需求。[2]

第二,主动参与制定全球数据治理规则。数据跨境治理要有通盘考虑,完整阐释我国数据治理的立场态度固然重要,但更不能忽视在国际社会中与他国共同塑造相互认可的规则。[3] 数据跨境流动会呈现"公地喜剧"[4]的现象,这也说明尽管不同国家数字产业发展水平和数据治理理念不同,但背后存在

---

[1] 阙天舒、李虹:《网络空间命运共同体:构建全球网络治理新秩序的中国方案》,载《当代世界与社会主义》2019年第3期。
[2] 陈少威、贾开:《跨境数据流动的全球治理:历史变迁、制度困境与变革路径》,载《经济社会体制比较》2020年第2期。
[3] 冯俊伟:《数据跨境的治理应重视整体考量》,载《中国信息安全》2021年第5期。
[4] "公地喜剧"理论强调规模效应,是指对某公共物品而言,使用的人越多,其价值就越大,每个人的整体收益就越大。例如在广场上举行的庆典活动,参加的人越多,每个人的欢乐越多,相应对于每个人的价值就越大。See C. Rose, "The Comedy of the Commons: Custom, Commerce, and Inherently Public Property", *The University of Chicago Law Review*, 1986, 53(3), pp.711-781.

相互吸引的数据合作意愿。中国要求同存异,主动迎势稳步增强数据治理能力。一方面,在美欧主导的多边数据治理框架中,我们要积极融入,例如我国可以尝试参与到CBPRs规则体系中,激发国内数据流动的活力,使得数据跨境传输流动符合其规则,从而更加便利地开展数字经济合作,同时也应重视GDPR的数据流动规则和数据保护标准,通过双边谈判打开欧洲市场。尽管中美欧之间关于数字治理存在理念分歧和制度差异,但从双边角度而言,在国际层面上适时推动数据跨境自由流动,中国与美国有利益重合,在国际层面上适度加强个人数据隐私保护,中国与欧盟有利益交叠,[1] 中国可以有选择性地找到与美欧的合作共面,拓展自身数字产业发展路径。另一方面,我国可以充分利用"一带一路"平台,加强共建国家的数字经济合作,带动共建国家的数字产业发展,同时扩大自身数字产业全球版图。在此,我国可以就跨境数据流动、数据本地化、数据隐私保护和数字贸易市场准入等关键性数字议题展开谈判,寻求共识,形成开放包容、先行先试的示范性立法,[2] 实现数据治理的区域协同化和一体化。此外,在WTO电子商务多边谈判中应结合自身数据立法发展的新实践,找到与其他成员数据治理诉求的契合点,提交符合我国诉求又能兼顾他国利益的中国方案,同时在数字治理多边平台上注重发挥

---

〔1〕 彭岳:《贸易规制视域下数据隐私保护的冲突与解决》,载《比较法研究》2018年第4期。

〔2〕 赵骏:《"一带一路"数字经济的发展图景与法治路径》,载《中国法律评论》2021年第2期。

数据治理规则中"软法"和"硬法"的双重优势，加强"软法"与"硬法"的互动，[1] 把自身关切的数据利益巧妙注入国际规则的形构中，做全球数据治理规则的参与者、塑造者和变革者。

第三，积极寻求数据跨境调取执法合作。数据跨境调取极易引发国家数据管辖权的冲突，而且对于跨国公司而言，实践中需要配合他国执法机关跨境调取用户数据，因其经营业务涉及多国，法律不统一和不确定性的风险很可能会导致企业合规经营危机。[2] 我国《数据安全法》中坚持数据本地化措施，外国执法机构和司法机构调取我国数据必须经过主管机关的批准，而另一方面在犯罪网络化和虚拟化的背景下，我国很大程度上选择了单边主义的数据跨境远程取证。[3] 因此我国在数据跨境调取方面应强调相互依赖的主权，与境外数据服务提供者合作，并采取平等互惠的数据调取原则，如果数据储存地国允许外国执法部门采取数据控制者模式对其跨国公司在境内采集数据，我国也应该适用同等措施。此外，为了解决境外数据

---

[1] 谢弗（Shaffer）和波拉克（Pollack）提出软法与硬法互动的五种假设：当强势国认同时、当强势国反对时、当弱势国反对时、执行的递归循环、软法与硬法的相互对抗（新软法对既存硬法、新旧硬法之间、新硬法对既存软法、新旧软法之间）。See G. C. Shaffer, M. A. Pollack, "Hard vs. Soft Law: Alternatives, Complements, and Antagonists in International Governance", *Minn. L. Rev.*, 2009, 94, pp. 706-799.

[2] 洪延青：《"法律战"旋涡中的执法跨境调取数据：以美国、欧盟和中国为例》，载《环球法律评论》2021年第1期。

[3] 梁坤：《基于数据主权的国家刑事取证管辖模式》，载《法学研究》2019年第2期。

调取难的问题,我国可以积极推动在联合国的框架下达成统一的数据跨境取证公约。[1]

(三) 中国跨国公司数据跨境合规的对策

1. 内部数据合规与风险防范

第一,完善数据全生命周期的安全管理。在数据采集阶段,跨国公司应区分数据来源和数据等级,对是否为敏感个人数据、重要商业数据或数据是否含有关键信息、基础设施属性等数据类型进行全面梳理,根据不同数据来源地的合规性审查要求实施不同的数据保护措施。在数据存储阶段,跨国公司应明确数据使用周期和存储时间,允许数据主体访问、查询、删除自己的数据,在数据储存时限到期后即时处理相关数据。在数据处理和使用阶段,互联网跨国公司要进行数据加密以保障个人数据安全,同时采取数据去标识化或匿名化的手段使得个人数据不能被识别或关联,且处理后的个人数据不能被复原。在此,互联网公司可以根据数据隐私等级进行差异化处理,敏感个人数据可以采用多重加密技术保护。在数据跨境传输之前,要对数据出境必要性、数据安全风险和数据主体权益保障等方面开展数据出境安全评估,筛选合适的数据接受方。同时,对收集而来的群组数据通过算法技术进行针对性的内容推送时,要加强算法自动决策系统和过程的数据隐私风险测评和记录,这在美国 2022 年《算法责任法案》 (Algorithmic Ac-

---

[1] 唐彬彬:《跨境电子数据取证规则的反思与重构》,载《法学家》2020年第 4 期。

countability Act）中亦有所体现。[1] 最后，在隐私协议设计上必须以用户为本。[2] 据统计，如今市面上常见的移动社交APP所制定的用户隐私政策大多晦涩冗长，部分条款模棱两可，表述模糊，很多对于个人数据的共享、转让和公开披露等内容并没有说明。[3] 为了改进繁杂的用户隐私政策设计，可以采用分层告知的方式，以表格或其他标准化的形式让用户了解数据收集、处理和使用的制度。[4] 对于需要处理海量个人数据的大型跨国互联网公司，可以尝试建立个人数据公示中心对数据处理全过程进行集中汇总披露。[5] 此外，还应建议拥有庞大数据库的跨国公司实施个人信息安全报告强制披露制度，定期将个人数据安全保障工作的书面报告提交给监管部门并向全社会公开，[6] 接受网信部门和社会公众的双重监督。

第二，加强数据合规部门的管理建设。互联网企业尤其是跨国公司要基于公司全球数据业务经营状况，设立专门的数据合规部门审查各区域的数据业务往来，留意国内外的数据立法

---

[1] Algorithmic Accountability Act of 2022, SEC. 4 (a) (3).

[2] T. Marzano, "Regulatory Responses to Data Privacy Crises and Their Ongoing Impact on E-Discovery", *Global Bus. L. Rev.*, 2021, 9, pp. 157-200.

[3] 王晓宁：《移动社交 APP 隐私政策的合规性研究——基于20例隐私政策文本的内容分析》，载《网络安全技术与应用》2022年第1期。

[4] 高秦伟：《个人信息保护中的企业隐私政策及政府规制》，载《法商研究》2019年第2期。

[5] 梅傲、侯之帅：《互联网企业跨境数据合规的困境及中国应对》，载《中国行政管理》2021年第6期。

[6] 冯洋：《从隐私政策披露看网站个人信息保护——以访问量前500的中文网站为样本》，载《当代法学》2019年第6期。

动态和趋势，全面衡量数据合规风险，预留多样化的合规方案应对不同国家的数据审查，在本国数据制度与外国数据制度之间取得公司数据战略的平衡，实现企业数据业务的双向合规。如果双向合规成本较高，有条件的跨国公司可以直接建立新的数据服务器和数据处理中心，例如苹果公司在贵州建立用户数据中心，由云上贵州大数据产业发展公司运营管理苹果手机中国用户的数据信息，既便利了数据执法也促进了数据业务的开展，是一种双赢的数据战略。由于全球数据统一实体法尚未形成，所以跨国公司在不同国家开展业务时会遇到不同的法律规制和监管，他国执法机构向中国跨国公司调取的特定类型数据可能会与我国的数据保护立法相冲突，此时要密切关注不同国家关于数据跨境的例外条款，以适应不同的数据监管环境。此外，跨国公司应建立内部督促和培训机制，注重培养员工的数据安全意识和隐私保护意识，在数据安全保障措施、数据风险预警能力、数据用户主体权利实现等方面经常性地展开自我检查和督促，[1] 防止企业内部员工引发数据安全风险。

2. 外部数据合作与争端应对

第一，拓展企业间数据合作和交流，主动适应数据监管。为应对海外日益严峻的数据监管趋势，许多大型跨国公司先行先试，在公司数据合规建设上创新举措形成示范。华为公司成立"全球网络安全与用户隐私保护委员会"，并依照GDPR的

---

[1] 许多奇：《论跨境数据流动规制企业双向合规的法治保障》，载《东方法学》2020年第2期。

要求任命数据隐私保护官。腾讯公司最近宣布将成立"个人信息保护外部监督委员会",对腾讯公司及各应用产品的隐私政策和用户数据安全工作进行审理监督,提出改革和指导意见等。其他企业可效仿此举建立相应的数据合规机构,并以此为契机与其他跨国公司建立稳固的数据合规信息同盟,通过信息共享共通、合规经验指导的方式加强业务往来。[1] 还可以借鉴美国行业自律模式,建立类似于在线隐私联盟(Online Privacy Alliance)的数据隐私保护联盟,在个人信息保护方面加强互促互助。[2] 对于一些中小型企业而言,建立独立的数据合规机构成本较高,可以有效利用合规事务所、评测机构和科研院所等第三方力量,进行合规分析和评测,对企业的数据合规运行提出稳妥的改革意见。[3] 同时,由于数据跨境流动过程复杂,牵涉主体众多,中国的跨国公司在选择数据合作伙伴时要相对谨慎,避免因为合作的数据运营商单方违背或忽视数据监管规则,形成违法连锁反应牵累中国企业。[4] 这也提醒跨国公司在聘请第三方参与数据交易活动时要以同样的数据合规标准甚至更高的标准去要求合作伙伴,以免造成连带违规。

第二,综合运用多种途径应对数据争端。近年来,我国的

---

[1] 梅傲、侯之帅:《互联网企业跨境数据合规的困境及中国应对》,载《中国行政管理》2021年第6期。

[2] P. J. Bruening, M. J. Culnan, "Through a Glass Darkly: From Privacy Notices to Effective Transparency", *NCJL & Tech.*, 2016, 17, pp. 515-580.

[3] 中国软件评测中心:《企业数据合规白皮书(2021年)》,第22页。

[4] 孔庆江、于华溢:《数据立法域外适用现象及中国因应策略》,载《法学杂志》2020年第8期。

华为、中兴等跨国公司在海外屡遭抵制，抖音、微信等互联网科技巨头的产品频频被禁，背后有国家战略对抗的因素，同时也引发中国跨国公司应对潜在数据风险和争端的思考。一方面，中国的跨国公司可考虑采取法律途径应对数据合规争端，维护自身的合法权益。美国政府强制要求字节跳动公司出售TikTok业务，并禁止美国企业与其进行交易。字节跳动公司随即起诉美国政府，美国法院裁决暂缓实施行政禁令，为字节跳动公司后续的补救赢得了宽限期。[1] 面对欧美国家在数据治理上偏重行政规制的做法，中国的跨国公司主动运用业务所在地的国内法框架解决数据摩擦是对他国不当数据监管的正当回应。另一方面，跨国公司与当地行政部门积极沟通也能化解数据风险。像TikTok因为内容审核不过关被印尼政府下架，字节跳动公司迅速与印尼政府沟通并删除相关违规信息，接受印尼政府派驻视频小组监督审查，行政禁令随即被撤销，数据风险得到有效化解。[2] 同样的，在德国Knuddels案中，Knuddels公司因为数据泄露被德国当局处罚，Knuddels公司立即向有关当局和用户披露违规行为，并与德国数据保护机关合作消除数据违规操作，获得了监管部门的信任，极大减少了行政处罚。此外，中国的跨国公司也要积极寻求我国政府的帮助，在

---

〔1〕 Echo Wang, Jonathan Stempel, "TikTok Sues Trump Administration over U. S. Ban, Calls It an Election Ploy", available at https：//www.reuters.com/article/us-usa-china-tiktok-lawsuit-idUSKBN25K1SH.

〔2〕 冯硕：《TikTok被禁中的数据博弈与法律回应》，载《东方法学》2021年第1期。

国家层面通过战略对话和协商的方式助力中国企业跳出数据合规审查的困境，对于严重影响数字贸易自由化的行径，可以考虑请求中国政府向 WTO 提起争端解决，全方位为中国跨国公司在海外开拓数据业务保驾护航。

四、结论

大数据时代下作为一种重要的战略资源和生产要素，数据如石油已成为全球共识，[1] 数字经济也成为大国竞争和跨国公司蓬勃发展的重要抓手。数据的天然流动性无视地理疆域的界限，也不管数据主体的权利样态。数据的跨境流动进而也牵涉到宏观层面的国家主权安全、中观层面的数字产业发展和微观层面的个人数据隐私，引发了对国家数据主权的讨论和对个人信息保护的省思。以美欧为主的两大数据规制体系在数据"跨境自由流动""数据主权维护"和"数据隐私保护"三重目标中各取其重，形成了相互博弈的数字竞争立场，深刻影响着其他国家的数据规制路径。反观自身，中国作为新兴的数据经济大国，随着《数据安全法》和《个人信息保护法》的陆续出台，数据治理的顶层框架基本形成。面对全球数字市场的竞争，中国的跨国公司在海外步履维艰，企业的数据合规建设亟待完善。同时，中国在国际数据规则方面的话语权与大国体量不相匹配，数据贸易国际规则的形塑能力不容乐观。为此，

---

[1] K. Pistor, "Rule by Data: The End of Markets?", *Law & Contemp. Probs.*, 2020, 83, p.106.

中国一方面要深化同美欧数据跨境问题的沟通协调，另一方面须借助"一带一路"倡议铸造"数字丝绸之路"，扩大本国数字规制体系的影响力，在适应美欧数据治理模式的前提下打开一条新路，在数据跨境方面构建理念相合、利益交叠、制度互洽的中国"朋友圈"，全面布局中国数据治理的未来图景，应对全球数据治理的严峻挑战。

◆ 参考文献

1. 陈岩、张平：《数字全球化的内涵、特征及发展趋势》，载《人民论坛》2021年第13期。

2. 许可：《自由与安全：数据跨境流动的中国方案》，载《环球法律评论》2021年第1期。

3. 马其家、李晓楠：《论我国数据跨境流动监管规则的构建》，载《法治研究》2021年第1期。

4. 惠志斌、张衡：《面向数据经济的跨境数据流动管理研究》，载《社会科学》2016年第8期。

5. 许多奇：《论跨境数据流动规制企业双向合规的法治保障》，载《东方法学》2020年第2期。

6. 黄宁、李杨：《"三难选择"下跨境数据流动规制的演进与成因》，载《清华大学学报（哲学社会科学版）》2017年第5期。

7. 王东光：《国家安全审查：政治法律化与法律政治化》，载《中外法学》2016年第5期。

8. 胡丽、齐爱民：《论"网络疆界"的形成与国家领网主权制度的建立》，载《法学论坛》2016年第2期。

9. 郑智航：《网络社会中传统主权模式的消解与重构》，载《国家检察官学院学报》2018 年第 5 期。

10. 匡梅：《跨境数据法律规制的主权壁垒与对策》，载《华中科技大学学报（社会科学版）》2021 年第 2 期。

11. 许多奇：《个人数据跨境流动规制的国际格局及中国应对》，载《法学论坛》2018 年第 3 期。

12. 王淑敏：《全球数字鸿沟弥合：国际法何去何从》，载《政法论丛》2021 年第 6 期。

13. 何傲翾：《数据全球化与数据主权的对抗态势和中国应对——基于数据安全视角的分析》，载《北京航空航天大学学报（社会科学版）》2021 年第 3 期。

14. 沈国麟：《大数据时代的数据主权和国家数据战略》，载《南京社会科学》2014 年第 6 期。

15. 刘晗、叶开儒：《网络主权的分层法律形态》，载《华东政法大学学报》2020 年第 4 期。

16. 邵怿：《论域外数据执法管辖权的单方扩张》，载《社会科学》2020 年第 10 期。

17. 冯硕：《TikTok 被禁中的数据博弈与法律回应》，载《东方法学》2021 年第 1 期。

18. 梁坤：《基于数据主权的国家刑事取证管辖模式》，载《法学研究》2019 年第 2 期。

19. 尹建国：《我国网络信息的政府治理机制研究》，载《中国法学》2015 年第 1 期。

20. 齐爱民、祝高峰：《论国家数据主权制度的确立与完善》，载《苏州大学学报（哲学社会科学版）》2016 年第 1 期。

21. 邓崧、黄岚、马步涛：《基于数据主权的数据跨境管理比较研究》,载《情报杂志》2021年第6期。

22. 鲁传颖、范郑杰:《欧盟网络空间战略调整与中欧网络空间合作的机遇》,载《当代世界》2020年第8期。

23. 房乐宪、殷佳章:《欧盟战略主权的多维内涵及其国际含义》,载《教学与研究》2021年第10期。

24. 刘天骄:《数据主权与长臂管辖的理论分野与实践冲突》,载《环球法律评论》2020年第2期。

25. 张钦昱:《数据权利的归集:逻辑与进路》,载《上海政法学院学报(法治论丛)》2021年第4期。

26. 黄道丽、胡文华:《全球数据本地化与跨境流动立法规制的基本格局》,载《信息安全与通信保密》2019年第9期。

27. 冯洁菡、周濛:《跨境数据流动规制:核心议题、国际方案及中国因应》,载《深圳大学学报(人文社会科学版)》2021年第4期。

28. 肖永平:《"长臂管辖权"的法理分析与对策研究》,载《中国法学》2019年第6期。

29. 朱雅妮:《数据管辖权:立法博弈及中国的对策》,载《湖南行政学院学报》2021年第6期。

30. 何波:《俄罗斯跨境数据流动立法规则与执法实践》,载《大数据》2016年第6期。

31. 胡文华、孔华锋:《印度数据本地化与跨境流动立法实践研究》,载《计算机应用与软件》2019年第8期。

32. 张露予:《美国〈澄清域外合法使用数据法〉译文》,载《网络信息法学研究》2018年第1期。

33. 覃宇翔:《美国的属人管辖制度及其在互联网案件中的新发展》,载《网络法律评论》2004年第1期。

34. 程昊:《从"云幕"法案看我国数据主权的保护》,载《情报理论与实践》2019 年第 4 期。

35. 李庆明:《论美国域外管辖:概念、实践及中国因应》,载《国际法研究》2019 年第 3 期。

36. 强世功:《帝国的司法长臂——美国经济霸权的法律支撑》,载《文化纵横》2019 年第 4 期。

37. 赵海乐:《Tik Tok 争议中的美欧数据治理路径差异研究》,载《情报杂志》2021 年第 5 期。

38. 金晶:《欧盟〈一般数据保护条例〉:演进、要点与疑义》,载《欧洲研究》2018 年第 4 期。

39. 吴沈括、霍文新:《欧盟数据治理新指向:〈非个人数据自由流动框架条例〉(提案)研究》,载《网络空间安全》2018 年第 3 期。

40. 洪延青:《在发展与安全的平衡中构建数据跨境流动安全评估框架》,载《信息安全与通信保密》2017 年第 2 期。

41. 单文华、邓娜:《欧美跨境数据流动规制:冲突、协调与借鉴——基于欧盟法院"隐私盾"无效案的考察》,载《西安交通大学学报(社会科学版)》2021 年第 5 期。

42. 黄志雄、韦欣妤:《美欧跨境数据流动规则博弈及中国因应——以〈隐私盾协议〉无效判决为视角》,载《同济大学学报(社会科学版)》2021 年第 2 期。

43. 董京波:《跨境数据流动安全治理》,载《科技导报》2021 年第 21 期。

44. 林福辰、杜玉琼:《发展与蜕变:多边视域下数字贸易规则建构路径之审思》,载《江海学刊》2020 年第 5 期。

45. 张磊:《美国提交电子商务倡议联合声明意欲何为》,载《WTO

经济导刊》2018 年第 5 期。

46. 李墨丝：《WTO 电子商务规则谈判：进展、分歧与进路》，载《武大国际法评论》2020 年第 6 期。

47. 程啸：《论我国民法典中个人信息权益的性质》，载《政治与法律》2020 年第 8 期。

48. 吴玄：《数据主权视野下个人信息跨境规则的建构》，载《清华法学》2021 年第 3 期。

49. 黄海瑛、何梦婷、冉从敬：《数据主权安全风险的国际治理体系与我国路径研究》，载《图书与情报》2021 年第 4 期。

50. 卜学民：《论数据本地化模式的反思与制度构建》，载《情报理论与实践》2021 年第 12 期。

51. 黄道丽、胡文华：《全球数据本地化与跨境流动立法规制的基本格局》，载《信息安全与通信保密》2019 年第 9 期。

52. 马蒂亚斯·鲍尔：《〈数据本地化的代价：经济恢复期的自损行为〉（摘译）》，载《汕头大学学报（人文社会科学版）》2017 年第 5 期。

53. 翁国民、宋丽：《数据跨境传输的法律规制》，载《浙江大学学报（人文社会科学版）》2020 年第 2 期。

54. 王立梅：《论跨境电子证据司法协助简易程序的构建》，载《法学杂志》2020 年第 3 期。

55. 秦天宝：《国际法的新概念"人类共同关切事项"初探——以〈生物多样性公约〉为例的考察》，载《法学评论》2006 年第 5 期。

56. 裴炜：《未来犯罪治理的关键：跨境数据取证》，载《中国信息安全》2019 年第 5 期。

57. 刘志坚、郭秉贵：《大数据时代公共安全保障与个人信息保护的冲突与协调》，载《广州大学学报（社会科学版）》2018 年第 5 期。

58. 彭岳：《贸易规制视域下数据隐私保护的冲突与解决》，载《比较法研究》2018 年第 4 期。

59. 袁明霞：《"现实的个人"及其对人的本质理解的意义》，载《前沿》2006 年第 3 期。

60. 高富平：《个人信息保护：从个人控制到社会控制》，载《法学研究》2018 年第 3 期。

61. 王善超：《论亚里士多德关于人的本质的三个论断》，载《北京大学学报（哲学社会科学版）》2000 年第 1 期。

62. 高富平：《论个人信息保护的目的——以个人信息保护法益区分为核心》，载《法商研究》2019 年第 1 期。

63. 胡玉鸿：《个人社会性的法理分析》，载《法制与社会发展》2008 年第 1 期。

64. 丁晓东：《个人信息的双重属性与行为主义规制》，载《法学家》2020 年第 1 期。

65. 程关松：《个人信息保护的中国权利话语》，载《法学家》2019 年第 5 期。

66. 张新宝：《从隐私到个人信息：利益再衡量的理论与制度安排》，载《中国法学》2015 年第 3 期。

67. 郑飞、李思言：《大数据时代的权利演进与竞合：从隐私权、个人信息权到个人数据权》，载《上海政法学院学报（法治论丛）》2021 年第 5 期。

68. 林爱珺、蔡牧：《大数据中的隐私流动与个人信息保护》，载《现代传播（中国传媒大学学报）》2020 年第 4 期。

69. 王利明：《论个人信息权的法律保护——以个人信息权与隐私权的界分为中心》，载《现代法学》2013 年第 4 期。

70. 梅夏英：《在分享和控制之间 数据保护的私法局限和公共秩序构建》，载《中外法学》2019 年第 4 期。

71. 程啸：《论大数据时代的个人数据权利》，载《中国社会科学》2018 年第 3 期。

72. 梅夏英：《数据的法律属性及其民法定位》，载《中国社会科学》2016 年第 9 期。

73. 吴秀尧：《互联网定向广告的法律规制：一个比较法的视角》，载《广东社会科学》2019 年第 3 期。

74. 孙方江：《跨境数据流动：数字经济下的全球博弈与中国选择》，载《西南金融》2021 年第 1 期。

75. 胡凌：《人工智能视阈下的网络法核心问题》，载《中国法律评论》2018 年第 2 期。

76. 杨立新：《个人信息：法益抑或民事权利——对〈民法总则〉第 111 条规定的"个人信息"之解读》，载《法学论坛》2018 年第 1 期。

77. 高富平、尹腊梅：《数据上个人信息权益：从保护到治理的范式转变》，载《浙江社会科学》2022 年第 1 期。

78. 凌霞：《安全价值优先：大数据时代个人信息保护的法律路径》，载《湖南社会科学》2021 年第 6 期。

79. 叶名怡：《论个人信息权的基本范畴》，载《清华法学》2018 年第 5 期。

80. 戴龙：《论数字贸易背景下的个人隐私权保护》，载《当代法学》2020 年第 1 期。

81. 刘宏松、程海烨：《跨境数据流动的全球治理——进展、趋势与中国路径》，载《国际展望》2020 年第 6 期。

82. 张继红、文露：《美国〈加州隐私权法案〉评述》，载《中国信息安全》2021年第3期。

83. 王叶刚：《网络隐私政策法律调整与个人信息保护：美国实践及其启示》，载《环球法律评论》2020年第2期。

84. 赵海乐：《数字贸易谈判背景下的个人信息保护行业自律规范构建研究》，载《国际经贸探索》2021年第12期。

85. 任文倩：《德国〈联邦数据保护法〉介绍》，载《网络法律评论》2016年第1期。

86. 刘云：《欧洲个人信息保护法的发展历程及其改革创新》，载《暨南学报（哲学社会科学版）》2017年第2期。

87. 于浩：《我国个人数据的法律规制——域外经验及其借鉴》，载《法商研究》2020年第6期，第146页。

88. 邓灵斌：《日本跨境数据流动规制新方案及中国路径——基于"数据安全保障"视角的分析》，载《情报资料工作》2022年第1期。

89. 张红：《大数据时代日本个人信息保护法探究》，载《财经法学》2020年第3期。

90. 马芳：《美欧跨境信息〈安全港协议〉的存废及影响》，载《中国信息安全》2015年第11期。

91. 刘碧琦：《美欧〈隐私盾协议〉评析》，载《国际法研究》2016年第6期。

92. 洪延青：《推进"一带一路"数据跨境流动的中国方案——以美欧范式为背景的展开》，载《中国法律评论》2021年第2期。

93. 时业伟：《跨境数据流动中的国际贸易规则：规制、兼容与发展》，载《比较法研究》2020年第4期。

94. 谢登科：《论数据跨境流动的安全与自由原则》，载《中国信息安全》2021年第5期。

95. 胡文涛：《我国个人敏感信息界定之构想》，载《中国法学》2018年第5期。

96. 程啸：《论我国个人信息保护法中的个人信息处理规则》，载《清华法学》2021年第3期。

97. 陈林林、严书元：《论个人信息保护立法中的平等原则》，载《华东政法大学学报》2021年第5期。

98. 丁晓东：《论个人信息法律保护的思想渊源与基本原理——基于"公平信息实践"的分析》，载《现代法学》2019年第3期。

99. 程啸：《论个人信息处理者的告知义务》，载《上海政法学院学报（法治论丛）》2021年第5期。

100. 丁晓强：《个人数据保护中同意规则的"扬"与"抑"——卡-梅框架视域下的规则配置研究》，载《法学评论》2020年第4期。

101. 田野：《大数据时代知情同意原则的困境与出路——以生物资料库的个人信息保护为例》，载《法制与社会发展》2018年第6期。

102. 蔡培如、王锡锌：《论个人信息保护中的人格保护与经济激励机制》，载《比较法研究》2020年第1期。

103. 万方：《个人信息处理中的"同意"与"同意撤回"》，载《中国法学》2021年第1期。

104. 孙莹：《大规模侵害个人信息高额罚款研究》，载《中国法学》2020年第5期。

105. 程啸：《论个人信息处理中的个人同意》，载《环球法律评论》2021年第6期。

106. 李群涛、高富平：《信息主体同意的适用边界》，载《财经法学》2022年第1期。

107. 孙清白：《敏感个人信息保护的特殊制度逻辑及其规制策略》，

载《行政法学研究》2022 年第 1 期。

108. 赵祖斌：《从静态到动态：场景理论下的个人信息保护》，载《科学与社会》2021 年第 4 期。

109. 彭錞：《论国家机关处理个人信息的合法性基础》，载《比较法研究》2022 年第 1 期。

110. 洪延青：《数据竞争的美欧战略立场及中国因应——基于国内立法与经贸协定谈判双重视角》，载《国际法研究》2021 年第 6 期。

111. 彭岳：《数据本地化措施的贸易规制问题研究》，载《环球法律评论》2018 年第 2 期。

112. 本刊编辑部：《第五届世界互联网大会开幕 习近平向大会致贺信》，载《中国信息安全》2018 年第 11 期。

113. 汤霞：《数据安全与开放之间：数字贸易国际规则构建的中国方案》，载《政治与法律》2021 年第 12 期。

114. 阙天舒、王子玥：《数字经济时代的全球数据安全治理与中国策略》，载《国际安全研究》2022 年第 1 期。

115. 陈兵、胡珍：《数字经济下统筹数据安全与发展的法治路径》，载《长白学刊》2021 年第 5 期。

116. 韩洪灵、陈帅弟、刘杰、陈汉文：《数据伦理、国家安全与海外上市：基于滴滴的案例研究》，载《财会月刊》2021 年第 15 期。

117. 阙天舒、李虹：《网络空间命运共同体：构建全球网络治理新秩序的中国方案》，载《当代世界与社会主义》2019 年第 3 期。

118. 陈少威、贾开：《跨境数据流动的全球治理：历史变迁、制度困境与变革路径》，载《经济社会体制比较》2020 年第 2 期。

119. 冯俊伟：《数据跨境的治理应重视整体考量》，载《中国信息安全》2021 年第 5 期。

120. 赵骏：《"一带一路"数字经济的发展图景与法治路径》，载《中国法律评论》2021年第2期。

121. 洪延青：《"法律战"旋涡中的执法跨境调取数据：以美国、欧盟和中国为例》，载《环球法律评论》2021年第1期。

122. 梁坤：《基于数据主权的国家刑事取证管辖模式》，载《法学研究》2019年第2期。

123. 唐彬彬：《跨境电子数据取证规则的反思与重构》，载《法学家》2020年第4期。

124. 王晓宁：《移动社交APP隐私政策的合规性研究——基于20例隐私政策文本的内容分析》，载《网络安全技术与应用》2022年第1期。

125. 高秦伟：《个人信息保护中的企业隐私政策及政府规制》，载《法商研究》2019年第2期。

126. 梅傲、侯之帅：《互联网企业跨境数据合规的困境及中国应对》，载《中国行政管理》2021年第6期。

127. 冯洋：《从隐私政策披露看网站个人信息保护——以访问量前500的中文网站为样本》，载《当代法学》2019年第6期。

128. 孔庆江、于华溢：《数据立法域外适用现象及中国因应策略》，载《法学杂志》2020年第8期。

129. ［日］龟井卓也：《5G时代：生活方式和商业模式的大变革》，田中景译，浙江人民出版社2020年版。

130. ［德］贡塔·托依布纳：《宪法的碎片：全球社会宪治》，陆宇峰译，中央编译出版社2016年版。

131. ［美］劳伦斯·莱斯格：《代码2.0：网络空间中的法律》（修订版），李旭、沈伟伟译，清华大学出版社2018年版。

132. 中共中央马克思恩格斯列宁斯大林著作编译局编译：《马克思恩

格斯文集》(第1卷),人民出版社2009年版。

133. 丁晓东:《个人信息保护:原理与实践》,法律出版社2021年版。

134. 高龙英、张晓霞:《域外数据安全法律制度》,载《人民法院报》2021年8月27日,第8版。

135. 张新宝:《尊重网络主权 发扬伙伴精神》,载《人民日报》2018年6月4日,第16版。

136. 习近平:《在第二届世界互联网大会开幕式上的讲话》,载《人民日报》2015年12月17日,第2版。

137. 上海社会科学院互联网研究中心:《全球数据跨境流动政策与中国战略研究报告(2019年)》。

138. 阿里研究院:《数据生产力崛起:新动能 新治理》。

139. 中国软件评测中心:《企业数据合规白皮书(2021年)》。

140. 2019年G20《大阪数字经济宣言》。

141. B. L. Cohn, "Data Governance: A Quality Imperative in the Era of Big Data, Open Data and Beyond", *ISJLP*, 2014, 10.

142. J. P. Barlow, "A Declaration of the Independence of Cyberspace", *Duke L. & Tech. Rev.*, 2019, 18.

143. Manuel Castells, *The Rise of the Network Society*, Wiley-Blackwell, 2010.

144. J. Goldsmith, "The Internet and the Abiding Significance of Territorial Sovereignty", *Indiana Journal of Global Legal Studies*, 1998, 5.

145. D. R. Johnson, D. Post, "Law and Borders: The Rise of Law in Cyberspace", *Stanford Law Review*, 1996, 48.

146. A. K. Woods, "Litigating Data Sovereignty", *The Yale Law Journal*,

2018, 128.

147. John Selby, "Data Localization Law: Trade Barriers or Legitimate Responses to Cybersecurity Risk, or Both?", *International Journal of Law and Information Technology*, 2017, 3.

148. W. A. Dunning, "Jean Bodin on Sovereignty", *Political Science Quarterly*, 1896, 1.

149. J. P. Trachtman, "Cyberspace, Sovereignty, Jurisdiction, and Modernism", *Indiana Journal of Global Legal Studies*, 1998, 5.

150. C. Kuner, "Data Nationalism and Its Discontents", *Emory L. J. Online*, 2014, 64.

151. D. C. Andrews, J. M. Newman, "Personal Jurisdiction and Choice of Law in the Cloud", *Md. L. Rev.*, 2013, 73.

152. Andrew Keane Woods, "Against Data Exceptionalism", *Stan. L. Rev.*, 2016, 68.

153. A. David, "Hoffman, Schrems II and TikTok: Two Sides of the Same Coin", *N. C. J. L. & Tech.*, 2021, 22.

154. S. Wachter, B. Mittelstadt, "A Right to Reasonable Inferences: Rethinking Data Protection Law in the Age of Big Data and AI", *Colum. Bus. L. Rev.*, 2019, 2.

155. A. Callahan-Slaughter, "Lipstick on a Pig: The Future of Transnational Data Flow between the EU and the United States", *Tul. J. Int'l & Comp. L.*, 2016, 25.

156. G. Drake, "Navigating the Atlantic: Understanding EU Data Privacy Compliance Amidst a Sea of Uncertainty", *S. Cal. L. Rev.*, 2017, 91.

157. Roxana Vatanparast, "Data Governance and the Elasticity of Sover-

eignty", *Brooklyn Journal of International Law*, 2020, 46.

158. S. D. Krasner, *Sovereignty*, Princeton University Press, 1999.

159. Michael N. Schmitt ed., *Tallinn Manual 2.0 on the International Law Applicable to Cyber Operations*, Cambridge University Press, 2017.

160. M. V. Yazdi, "The Digital Revolution and the Demise of Democracy", *Tul. J. Tech. & Intell. Prop.*, 2021.

161. R. Broadhurst, "Developments in the Global Law Enforcement of Cyber-crime", *Policing: An International Journal of Police Strategies & Management*, 2006, 29 (3).

162. M. Burri, "The Regulation of Data Flows Through Trade Agreements", *Geo. J. Int'l L.*, 2016, 48.

163. Samuel D. Warren, and Louis D. Brandeis, "The Right to Privacy", *Harvard Law Review*, 1890, 4 (5).

164. A. Acquisti, C. Taylor, L. Wagman, "The Economics of Privacy", *Journal of Economic Literature*, 2016, 54 (2).

165. S. Viljoen, "A Relational Theory of Data Governance", *Yale L. J.*, 2021, 131.

166. J. E. Stiglitz, "The Contributions of the Economics of Information to Twentieth Century Economics", *The Quarterly Journal of Economics*, 2000, 115 (4).

167. C. I. Jones, C. Tonetti, "Nonrivalry and the Economics of Data", *American Economic Review*, 2020, 110 (9).

168. J. Wilson, D. Herron, P. Nachev, et al., "The Value of Data: Applying a Public Value Model to the English National Health Service", *Journal of Medical Internet Research*, 2020, 22 (3).

169. Paul B. C. van Erp, Victor L. Knoop, Serge P. Hoogendoorn, "On the Value of Relative Flow Data", *Transportation Research Procedia*, 2019, 38.

170. J. Bambauer, "Is Data Speech?", *Stanford Law Review*, 2014, 66.

171. P. M. Schwartz, D. J. Solove, "Reconciling Personal Information in the United States and European Union", *Calif. L. Rev.*, 2014, 102.

172. B. Barry, *Political Argument (Routledge Revivals)*, Routledge, 2010.

173. F. E. Oppenheim, "II. Self-Interest and Public Interest", *Political Theory*, 1975, 3 (3).

174. N. M. Richards, D. J. Solove, "Prosser's Privacy Law: A Mixed Legacy", *Calif. L. Rev.*, 2010, 98.

175. J. Brookman, "Protecting Privacy in an Era of Weakening Regulation", *Harv. L. & Pol'y Rev.*, 2015, 9.

176. A. D. Miyazaki, S. Krishnamurthy, "Internet Seals of Approval: Effects on Online Privacy Policies and Consumer Perceptions", *Journal of Consumer Affairs*, 2002, 36 (1).

177. D. Peterson, D. Meinert, J. Criswell, et al., "Consumer Trust: Privacy Policies and Third-party Seals", *Journal of Small Business and Enterprise Development*, 2007, 14 (4).

178. K. A. Bamberger, D. K. Mulligan, "Privacy in Europe: Initial Data on Governance Choices and Corporate Practices", *Geo. Wash. L. Rev.*, 2013, 81.

179. P. M. Schwartz, K. N. Peifer, "Transatlantic Data Privacy Law", *Geo. L. J.*, 2017, 106.

180. J. Q. Whitman, "The Two Western Cultures of Privacy: Dignity Ver-

sus Liberty", *Yale L. J.*, 2003, 113.

181. K. A. Houser, W. G. Voss, "GDPR: The End of Google and Facebook or a New Paradigm in Data Privacy", *Rich. J. L. & Tech.*, 2018.

182. R. R. Schriver, "You Cheated, You Lied: The Safe Harbor Agreement and Its Enforcement by the Federal Trade Commission", *Fordham L. Rev.*, 2001, 70.

183. J. M. Fromholz, "The European Union Data Privacy Directive", *Berk. Tech. L. J.*, 2000, 15.

184. E. Fahey, F. Terpan, "Torn between Institutionalisation & Judicialisation: The Demise of the EU – US Privacy Shield", *Ind. J. Global Legal Stud.*, 2021, 28.

185. D. E. O'Leary, S. Bonorris, W. Klosgen, et al., "Some Privacy Issues in Knowledge Discovery: The OECD Personal Privacy Guidelines", *IEEE Expert*, 1995, 10 (2).

186. R. Adlung, "The Trade in Services Agreement (TiSA) and Its Compatibility with GATS: An Assessment Based on Current Evidence", *World Trade Review*, 2015, 14 (4).

187. A. Etzioni, "A Cyber Age Privacy Doctrine: More Coherent, Less Subjective, and Operational", *Brooklyn Law Review*, 2015, 80 (4).

188. H. Nissenbaum, "Privacy as Contextual Integrity", *Wash. L. Rev.*, 2004, 79.

189. C. Rose, "The Comedy of the Commons: Custom, Commerce, and Inherently Public Property", *The University of Chicago Law Review*, 1986, 53 (3).

190. G. C. Shaffer, M. A. Pollack, "Hard vs. Soft Law: Alternatives,

Complements, and Antagonists in International Governance", *Minn. L. Rev.*, 2009, 94.

191. T. Marzano, "Regulatory Responses to Data Privacy Crises and Their Ongoing Impact on E-Discovery", *Global Bus. L. Rev.*, 2021, 9.

192. P. J. Bruening, M. J. Culnan, "Through a Glass Darkly: From Privacy Notices to Effective Transparency", *NCJL & Tech.*, 2016, 17.

193. K. Pistor, "Rule by Data: The End of Markets?", *Law & Contemp. Probs.*, 2020, 83.

194. European Parliamentary Research Service, Digital Sovereignty for Europe, 2020.

195. Global Business Policy Council, Competing in an Age of Digital Disorder, 2019.

196. Aaditya Mattoo & Joshua P. Meltzer, "International Data Flows and Privacy: The Conflict and Its Resolution", World Bank Group, May 2018.

197. C. Kuner, "Regulation of Transborder Data Flows under Data Protection and Privacy Law: Past, Present and Future", OECD Digital Economy Papers, 2011.

198. Nigel Cory and Robert D. Atkinson, "Financial Data Does Not Need or Deserve Special Treatment in Trade Agreement", Information Technology and Innovation Foundation Report, April 2016.

199. Nigel Cory, Robert D. Atkinson, Daniel Castro, "Principles and Policies for 'Data Free Flow With Trust'", 2019, available at https://www.researchgate.net/publication/333825811_Principles_and_Policies_for_Data_Free_Flow_With_Trust.

200. European Commission, Communication from the Commission to the

European Parliament, the Council, the European Economic and Social Committee and the Committee of the Regions, a European Strategy for Data, Brussels, 19.2.2020, Com (2020) 66 Final.

201. G20 Ministerial Statement on Trade and Digital Economy, June 9, 2019.

202. OECD Privacy Guidelines 1980.

203. APEC Privacy Framework 2005.

204. World Economic Forum, Rethinking Personal Data: A New Lens for Strengthening Trust, 2014.

205. 刘云:《健全数据分级分类规则,完善网络数据安全立法》,载 http://www.cac.gov.cn/2020-09/28/c_1602854536494247.htm。

206.《中华人民共和国服务贸易具体承诺减让表》"B. 计算机及其相关服务",载 http://www.gov.cn/gongbao/content/2017/content_5168131.htm。

207.《网络主权:理论与实践(2.0版)》,载 http://www.cac.gov.cn/2020-11/25/c_1607869924931855.htm。

208. McKinsey Global Institute, "Digital Globalization: The New Era of Global Flows", 2016, available at https://www.mckinsey.com/business-functions/mckinsey-digital/our-insights/digital-globalization-the-new-era-of-global-flows.

209. Hillary Rodham Clinton, "Remarks on Internet Freedom", available at https://2009-2017.state.gov/secretary/20092013clinton/rm/2010/01/135519.htm.

210. Joseph S. Nye, "Cyber Power", Belfer Center for Science and International Affairs, Harvard Kennedy School, May 2010, available at https://

www. belfercenter. org/sites/default/files/legacy/files/cyber-power. pdf.

211. Ursula von der Leyen, "Shaping Europe's Digital Future: Op-ed by Ursula von der Leyen, President of the European Commission", available at https://ec. europa. eu/commission/presscorner/detail/es/AC_20_260.

212. Carla Hobbs, "Europe's Digital Sovereignty: From Rulemaker to Superpower in the Age of US-China Rivalry", European Council on Foreign Relations, available at https://ecfr. eu/publication/europe_digital_sovereignty_rulemaker_superpower_age_us_ china_rivalry/.

213. http://ivo. garant. ru/#/document/70648932/paragraph/1: 0.

214. http://www. kremlin. ru/acts/bank/38728.

215. Personal Data Protection Bill, 2018 Draft Text, available at https://prsindia. org/files/bills_acts/bills_parliament/1970/Draft%20Personal%20Data%20Protection%20Bill,%202018%20Draft%20Text. pdf.

216. European Commission, "General Data Protection Regulation Shows Results, But Work Needs to Continue", available at https://ec. europa. eu/commission/presscorner/detail/en/IP_19_4449.

217. Norton Rose Fulbright, "Schrems II Landmark Ruling: A Detailed Analysis", available at https://www. nortonrosefulbright. com/en-jp/knowledge/publications/ad5f304c/schrems-ii-landmark-ruling-a-detailed-analysis.

218. Oliver Patel, Nathan Lea, "EU-U. S. Privacy Shield, Brexit and the Future of Transatlantic Data Flows", available at https://iapp. org/resources/article/eu-u-s-privacy-shield-brexit-and-the-future-of-transatlantic-data-flows/.

219. European Commission, "European Commission Calls on the U. S. to Restore Trust in EU-U. S. Data Flows", available at https://ec. europa. eu/

commission/presscorner/detail/en/IP_13_1166.

220. INTERPOL, "Innovation to Beat Cybercrime Acceleration the Theme of 2021 Europol-INTERPOL Cybercrime Conference", available at https://www.interpol.int/News-and-Events/News/2021/Innovation-to-beat-cybercrime-acceleration-the-theme-of-2021-Europol-INTERPOL-Cybercrime-Conference.

221. UNCTAD, "Data Protection Regulations and International Data Flows: Implications for Trade and Development", available at https://unctad.org/webflyer/data-protection-regulations-and-international-data-flows-implications-trade-and.

222. "Data Protection Law: An Overview", available at https://crsreports.congress.gov/product/pdf/R/R45631.

223. Alan Charles Raul, "The Privacy, Data Protection and Cybersecurity Law Review: USA", available at https://thelawreviews.co.uk/title/the-privacy-data-protection-and-cybersecurity-law-review/usa.

224. OECD, Declaration on Transborder Data Flows, available at https://www.oecd.org/sti/ieconomy/declarationontransborderdataflows.htm.

225. Echo Wang, Jonathan Stempel, "TikTok Sues Trump Administration over U.S. Ban, Calls It an Election Ploy", available at https://www.reuters.com/article/us-usa-china-tiktok-lawsuit-idUSKBN25K1SH.

226. Clarifying Lawful Overseas Use of Data Act, Section 5, Executive Agreements on Access to Data by Foreign Governments § 2523.

227. Privacy Act of 1974.

228. Freedom of Information Act.

229. Federal Trade Commission Act.

230. California Consumer Privacy Act of 2018.

231. European Treaty Series-No. 108, Convention for the Protection of Individuals with Regard to the Automatic Processing of Personal Data.

232. Directive 95/46/EC of the European Parliament and of the Council on the Protection of Individuals with Regard to the Processing of Personal Data and on the Free Movement of Such Data.

233. Personal Information Protection Commission, Amended Act on the Protection of Personal Information, available at https://www.ppc.go.jp/en/legal/.

234. KORUS FTA.

235. Comprehensive Economic and Trade Agreement (CETA) between Canada, of the one part, and the European Union and its Member States.

236. EU-South Korea FTA.

237. TiSA, Annex on Electronic Commerce.

238. Brazilian General Data Protection Law.

第四章
国际经贸视域下数据跨境流动治理研究

一、国际经贸视域下数据跨境流动规则的发展沿革

（一）多边层面数据跨境流动规则的演变

多边层面数据跨境流动治理规则的讨论主要聚焦 WTO 框架对数据流动规则议题的建构和设置。有学者认为 WTO 是设置数据跨境流动管理规则的最优平台，因为世界上大多数国家和地区都是 WTO 的成员方，而且 WTO 规则是透明且可争辩的，并随着技术、市场和政治条件的变化而灵活调整。[1] WTO 的前身《关税与贸易总协定》（General Agreement on Tariffs and Trade, GATT）是开启贸易自由化的重要制度体系，伴随着电子计算机和计算机网络的快速发展，数据访问和传输逐渐成为跨国商贸必不可少的环节。在此，联合国层面关于全球

---

[1] S. A. Aaronson, P. Leblond, "Another Digital Divide: The Rise of Data Realms and Its Implications for the WTO", *Journal of International Economic Law*, 2018, 21 (2), p. 251.

贸易和发展的议事组织机构率先行动，电子商务[1]相关立法也开始成为联合国国际贸易法委员会（United Nations Commission on International Trade Law，UNCITRAL）关注的对象。UNCITRAL 于 1984 年向联合国提交了《自动数据处理的法律问题》的报告，在一些学者来看这揭开了电子商务国际立法的序幕。[2] 1985 年，UNCITRAL 向各国政府和国际组织提出《关于计算机记录的法律价值的建议》，建议它们在各自权限范围内审查与自动数据处理有关的规则，以消除国际贸易中不必要的障碍，有学者认为这是电子商务相关规则国际化形成的起点，国际数字贸易规则发端于此，同时它对后续国际层面统一协调国际商业交往中数据交换和数据处理等规则具有开创性意义。[3] 由于网络技术发展的速度相对缓慢，早期的电子商务立法主要是围绕电子数据交换（Electronic Data Interchange，EDI）规则的制定而展开。此时美欧两地网络贸易数据的标准不一样，联合国为了弥合不同标准的差异，减少数据跨境交换和传输的阻碍，着手建立世界范围统一的 EDI 标准。从 20 世纪 90 年代开始，联合国先后制定了《联合国行政商业运输电子数据交换规则》《电子数据交换处理统一规则》等文件。1993

---

〔1〕 电子商务着眼于互联网平台的贸易交往和服务提供，而数字贸易侧重于数字化方式传输内容和提供服务，二者内涵有一定区别，但本书不进行具体的讨论和严格区分。

〔2〕 沈根荣：《国际电子商务立法的发展进程及特点》，载《国际商务研究》2000 年第 2 期。

〔3〕 张亮、李靖：《国际数字贸易规则：主要进展、现实困境与发展进路》，载《学术研究》2023 年第 8 期。

年 UNCITRAL 电子交换工作组审议通过的《电子数据交换及贸易数据通讯有关手段法律方面的统一规则草案》则形成了国际 EDI 的法律基础。

WTO 自成立之初就认识到全球电子商务是全球贸易未来发展的新机遇。WTO 于 1998 年在第二届部长级会议上发表《全球电子商务宣言》，电子商务成为正式议题。《全球电子商务宣言》试图建立一个全面性的工作项目对电子商务发展过程中遇到的贸易相关的问题进行深入研究。《全球电子商务宣言》为了使得各成员方的权利义务不受到损害，并考虑经济、金融和发展中国家的发展需求等因素，宣布"维持不对电子传输的交易征收关税的做法"。同时 WTO 总理事会通过《电子商务工作计划》，WTO 总理事会下属的服务贸易理事会和货物贸易理事会等机构逐渐把电子商务相关议题引入更加广泛的讨论平台，如 WTO 现行规则对数字贸易的适用、数字贸易的关税等问题都进入了 WTO 部长级会议的讨论范围。然而，受到"多哈发展回合"谈判僵局的影响，WTO 成员方在数字贸易治理的问题上出现严重分歧，《电子商务工作计划》推动的贸易讨论一直没有实质性成果。有学者指出 WTO 无法就电子商务相关议题达成共识是因为从发展中经济体的视角来看，数字贸易新规则压缩了国内政策的自主性空间。[1] 同时，因为发达

---

[1] Yasmin Ismail, "E-commerce in the World Trade Organization: History and Latest Developments in the Negotiations under the Joint Statement", 2020, available at https://www.iisd.org/publications/report/e-commerce-world-trade-organization-history-and-latest-developments.

国家和发展中国家数字经济发展程度不同,并且融入全球化的程度也不同,因而就会产生不同的数字贸易发展诉求,加上文化传统和民族心理也存在巨大差异,数字贸易治理规则立场表达的冲突和矛盾就很难避免。[1]

1998年以来,WTO收到了成员方提交的超过200份关于电子商务的提案,虽然WTO电子商务工作组不是一个正式协商谈判的论坛,但其中产生的数字贸易规则建议对成员方内部数字贸易治理规则的制定具有引领性作用。2017年12月,在阿根廷举行的WTO部长级会议上,包括中国、美国和欧盟在内的70多个WTO成员方共同发布了《电子商务联合声明》,其中包括同意"共同启动探索性工作,争取未来WTO电子商务贸易相关方面的谈判",[2] WTO框架内的电子商务诸边谈判工作重新启动。在2019年达沃斯电子商务非正式部长级会议上,中国、美国、欧盟、澳大利亚等76个成员方同意在WTO层面启动电子商务议题的谈判,并签署《关于电子商务的联合声明》。2022年WTO第十二届部长级会议同意重振电子商务工作计划下的工作,特别是从发展方面强调暂时对电子传输免征关税的讨论,包括暂停对电子传输征收关税的范围、含义和影响等内容。[3] 现行WTO规制电子商务的框架存在规

---

[1] 周念利、李玉昊:《全球数字贸易治理体系构建过程中的美欧分歧》,载《理论视野》2017年第9期。

[2] WTO Joint Statement on Electronic Commerce, WT/L/1056, 25 January 2019.

[3] Ministerial Conference Twelfth Session, Work Programme on Electronic Commerce, WT/MIN (22) /32, 22 June 2022.

则滞后和适用性不强等问题,[1]而 WTO 层面关于电子商务谈判的近期成果主要集中于成员方提交的具体条文建议,通过梳理不同成员方的议案,我们可以发现不同成员方理念和诉求的异质性特征。

1. WTO 现有贸易规则对电子商务的规制适用

WTO 现行贸易规则主要形成于乌拉圭回合谈判,当时的数字贸易并没有像现在一样如日中天,数字技术的发展处于早期阶段,很少有人能预测到数字技术的创新突破会对贸易结构产生全方位影响,WTO 贸易规则也没有针对数字贸易或数据跨境流动的专门协定。但数字贸易涉及无形的数字产品和数字服务等内容,对与数字技术相关的硬件设备和软件服务,现有的货物贸易协定和服务贸易协定均有涉及。此外,WTO 框架下的其他协定也与数字贸易相关。《与贸易有关的知识产权协定》(Agreement on Trade-Related Aspects of Intellectual Property Rights, TRIPs)中的纪律和义务也会影响数字平台和服务,WTO 协定附件《技术性贸易壁垒协定》(Agreement on Technical Barriers to Trade, TBT)中的技术规定和标准可能对电信和宽带网络、数据存储等产生影响,《海关估价协定》(Agreement on Customs Valuation)、《进口许可程序协定》(Agreement on Import Licensing Procedures)和《卫生与植物检疫标准协定》(Agreement on the Application of Sanitary and Phytosanitary

---

[1] 石静霞:《数字经济背景下的 WTO 电子商务诸边谈判:最新发展及焦点问题》,载《东方法学》2020 年第 2 期。

Measures，SPS）等都可能对数字贸易产生影响。WTO 框架下与数字贸易有较强联系的协定则是 GATS。该协定把"服务贸易"界定为"跨境提供""境外消费""商业存在"和"自然人存在"四种形式，这四种形式都或多或少与电子商务相关联。GTAS 的核心是市场准入及《具体承诺表》，WTO 成员在 GATS 项下的义务体现在其所做的《具体承诺表》，多数承诺表包括涉及电子商务的服务业，其中包括数据处理相关服务。如果 WTO 成员未进行明确排除，则其所做的具体承诺延伸至通过电子方式提供的服务。但如何界定电子数据为载体的服务类型，实践中很多成员方通过不同的解释方法来逃避 GATS 的义务约束，如欧盟就经常将其想要监管和限制的服务归类为视听服务（audiovisual services），因为欧盟并没有对视听服务类别做出任何具体的市场准入承诺，故而就可以采取相应的限制措施进行管理。[1]

WTO 协定及其附件的技术中立原则虽然可以涵盖新的技术形式，但是其规定相对比较滞后，对数字产品的内涵界定比较模糊，同时市场准入谈判进程缓慢，所以成员方对数据跨境流动产生限制的相关贸易措施是否违反 WTO 义务承诺并不能得到相对清晰的解answer。[2] 例如 WTO 并没有赋予数字贸易法律的相关含义，电子产品贸易和通过电子方式提供的相关服务是

---

[1] 许多奇：《治理跨境数据流动的贸易规则体系构建》，载《行政法学研究》2022 年第 4 期。

[2] 汤霞：《WTO 数字贸易国际规则制定的最新态势及中国因应》，载《大连理工大学学报（社会科学版）》2023 年第 6 期。

否可以完全适用 GATS 予以规制尚没有定论。虽然"美国博彩案"和"中国出版物及音像制品案"等相关案件的裁决方通过目的解释和演化解释方法果断将 GATS 规则适用于跨境电子交付，一定程度缓解了 WTO 规则对数字贸易"规范缺位"的适用困境。但 WTO 本身缺乏对数字贸易明确的关联规则和解释标准，没有及时跟上数字贸易发展的步伐，存在局限性和滞后性，加上 WTO 数字贸易议题谈判困难重重，争端解决机制陷入僵局，WTO 具体数字贸易规则的谈判难以达成有效共识。

2. WTO 电子商务谈判的最新成果和不同立场

如前所述，2019 年，76 个 WTO 成员方共同签署《关于电子商务的联合声明》，开始启动与贸易有关的电子商务谈判，并"鼓励尽可能多的 WTO 成员方加入，进一步增强电子商务为商业、消费者和全球经济带来的福祉"[1]。WTO 启动有关电子商务议题的谈判标志着数字贸易成为 WTO 现代化改革的重要领域。截止到 2023 年 11 月，WTO 成员方已提交 80 多份提案，不同成员方的提案范围不一，关于数字贸易规则的立场和态度各异。

以美国为代表的提案倡导全面自由的数字贸易规则。美国的数字技术力量强大，它积极推动 WTO 电子商务谈判朝着更加开放和自由的方向进行，尽可能降低数据跨境流动的障碍和限制，其提案内容包括自由的数据跨境流动、禁止数据本地

---

[1] WTO, Joint Statement on Electronic Commerce, WT/L/1056, 25 January 2019, p. 1.

化、禁止网页拦截、数字产品免关税和非歧视待遇、保护源代码、禁止强制技术转让、加密技术、促进互联网服务、竞争性电信市场以及低值免税额等。[1] 美国竭力主张最大程度的数据跨境自由流动是为了破除各种数字关税和非关税壁垒，进而支撑并扩张美国在数据服务贸易和全球数字经济中的相对优势。

以欧盟为代表的提案强调以数据隐私保护为重点的高标准数字贸易规则。相较于美国，欧盟在全球数字贸易领域优势并不突出，对于数字贸易发展和数据跨境流动的规制呈现出弱开放的立场，[2] 其提案主要有：首先，营造促进电子商务发展又保护消费者隐私的贸易环境，包括基于电子合同的线上交易，提高线上交易真实性、完整性和隐私性的电子认证和信任服务（电子签名、电子印章、电子邮戳、电子送货服务和网站验证等）、防止欺诈提高透明度的消费者保护措施、减少未经请求的电子商业讯息、线上电子服务的事先授权、电子传输关税暂停征收。[3] 其次，探索性地开展 WTO 电信服务规则的修改工作，包括对电信行业有效且透明的监管、确保电信市场的有效竞争、强化供应商的法律确定性和可预估性、打造开放且

---

[1] WTO, Communication from the United States, Joint Statement on Electronic Commerce Initiative, INF/ECOM/5, 25 March 2019, pp. 1-4.

[2] 盛斌、陈丽雪：《多边贸易框架下的数字规则：进展、共识与分歧》，载《国外社会科学》2022 年第 4 期。

[3] WTO, Communication from European Union, Joint Statement on Electronic Commerce, Establishing an Enabling Environment for Electronic Commerce, INF/ECOM/10, 16 May 2018, pp. 1-4.

中立的网络环境、构建电信服务的安全网。[1] 最后，提交具体电子商务谈判建议的文本草案，在文本草案中欧盟竭力主张个人数据隐私是一项基本权利，任何数据跨境流动的纪律和承诺都不能影响个人数据隐私保护。此外，欧盟还坚持保留决定和执行文化和视听产品政策的自主性，并为了保护文化多样性，继续不对视听服务做出承诺。[2] 欧盟的提案虽然对数字贸易市场的开放提出了更高的要求和标准，但并没有达到美国提案所期望的强开放的数据流动自由程度，个人数据隐私保护成为欧盟数据跨境流动规制的底线，为自身保留了相当的规制空间。

以中国和俄罗斯为代表的提案侧重于改善数据贸易营商环境。中国在2019年4月上交的提案的原则性和主旨性较强，并没有具体的条文建议，但表明了我国对数字贸易发展方向的立场和目标。中国认为WTO关于数字贸易的协商谈判应发挥数字贸易的巨大潜力，帮助发展中国家和最不发达国家成员融入全球价值链，弥合数字鸿沟，抓住发展机遇，共同受惠于包容性的数字贸易环境。WTO电子商务诸边谈判应补充WTO其他相关领域的讨论，这种协商和谈判过程应有利于WTO多边贸易体系，它的目标应该是在发展层面上充分考虑发展中国家

---

[1] WTO, Communication from European Union, Joint Statement on Electronic Commerce, INF/ECOM/13, 12 July 2018, pp. 1-4.

[2] WTO, Communication from the European Union, Joint Statement on Electronic Commerce - EU Proposal for WTO Disciplines and Commitments Relating to Electronic Commerce, INF/ECOM/22, 26 April 2019, pp. 1-9.

面临的困难和挑战,尤其包括那些尚未加入讨论的最不发达国家。而 2019 年 9 月中国上交的提案则相对具体,主要关注电子商务相关政策的待遇性问题,并就相关通信技术产品和电子服务提出具体要求,其内容包括:一是强调贸易政策的改善,要让中小微型企业在数字贸易国际市场上获得直接的机会,贸易便利化措施和配套支持服务应该贯彻非歧视和透明度原则;二是落实贸易便利化协定,推进贸易便利化电子数据清关、电子支付关税、边境仓库和保税区、区域配送中心、低风险货物快速通关和集体通关清除;三是呼吁各成员方跟进改善其电子商务相关承诺。[1] 因为中国电子商务发展迅猛,同时强大的物流服务能力能够进一步助力发展中国家成员的电子商务能力建设,例如中国支付宝提供的电子支付服务和顺丰的物流速运服务可以解决发展中国家在尝试发展电子商务时遇到的电子商务平台缺失、物流网络缓慢以及买卖双方无法电子支付转账等切实的问题。中国企业目前在平台提供、物流建设和电子支付方面处于世界领先位置,这也是中国在后续提案中倡议各成员要为电子商务工作人员入境和驻留提供便利并加强电子商务相关网络基础设施建设的重要原因。同样,俄罗斯提案也相对比较审慎,并关注电子商务议题与现有 WTO 规则之间的差距。俄罗斯提案认为当前针对电子商务议题的特殊性,WTO 需要澄清和明晰的事项主要有关税征收、海关估价、知识产权保护

---

〔1〕 WTO, Joint Statement on Electronic Commerce–Communication from China, INF/ECON/40, 23 September 2019.

规则的适用、GATS 不同承诺的适用和无纸化贸易的便利化。而 WTO 规则中与电子商务相关但未涵盖的事项包括电子签名的认证和承认、电子支付（安全机制）、个人数据隐私保护、安全数据流动和消费者保护。[1] 从中可知，中国与俄罗斯的提案都比较关注电子商务发展中的数据安全建设，这与国家整体的安全理念和数据主权立场紧密相关。

新加坡和澳大利亚等新兴经济体代表也提交了具体的提案。新加坡提案涉及三个板块，分别为激活电子商务、电子商务的开放性、电子商务的信任机制。其中激活电子商务的工作涉及的具体事项有无纸化贸易、暂停对电子传输征收关税、国内电子交易框架、电子认证和电子签名、电子发票和电子传输记录；电子商务的开放性事项则涉及以电子方式跨境传输信息和计算机设施的位置分布；电子商务的信任机制分为商业信任模块（电子商务网络使用的可及性和源代码）和消费者信任模块（未经请求的商业电子讯息、个人信息保护和在线消费者保护）。[2] 总体上，新加坡的提案在充分赋能电子商务发展的基础上为国家数据跨境流动监管创造了合理空间，是可以借鉴和学习的精细化和科学化提案。澳大利亚提案主张 WTO 电子商务谈判的规则形成可以借鉴其最近缔结的自由贸易协定中的电子商务或数字贸易章节。此外，像印度尼西亚和印度等国则

---

[1] WTO, Communication from the Russia Federation, Joint Statement on Electronic Commerce Initiative, JOB/GC/181 (INF/ECOM/8), 16 April 2018, pp. 1-2.

[2] WTO, Joint Statement on Electronic Commerce – Communication from Singapore, INF/ECOM/25, 30 April 2019.

明确反对 WTO 电子商务相关议题的谈判,如印度尼西亚就公开反对开放数据流动,要求数据存储本地化甚至不支持永久暂停对电子传输征税。

(二) 区域和双边层面数据跨境流动规则的动态

1. CPTPP 数据跨境流动治理规则

《全面与进步跨太平洋伙伴关系协定》(CPTPP) 是涵盖多个太平洋国家的巨型自由贸易协定,其前身为美国主导构建的《跨太平洋伙伴关系协定》(TPP),CPTPP 关于数据跨境流动的治理规则也延续了 TPP 原有规则体系,故而 CPTPP 中的数据治理规则也被称为美式数字贸易规则范本。[1] CPTPP 的数据跨境流动治理规则主要集中于电子商务章节,包括第 14.8 条(个人信息保护)、第 14.11 条(通过电子方式跨境传输信息)和第 14.13 条(计算设施的位置),与其他相关数字贸易条款共同打造数据治理规范体系。

在数字贸易规则方面,CPTPP 总体上要求缔约方避免对电子商务的发展设置不必要的障碍,规则内容可分为收权型规则和放权型规则。[2] 收权型规则要求缔约方减少对数字贸易活动的限制措施,如不得对一缔约方的人与另一缔约方的人之间的电子传输,包括以电子方式传输的内容征收关税,还有于一缔约方创造、生产和出版的数字产品应享有不低于其他同类

---

[1] 孙南翔:《CPTPP 数字贸易规则:制度博弈、规范差异与中国因应》,载《学术论坛》2022 年第 5 期。

[2] R. Wolfe, "Learning About Digital Trade: Privacy and E-commerce in CETA and TPP", *World Trade Review*, 2019, 18 (S1), pp. S63–S84.

数字产品的非歧视待遇等内容，这些对畅通缔约方之间数字贸易往来和激发数字产业活力具有重要作用。放权型规则对缔约方建立保护和促进数字产业监管制度具有引导和示范作用，如CPTPP第14.7条规定缔约方应制定或维持消费者保护法，从而保护在线商业活动的消费者避免遭受诈骗和商业欺诈的损害。同时，CPTPP第14.8条要求缔约方制定或维持保护电子商务个人信息的法律框架，增强个人数据隐私保护的力度。

在数据跨境流动规制方面，CPTPP设置了数据跨境流动的一般性规定和数据本地化相关规则。首先，对于数据跨境流动的一般性要求，CPTPP倡导数据跨境自由流动，数据跨境自由流动也成为CPTPP对缔约方的强制性义务要求，即"每一缔约方应允许通过电子方式跨境传输信息，包括个人信息，如这一活动用于涵盖的人开展业务"[1]。虽然CPTPP要求缔约方尽可能减少数据跨境流动的障碍，但并不是主张数据跨境流动的完全自由，CPTPP也肯定了缔约方根据自身情况可设有各自不同的监管要求。同时，有学者还发现CPTPP第14.11条第2款中的"business"和"covered person"两个关键词其实将数据跨境自由流动的范围限缩到商业领域和相关商业主体。[2]而从CPTPP第14.1条对"涵盖的人"的内涵界定来看，"金融机构"和相关"服务提供者"被明确排除在数据跨境自由流动的商业主体范围之外，CPTPP对金融数据的跨

---

[1] CPTPP第14.11条。
[2] 李雪娇：《CPTPP数据跨境流动例外规则与中国因应》，载《数字法治评论》2023年第1期。

流动有则专章规定。CPTPP 对主体和领域有所限缩之外，它还创设了数据跨境自由流动的例外规则，为缔约方采取合理的限制措施提供了义务豁免的空间，但实施限制措施的缘由仅有为了合法公共政策的目标，并且例外条款的适用必须满足非歧视目的、非变相限制方式和合理必要限度三个条件，而这三个条件实际上存在内涵模糊和界定不明等解释空间过于宽泛的特点，不可避免地会引发缔约方因滥用数据传输限制措施而规制过严的问题。其次，对于数据本地化的相关内容，CPTPP 也鲜明表达了"数据存储自由"的立场。CPTPP 第 14.13 条第 2 款严格禁止缔约方将"其领土内使用或设置计算设施"作为涵盖的相关商业主体在其境内开展商业业务的前置条件。但 CPTPP 并没有绝对否定缔约方关于计算设施的限制权利，基于"合法公共政策目标"，CPTPP 通过例外规定为缔约方行使数据本地化措施留有空间。如前述数据跨境流动例外规定一样，数据本地化例外规定的适用同样需要满足方式上的非任意性和非歧视性、不构成变相限制以及不超出预期目标实现的合理限度三个要件。数据本地化的例外规定为缔约方的规制措施创造了模糊的解释空间，对于什么是合法性的公共政策目标、合法性是在国内层面还是国际层面、合法性的评价是否有统一的评价尺度等问题，CPTPP 没有给出进一步的解释。有学者结合具体的立法实践，认为合法的公共政策目标包括保障国家安全、维护公共秩序或公共道德、保护个人隐私等内容，范围比较宽泛。[1] 此外，除了 CPTPP 第 14.11 条第 3 款和第 14.13 条第 3 款规定的数据跨境传输自由例外和存储自由例外情形，CPTPP 第 29.1 条第 3 款和第 29.2 条表明的安全例外条款和 GATS 第 14 条的一般例外规定也适用于电子商务章节，一定程度补充了例外条款适用的情形，共同构成了豁免缔约方数据跨境流动规制义务的合法依据。最后，CPTPP 在数据跨境流动规制方面重点关注个人信息保护问题。这是缔约方应承担的强制性义务。同时，由于每个缔约方采取的相关法律框架可能存在差异，建议缔约方可以建立具有兼容性和衔接性的法律保护机制。此外，CPTPP 还提出了透明度的要求，缔约方必须及时公布个人信息保护动态，为个人信息权利救济和企业数据合规建设提供指引。

2. RCEP 数据跨境流动治理规则

《区域全面经济伙伴关系协定》（Regional Comprehensive Economic Partnership，RCEP）是包括中国在内的 15 方成员达成并正式生效的大型自由贸易协定，涵盖了贸易和投资等传统领域议题，也有满足缔约方数字经济发展需求的电子商务议题，其中对数据跨境流动的规制内容也反映了中国在全球数据跨境流动规则中的立场和态度。RCEP 电子商务章节在促进数字贸易发展方面主要是要求缔约方增强数字贸易便利化的措施，营造良好的电子商务发展环境。因为 CPTPP 的许多缔约

---

[1] 陈咏梅、张姣：《跨境数据流动国际规制新发展：困境与前路》，载《上海对外经贸大学报》2017 年第 6 期。

方也是 RCEP 的成员方，所以 RCEP 电子商务章节与 CPTPP 电子商务章节在数字经贸合作、无纸化贸易、电子认证和电子签名、在线消费者保护、个人信息保护、非应邀商业电子信息、国内监管框架、关税和网络安全方面有相似的语言和文本设计。[1] RCEP 的电子商务章节致力于解决区域数字贸易交往之间的障碍和挑战，为缔约方之间的电子商务提供更好的机会和条件。该章节鼓励成员方采取一系列措施，包括降低关税和非关税壁垒、简化数字贸易流程、加强知识产权保护、提升网络安全等。这些措施旨在促进电子商务的发展，提高成员方之间的贸易便利性和效率，总体上 RCEP 与 CPTPP 都希望为跨境数字贸易创造一个更加开放和有利的环境。[2] RCEP 在直接规制数据跨境流动方面主要包括第 12.2 条原则和目标条款、第 12.14 条计算设施的位置条款和第 12.15 条通过电子方式跨境传输信息条款，这些条款具体内容与 CPTPP 相关条款有一些差别。

首先，在 RCEP 第 12.2 条原则和目标条款中，RCEP 在肯定电子商务发展和使用的重要性以后，指出规制电子商务的三大目标分别为促进缔约方之间及全球范围内电子商务的更广泛使用、为电子商务的使用创造一个信任和有信心的环境、加强

---

[1] P. Leblond, "Digital Trade: Is RCEP the WTO's Future?", available at https://www.cigionline.org/articles/digital-trade-rcep-wtos-future/.

[2] Neha Mishra, and Ana Maria Palacio Valencia, "Digital Services and Digital Trade in the Asia Pacific: An Alternative Model for Digital Integration?", *Asia Pacific Law Review*, 2023, 31, 2, pp. 489-513.

缔约方在电子商务发展方面的合作。从中可知，RCEP 电子商务章节旨在化解缔约方之间数据跨境流动障碍，尽可能建设安全可靠、便利高效的数字贸易合作平台与营商环境。其次，在 RCEP 第 12.14 条计算设施的位置条款中，RCEP 充分考虑各国监管政策的差异，要求缔约方不得将数据本地化措施作为进入缔约方领土市场从事相关商业行为的条件，在禁止数据本地化措施的原则性条款上与 CPTPP 文本类似。然而，RCEP 对于禁止数据本地化措施的例外规定上与 CPTPP 有些许差异。RCEP 的例外条款不仅设置了合法公共政策目标的例外事由，而且还规定了保护缔约方基本安全利益的例外事由。此外，RCEP 禁止数据本地化措施的例外条款中有"缔约方认为"的措辞，强调了公共政策目标例外和基本安全利益例外的"自裁决"属性，赋予了缔约方对自身监管措施的自主裁量权，无形中保障了缔约方对数据本地化事项的规制自主权。最后，在 RCEP 第 12.15 条通过电子方式跨境传输信息条款中，RCEP 与 CPTPP 都肯定了数据跨境自由流动的原则，但 RCEP 数据跨境自由流动的例外条款有"自裁决"特征，而 CPTPP 关于数据跨境自由流动的例外条款则强调缔约方规制措施的"必需性"，即不能超过实现公共政策目标所需的限度，同时也没有关于基本安全利益的例外事由。RCEP 则更加关注数据跨境流动的安全问题，这与缔约方强调数据主权和国家安全的监管实践有关。有学者观察到，RCEP 缔约方之间数字经济发展悬殊是 RCEP 数据跨境流动例外条款涵盖范围广泛并具有自裁性的重要原因。[1] 此外，RCEP 针对电信和金融两类特殊数据的规制并没有持特别开放的态度。考虑到电信和金融两类数据的机密性和安全性，RCEP 充分尊重缔约方的监管主权，允许缔约方出于监管和审慎的原因对其领土内的金融服务提供者的行为做出必要的限制。

3. USMCA 数据跨境流动治理规则

《美墨加协议》（USMCA）是美国主导签署的区域自贸协定，作为《北美自由贸易协议》（North American Free Trade Agreement，NAFTA）的升级版，USMCA 规则内容增加了数字贸易规则，同时因为 USMCA 是在美国主导下构建的经贸协定，USMCA 数字贸易规则直接承袭了 CPTPP 的许多条款，并对其中的数字贸易条款进行了升级和扩展。[2]

第一，USMCA 扩展了数字产品非歧视待遇范围。[3] 美国主导的自由贸易协定普遍都要求缔约方对另一缔约方的数字产品及数字产品的提供者实施非歧视性待遇，但否定了音像广播类内容在非歧视性待遇上的适用性，CPTPP 则进一步将范围缩减至"广播"内容。而 USMCA 在重申对数字产品的非歧视性待遇的同时，将非歧视待遇的适用范围进一步扩大，删除了

―――――――

〔1〕 张晓君、屈晓濛：《RCEP 数据跨境流动例外条款与中国因应》，载《政法论丛》2022 年第 3 期。

〔2〕 Joshua P. Meltzer, "The United States‐Mexico‐Canada Agreement: Developing Trade Policy for Digital Trade", *Trade L. & Dev.*, 2019, 11, pp. 252‐253.

〔3〕 Zheng Lingli, "Construction of Cross‐border E‐commerce Rules along the Belt and Road: With Reference to the CPTPP & USMCA", *J. WTO & China*, 2020, 10, pp. 100‐119.

CPTPP 的广播例外条款。USMCA 对原有"文化例外"原则的突破实际上是迎合了美国数字文化产品对外输出的势头,对缔约方数字文化产业发展的开放程度提出了更高的要求。

第二,USMCA 删除了禁止数据本地化措施的例外规定。[1] 如前所述,CPTPP 肯定缔约方就其境内计算设施的使用实行监管的权利,并禁止数据本地化措施的规定,但缔约方可以依据"合法公共政策目标"实施数据本地化的规制措施。对此,USMCA 严厉禁止缔约方数据本地化的行为,同时完全删除合法公共政策目标的例外条款,意味着缔约方政府在任何情况下都不能将"计算设施于境内安置和使用"作为市场准入的前提条件,这也避免缔约方以公共利益为名变相限制数据跨境流动,通过强制数据本地管理和存储的方式保护本国的数字产业。

第三,USMCA 删除了数据跨境自由流动条款中"考虑缔约方各自监管需求"规定。[2] 同样,USMCA 在数据跨境流动的一般性规定中也删除了肯定缔约方有各自监管需求的条款。CPTPP 对各缔约方"各自的监管要求"没有做出详细的阐明,USMCA 考虑到这种模糊性和开放性的条款会影响数据跨境自由流动的实际目标和效用,这也是美国作为数字经济强国最为

---

〔1〕 Zheng Lingli, "Construction of Cross-border E-commerce Rules along the Belt and Road: With Reference to the CPTPP & USMCA", *J. WTO & China*, 2020, 10, pp. 100-119.

〔2〕 Zheng Lingli, "Construction of Cross-border E-commerce Rules along the Belt and Road: With Reference to the CPTPP & USMCA", *J. WTO & China*, 2020, 10, pp. 100-119.

关注的诉求，故USMCA删除了"考虑缔约方各自监管需求"的条款，进一步强化了数据跨境自由流动的义务执行力。同时，USMCA禁止数据本地化条款和数据跨境自由流动条款都扩大适用于金融服务，金融公司计算设施的位置和金融数据的自由流动都不能被任意限制，直接刺穿了缔约方对金融数据的审慎监管和安全保障。

第四，USMCA明确提供缔约方在个人信息保护问题上应遵循的国际框架协定和目的。CPTPP虽然认识到个人信息保护和隐私安全是数据跨境流动过程中的潜在问题，但其具体条款偏原则性。USMCA在该问题上给出具体的方向指引和解答，对于缔约方着手建立的个人信息保护法律框架，USMCA指出可以借鉴APEC的隐私框架和OECD理事会关于个人数据跨境流动指导方针的建议，而且缔约方的措施必须符合比例原则，与所涉的隐私安全风险相称。

第五，USMCA扩大了源代码开放保护的范围。[1] CPTPP明确提出"源代码非强制本地化"，禁止缔约方将要求转移或获得另一缔约方的人所拥有的软件源代码作为在其领土内进口、分销、销售或使用该软件或含有该软件的产品的条件。而USMCA则将"源代码中的算法"增加在"源代码非强制本地化"的禁止条件中。同时，CPTPP适用"源代码非强制本地化"的软件类型仅限于大众市场软件或含有该软件的产品，且

---

[1] 李墨丝：《CPTPP+数字贸易规则、影响及对策》，载《国际经贸探索》2020年第12期。

不包括用于基础设施的软件。USMCA 删除了对软件进行区分的条款，扩大了 CPTPP 中的软件范围，不再仅限于大众市场软件或包含此类软件的产品，还包括用于关键基础设施的软件，这有利于具有显著算法科技优势的互联网公司进入他国市场时不被恶意侵犯知识产权和数据隐私。

第六，USMCA 进一步细化了缔约方就推进电子商务发展的具体合作事项。CPTPP 认识到电子商务的全球发展离不开合作，并提出各缔约方应该在共同帮助中小企业克服电子商务发展障碍、电子商务法律法规执行和遵守、消费者获得在线提供的产品和服务体验、积极构建和参与区域和多边论坛，以及鼓励私营部门制定行业自律办法和行为准则五个方面加强努力，但并没有实质性的建议参考和模板遵循。对此，USMCA 对缔约方合作的事项有具体规定并在努力方向上于 CPTPP 而言有所扩充。首先，USMCA 明确指出缔约方构建本土电子商务法律框架应当与《贸易法委员会电子商务示范法》的原则一致。其次，USMCA 不仅认识到防范网络安全问题对提升数字贸易信心至关重要，而且要求缔约方鼓励其管辖范围内的企业采取风险管理最佳实践的方法识别和防范网络安全风险。最后，USMCA 在 CPTPP 倡议电子商务发展方向的基础上，特别关照信息通信技术能力不足的人群，要求缔约方应通力合作为这些信息技术失能者打开获取信息的窗口。USMCA 还提到缔约方应增强跨界合作，为用户就个人信息保护问题提出跨界投诉创造行之有效的机制和平台。

第七，USMCA 增加了交互式计算机服务提供者责任限制条款。交互式计算机服务对数字贸易的发展至关重要，但是如果交互式计算机服务提供者对第三方的信息侵权行为承担责任，互联网平台运营的积极性将会受挫。因此，USMCA 明确规定在确定相关责任时，缔约方不得将交互式计算机服务提供者或使用者等同于信息内容提供者。这种豁免互联网服务提供者的条款也旨在加快美国互联网巨头企业对外扩张的步伐。

第八，USMCA 增加了缔约方开放政府数据条款。政府数据的开放与否对私人企业至关重要，获得这些政府数据有利于企业科学决策和理性经营。USMCA 是全球首个纳入开放政府数据条款的贸易协定，它要求缔约方开放的政府数据可以被在线搜索、检索、使用。值得说明的是，条款中的措辞并不具有强制性，这也说明开放政府数据条款总体上在软性规制缔约方的行为，缔约方是否切实履行政府数据开放义务可能与其自身面临的外部环境紧密相关。

4. DEPA 数据跨境流动治理规则

《数字经济伙伴关系协定》（Digital Economy Partnership Agreement，DEPA）是新加坡、智利、新西兰于 2020 年 6 月 12 日线上签署，旨在加强三国间数字贸易合作并建立相关规范的数字贸易协定。DEPA 在一定程度上为全球数字经济制度提供了重要的参考模板。DEPA 凭借开放性的模块化框架和多元化的内容成为有别于美欧数字治理、反映中小国诉求的一种新路径，相较传统的数据治理路径更具有灵活性和可扩展性，中国也开始全面推进加入 DEPA 的谈判进程。[1] DEPA 分为 16 个模块,包括商业和贸易便利化、数字产品及相关问题处理、数据问题、更广阔的信任环境、商业和消费者信任、创新与数字经济、数字包容、例外、透明度、争议解决,等等。一方面 DEPA 在"重述"之前发达国家双边和区域经贸协定中关于数据治理的主流规则,另一方面 DEPA 又涉及许多便利数字经济运行机能和加强国家间合作的新规则,[2] 有学者认为 DEPA 规则在发展与安全、流通与主权、规则与例外以及传统与创新之间实现了"再平衡",引领性地开创了数字造法的新体系,[3] 通过比较 DEPA 与前述自贸协定电子商务章节重点条款的差异,有助于发掘 DEPA 在数据贸易治理中的主要特征和深层立法逻辑。

第一,在数字产品及相关问题上,DEPA 主要包括数字产品定义、关税、数字产品的非歧视待遇以及使用加密技术的信息和通信技术产品等条款。[4] 首先,DEPA 对数字产品的定义借鉴 CPTPP 的规定,认为数字产品应该具有商业销售或传播属性,是可以通过电子方式传输的计算机程序、文本、视

[1] 宋云博:《DEPA 个人信息跨境流动的规则检视与中国法调适》,载《法律科学(西北政法大学学报)》2024 年第 1 期。
[2] M. Burri, "Towards a New Treaty on Digital Trade", *Journal of World Trade*, 2021, 55 (1), pp. 91-93.
[3] 张正怡:《论数字经济协定的造法"再平衡"走向及中国回应》,载《法商研究》2022 年第 6 期。
[4] Marta Soprana, "The Digital Economy Partnership Agreement (DEPA): Assessing the Significance of the New Trade Agreement on the Block", *Trade L. & Dev.*, 2021, 13, pp. 153-160.

频、图像、录音或数字编码的产品。并且，为了保持数字产品定义的开放性，DEPA规定缔约方可以从GATT和GATS中以非歧视的方式选择适用数字产品的规则。其次，在数字产品的关税问题上，DEPA与CPTPP都明确规定禁止缔约方对电子传输的方式征收关税，且不论是电子传输内容还是传输方式，DEPA都规定永久化免征电子传输关税。相比之下，RCEP不得对电子传输征收关税的义务是临时性的，缔约方可以根据WTO部长级会议关于电子传输关税的决定进行调整。从中可见，DEPA对电子传输免征关税的义务要求比RCEP更加严格，RCEP的政策灵活度更高。最后，在数字产品的非歧视待遇问题上，DEPA与CPTPP一样都表达了相同的立场，即对数字产品实行非歧视待遇，RCEP则未涉及该内容。DEPA对缔约方要确认其对数字产品的非歧视性待遇的承诺进行了一定的具体规定，如任何一方均不得对另一方的数字产品与其他类似数字产品相比给予较低待遇。但DEPA增加了"知识产权例外""补贴例外"和"广播例外"三种例外情形，为缔约方保护文化产业保留了监管空间，相较之下，CPTPP例外情形的规定则更加严苛。

第二，在数字贸易便利化规则上，DEPA旨在建立高效可信的数字贸易交易流程，降低数字贸易成本，打造更加便利的数字贸易管理系统。[1] 首先，为了减少繁琐的纸质文件处理

---

[1] 靳思远、沈伟：《DEPA中的数字贸易便利化：规则考察及中国应对》，载《海关与经贸研究》2022年第4期。

手续，降低企业跨境数字贸易中的经营成本，DEPA 倡导无纸化贸易。为推动无纸化贸易的发展，DEPA 要求缔约方提供机器可读格式的贸易管理文件电子版本，履行世界贸易组织《贸易便利化协定》（Trade Facilitation Agreement，TFA）中的义务，建立无缝、可信、安全的单一窗口，促进卫生与植物卫生证书等贸易管理相关文件的数据交换，成员间的数据交换系统和贸易文件管理系统也要求彼此兼容。其次，DEPA 倡导构建具有可交互操作性和联通性的电子支付系统。电子支付已经成为消费者日常生活的重要部分，建立安全、高效和可信的跨境电子支付系统有利于跨境数字贸易往来。为了弥合不同国家电子支付接口标准的差异，DEPA 要求各缔约方应及时公开各自监管批准、技术标准等方面的法规，为电子支付营造公平安全的市场环境。再次，DEPA 还倡导电子发票在跨境数字贸易中的通用性和可交互操作性。电子发票可以提高商业贸易的效率和准确性，DEPA 是首个涵盖电子发票的数字经贸协定，它督促和鼓励各缔约方加强电子发票的基础设施建设，对电子发票系统建设开展深度交流合作，尽快统一电子发票系统的通用标准和相关监管措施，从而建立可跨境互操作的电子发票系统。最后，在物流和货物快运方面，DEPA 督促各缔约方应加快构建统一和透明的海关过关程序，加速快运货物的清关，免征或降低相关货物关税，为中小企业在跨境贸易中提供支持。

第三，在数据跨境流动相关问题上，DEPA 主要包括数据跨境流动自由条款、数据本地化条款和个人信息保护条款等内容。数字贸易的兴旺发展在于数据无障碍地跨境流动，在数据跨境自由流动规则上，DEPA、RCEP和CPTPP都明确规定了缔约方不得限制数据跨境自由，允许通过电子方式跨境传输包括个人信息在内的信息。但相较于RCEP，DEPA更大程度要求缔约方减少对数据跨境流动的限制。DEPA规定包括个人信息（可识别或已识别的自然人信息）在内的通过电子方式传输的信息都是可跨境传输的，但RCEP并没有对通过电子方式跨境传输的信息是否包括个人信息做出明确阐释。同时，DEPA也没有像RCEP一样纳入基本安全例外条款，缔约方基于合法公共政策目标的监管措施应该控制在合理限度之内，RCEP给予缔约方更大的规制权空间，DEPA则提高了数据跨境自由流动的标准。在数据本地化问题上，DEPA几乎复刻了CPTPP的数据本地化条款，都明确要求缔约方不得将计算机服务器和存储设备本地化使用和安置作为另一缔约方境内开展商业行为的条件。同时，DEPA也规定了缔约方可以在合理限度内基于合法公共政策目标实行必要监管措施的例外情形，但没有RCEP中规定的基本安全利益的例外条款，例外条款的情形范围比RCEP缩小，对缔约方的数据监管权限有一定约束。在个人信息保护问题上，DEPA要求缔约方着手构建个人信息保护法律框架，这一法律框架应该参考国际机构制定的相关规则。这些规则为数据技术弱国的消费者用户划定了个人隐私安全保护底线，可以缓解数据跨境流动过程中的隐私泄露和数据侵权的不良现象。同时，DEPA还要求缔约方及时将个人信息保护的法律和政策信息予以公示，为个人数据权利救济和企业数据合规提供透明化的指引。为统一化构建个人信息保护机制，DEPA 还要求缔约方之间也应当建立具有互操作性和兼容性的协调办法，适当承认各国法律框架下的保护模式。

第四，新兴趋势和科技是 DEPA 提出的创新性数字议题，其中涉及数字身份、金融科技和人工智能等领域。[1] 首先，数字身份是以数字表示的主体身份，它将真实身份信息浓缩为数字代码，形成可通过网络、相关设备等查询和识别的公共密钥。DEPA 是首个纳入数字身份规则的数字经贸协定，它认识到个人和企业数字身份对增强地区和全球联结性至关重要，进而规定缔约方应该建立和维持与各缔约方之间有互操作性和共同数字身份标准的适当框架，缔约各方要提供对数字身份的同等法律保护框架，以建立更加广泛的国际框架，同时加强对数字身份相关的政策规制、技术实施和安全标准的交流。其次，DEPA 要求缔约方在金融科技领域相互促进金融科技产业间的合作，更好地推动金融科技服务实体经济的能力。这对缔约方发展金融科技核心技术并加强金融科技审慎监管提出了更高的要求。最后，DEPA 也非常重视人工智能发展对数字经济发展的影响。DEPA 认识到安全、可信任和负责任地运用人工智能技术对于经济体的经济社会发展具有重要意义，缔约方应当从"伦理"和"治理"两个层面构建人工智能治理框架。通过人

---

[1] 石静霞、陆一戈：《DEPA 框架下的数字贸易核心规则与我国的加入谈判》，载《数字法治》2023 年第 1 期。

工智能"伦理"框架来约束和引导具体人工智能"治理"框架，从而增强人工智能技术使用的安全性和主体责任性。在具体搭建人工智能"治理"框架时，缔约方应充分考虑国际承认的原则要义，包括可解释性、透明度和公平性以及以人为本的价值观。

第五，数字包容性规则也是DEPA规则的一大亮点。数字包容是消除数字鸿沟的动态过程，提升数字包容性是不断弥合数字鸿沟的过程。[1] DEPA强调要对原住民、妇女、农村人口和低收入社会群体赋予更多的数字经济发展机会。为此，缔约方应该就提高数字包容性措施开展合作，具体包括推动弱势群体参与到数字经济中以及分享经验和最佳做法等，并建议在企业、工会、民间社团、学术机构或非政府机构之间进行协调合作，让数字化赋能到每个人、每个家庭和每个组织，实现惠及人民的包容性增长。

(三) 中国参与数据跨境流动治理的实践

当前，中国已经签署的自贸协定多达20项，正在谈判和正在研究的自贸协定有十几项，在已经签署的双边自贸协定中，单独涵盖电子商务条款的自贸协定占比并不高。中国最早通过自贸协定去规制和调整电子商务事项出现在中国—新西兰FTA中，中国—新西兰FTA的初始版本中就包含《中华人民

---

[1] Charlie Muller, João Paulo de Vasconcelos Aguiar, "What Is the Digital Divide?", available at https://www.internetsociety.org/blog/2022/03/what-is-the-digital-divide/?gclid=CjOKCQiAtOmsBhCnARIsAGPa5yZTfDrwX3v4mkXybVVqfpkDLsdtvUBBwS8Anb CpqmvWVwM5VlnteroaAk-VEALw_wcB.

共和国与新西兰政府关于电子电器产品及其部件合格评定的合作协定》的附件,旨在减少关于电子电气设备贸易的技术壁垒。近年来,一方面中国的电子商务公司在海外的蓬勃发展要求中国政府在对外自贸协定缔结过程中纳入对电子商务的保护和促进,另一方面电子商务的全球立法也在如火如荼地进行,中国想要逐渐扩大自身的国际规则话语权和影响力,应构建出可供他国效仿和借鉴的电子商务规则模板,而不是仅仅把电子商务相关内容置于自贸协定的附件来简单解释和说明。[1] 而目前中国真正在电子商务规则方面有所突破并渐趋成熟的自贸协定则是中国—韩国 FTA 和中国—澳大利亚 FTA。

中国—韩国 FTA 电子商务章节共 9 个条款,主要涉及一般性条款、海关关税、电子认证和电子签名、电子商务中的个人信息保护、无纸化贸易、电子商务合作和争端解决等内容。这些内容相比中国之前签署的自贸协定而言有更加详细的规定,但有学者也指出这些规定所创设的实质性义务较少,大多数内容都是在先前国际协定的基础上对某些既有义务的再强调。例如暂停对电子传输征收关税和倡导无纸化贸易都是之前 WTO 电子商务谈判的内容。而且,电子商务规则多采用不具有约束力的软性条款或措辞,例如在推动无纸化贸易时,中国—韩国 FTA 要求缔约方应努力将贸易管理文件以电子形式提供给公众,并探索接受以电子形式递交的贸易管理文件的可能性,整

---

[1] J. Huang, "Comparison of E-commerce Regulations in Chinese and American FTAs: Converging Approaches, Diverging Contents, and Polycentric Directions?", *Netherlands International Law Review*, 2017, 64, pp. 309-337.

体上义务约束效能并不强。最为关键的是，该章第13.2条规定若有电子商务章节与其他章节不一致的地方以其他章节为准，并且电子商务章节产生的任何争端事项都不能被缔约方诉诸争端解决，这也意味着电子商务章节的义务履行可能会成为一纸空文，中国—韩国FTA电子商务规则的义务效力被大大削弱。[1]

中国—澳大利亚FTA电子商务章节大体延续了中国—韩国FTA电子商务章节的结构分布，并增加透明度、国内监管框架和网络消费者保护的内容。在二者共同涉及的具体议题中，中国—澳大利亚FTA电子商务章节在推动无纸化贸易的内容上比中国—韩国FTA更加严苛，并且删除了电子商务章节与其他章节规则相冲突的处理规定。其他像新升级的中国—智利FTA和中国—毛里求斯FTA都包括独立的电子商务章节，内容和具体议题也没有超出中国—韩国FTA和中国—澳大利亚FTA电子商务章节的范围。此外，中国关于地区之间经贸合作安排中，《内地与香港关于建立更紧密经贸关系的安排》和《内地与澳门关于建立更紧密经贸关系的安排》都规定了电子商务合作条款，表现出我国电子商务一体化建设的趋势。

总体上，我国缔结数字贸易条款的实践相对有限，数字贸易谈判的自主导向规则相对缺失，数字贸易条款涉及范围与程度相对有限，并不能完全反映出我国对外数字贸易的发展诉

---

[1] H. Gao, "Digital or Trade? The Contrasting Approaches of China and US to Digital Trade", *Journal of International Economic Law*, 2018, 21 (2), pp. 297-321.

求,今后我国在参与数字贸易条款制定的过程中要坚持建议与约束条款并存的缔约模式,更加主动构建有代表性的数字贸易多边合作平台。

二、国际经贸视域下数据跨境流动规则的共识与分歧

(一) 国际经贸视域下数据跨境流动规则的共识

1. 数字贸易自由化理念继续增强

贸易自由化是国家通过多边贸易谈判来降低关税和约束关税,从而消除国际贸易中的歧视性待遇,扩大本国市场准入。推动数字贸易的自由化则是逐步消除数字贸易发展过程中的壁垒和障碍,而国际经贸视角下的数字贸易自由化义务主要是从市场准入和非歧视义务两个方面展开。[1] 在市场准入方面,前述的大型区域经贸协定都无一例外地表明了要求缔约方坚持数据跨境自由流动的立场,这也是数字贸易得以畅通进行和发展的必要前提。数据本身具有非竞争性和公共性的特点,并且单个的信息元素或数据单位并不具有现实的经济价值,只有允许不同主体在不同维度和不同地域上汇集使用更多的数据才能创造更大的价值。这也是为什么数据跨境自由流动依然是大部分国家在数字经济议题上的一致立场和有效共识,无论是倡导自由贸易的美国,还是着眼于谨慎保护数据主体隐私的欧盟,都在各自推动签署的自由贸易协定中做出了数据跨境自由流动

---

[1] 数字贸易的非歧视义务意味着国民待遇和最惠国待遇在数字贸易中的适用,它取决于国家个体承诺,同时需要个案判断,并不存在广泛的统一共识,在此不做详细说明。

的承诺。[1] 对于数字贸易的关税问题，WTO 电子商务谈判通过的《全球电子商务宣言》呼吁成员方维持不对电子传输征收关税的做法得到了后续部长级会议的认可，并一直延续至今，虽然发展中国家对电子传输免征关税的适用范围有所争议，但至少在阶段性意义上已经得到了广泛国家的支持和响应。此外，禁止在进出口销售和使用软件时转让软件的源代码也开始成为许多国家的广泛做法，CPTPP 就有禁止软件源代码强制转让和算法披露的规定，像加拿大和欧盟等其他国家纷纷效仿设置相关规定，这是数字贸易自由化义务的具体呈现。

2. 数字贸易便利化措施持续完善

推动数字贸易便利化，改善电子商务发展环境是各国达成的为数不多的共识之一，通过简化跨境数字贸易程序和手续，协调相关法律和规定，推动数字基础设施的完善和标准化，从而提高数字贸易效率，降低数字交易成本，这是各国在协调数字发展政策和制度时共有的追求。[2] 虽然多边层面的电子商务谈判受阻，但 TFA 作为多边层面的谈判成果，也逐渐被吸纳到区域经贸协定的贸易便利化安排和规范中。晚近一些典型的区域经贸协定关于数字贸易便利化的规则文本也存在共同之

---

〔1〕 D. Ciuriak, M. Ptashkina, "Towards a Robust Architecture for the Regulation of Data and Digital Trade", *CIGI Paper*, 2020 (240), pp. 11-13.

〔2〕 M. Burri, R. Polanco, "Digital Trade Provisions in Preferential Trade Agreements: Introducing a New Dataset", *Journal of International Economic Law*, 2020, 23 (1), pp. 203-211.

处，对贸易便利化议题的设置和规定也大体较为一致。[1] 例如美国主导构建的 USMCA 就规定每一缔约方都应努力接受以电子方式提交的贸易管理文件，并将此类文件与纸质版文件视为具有同等法律效力的文件，也就是要形成标准的无纸化贸易形式。并且缔约方不能以签名为电子方式而否认其法律效力，缔约方之间要鼓励使用具有互操作性的电子认证方式。中方参与构建的 RCEP 也设置了"无纸化贸易"和"电子签名和电子认证"的相关条款，内容与美国主导的 USMCA 基本相同，同时中国在 WTO 电子商务诸边谈判的平台中也表达了类似的支持贸易便利化的规则立场。此外，在改善电子商务发展环境尤其是保护消费者信息权益以及增强消费者信心方面，典型区域经贸协定也呈现出高度的趋同性。例如 USMCA 和 RCEP 都明确规定了禁止对线上消费者造成损害或潜在损害的欺诈行为（线上消费者保护规则）、制定与隐私保护国际框架和关键原则相适配的保护数字贸易用户的个人信息法律框架（个人信息保护规则）、阻止或限制非应邀商业电子信息（非应邀商业电子信息规则）、提升网络安全能力并加强国际合作（网络安全规则）等涉及数字贸易运行环境建设的规则。数字贸易便利化措施的持续完善是各国发展数字经济的迫切需求，在具体规则议题上差异较小甚至相同的设置有利于各国统一化管理，打破数字贸易发展壁垒，为全球数字贸易用户提供高水平的保护措

---

[1] Marc D. Froese, "Digital Trade and Dispute Settlement in RTAs: An Evolving Standard?", *Journal of World Trade*, 2019, 53 (5), pp. 30-36.

施,进一步激发数字贸易发展的活力。

3. 数字贸易合作与发展逐渐得到重视

数字贸易的发展逐渐成为国家对外贸易发展的重要力量,各国在释放数字经济发展潜力、推动数字经济全球互联互通的过程中会面临共同的机遇和挑战,特别是在某些具体的数字治理领域和议题上,各国开始意识到携手共治和加强规制合作的必要性。[1] 首先,在网络安全问题上,安全和可信赖的网络环境和电子商务平台是跨境数字贸易良性发展的基本保障,也是数字贸易治理的重点领域。网络安全是个复杂的跨国问题,加强全球性合作并建设一个安全的互联网环境是迫切之需,联合国有关报告显示,全世界每天有一百万的网络犯罪受害者,网络欺诈、盗用身份信息和侵犯知识产权每年涉及的金额超过一万亿美元。[2] 对此,典型区域经贸协定都涉及对网络安全事项合作的规定,CPTPP 和 RCEP 都提到要增强缔约方应对网络安全事件的能力,并要求缔约方利用现有合作机制,在识别和减少影响缔约方电子网络的恶意侵入或恶意代码传播方面开展合作。USMCA 则更进一步强调缔约方应努力采用并鼓励其管辖范围内的企业采取具有共识性的风险管理最佳实践办法,扩大公私合作的契机和范围。中国在《"一带一路"数字经济

---

[1] M. Elsig, S. Klotz, "Data Flow-related Provisions in Preferential Trade Agreements: Trends and Patterns of Diffusion", in: M. Burri, ed., *Big Data and Global Trade Law*, Cambridge University Press, 2021, pp. 56-60.

[2]《网络安全:全球性问题需全球化方法解决》,载 https://www.un.org/zh/desa/cybersecurity-demands-global-approach。

国际合作北京倡议》中也特别提到共建和平、安全、开放、合作、有序的网络空间，必须认识到维护网络安全，打击网络恐怖主义、网络犯罪、网络攻击，保护个人隐私、信息安全和数据安全的紧迫性，要积极讨论制定全球可互操作的数字治理规则，防止网络空间碎片化治理。其次，充分发挥中小企业在电子商务领域的力量和作用也成为许多国家对外数字贸易交往凝结的共识。大型区域经贸协定也将中小企业议题纳入其中进行重点规制，CPTPP 和 RCEP 都要求缔约方共同努力帮助中小企业克服使用电子商务时的障碍。强化中小企业发展跨境电子商务的应用意识、帮助中小企业充分利用跨境电子商务的交易平台、积极培养跨境电子商务专业人员以及赋能中小企业利用大数据技术获取市场信息都是国家引领和带动中小企业电子商务发展的重要举措，也是各国数字贸易发展的共同方向。最后，推动政府数据开放逐渐成为国家数字贸易治理的全新关注点。USMCA 首次引入开放政府数据的规则，它要求缔约方在开放政府数据时应当确保信息以机器可读、对外开放的形式公开，并确保相关信息可以进行在线搜索、检索、使用、重用和再发布。具有前瞻性和先进性的新型数字贸易规则 DEPA 则扩大了政府开放数据的合作范围，并强调具有全球价值的数据集的开放，鼓励开发基于开放数据集的新产品和服务，标准化公开数据的模型和格式等。虽然开放政府数据对提高数字经济效率大有裨益，但很多国家因为相关法律法规的缺失和数据权属并不明确等问题无法很快适应开放政府数据的要求，不可否认的是开放政府数据对未来探索全新的数据共享合作机制具有启发意义。

(二) 国际经贸视域下数据跨境流动规则的分歧

1. 关于数据跨境流动自由程度的分歧

数据跨境流动是数字贸易发展必不可少的条件，虽然各国总体上支持数据跨境自由流动的主张，但对数据跨境流动的本国监管空间和数据跨境流动的自由化程度等问题的认识和态度并不统一。[1] 以美方主导构建的 USMCA 和中方加入的 RCEP 为例，RCEP 注重缔约方对数据跨境流动的监管主权，而 USMCA 则更加注重减少数据跨境流动的国内监管障碍。尽管 RCEP 和 USMCA 都规定了缔约方只要为了合法的公共政策目标，并且措施不构成任意或者不合理的歧视，就可以实施实现目标所需的合理范围之内的禁止或者限制数据跨境流动的措施。但 RCEP 在规定中加入了"其认为"的措辞，这实际上是扩大了缔约方灵活运用规制权的空间，同时 RCEP 还增加了基本安全利益例外条款，这也为缔约方采取不同的数据跨境流动规制措施提供了合理化依据。同时，这种对于数据跨境流动自由程度的分歧也出现在 WTO 电子商务谈判的过程中。美国的核心主张与 USMCA 的立场基本相同，其认为不应禁止或限制企业或个人通过电子方式进行信息的跨境流动和转移，且严格禁止数据本地化的要求。欧盟则主张在确保个人信息或数据隐

---

[1] 贺小勇、高建树：《数字贸易国际造法的共识、分歧与因应》，载《学术论坛》2022 年第 4 期。

私不受侵犯的前提下，限制数据跨境流动的措施或规定数据本地化措施是可以被允许的。中国和俄罗斯等国的立场则表明维护国家数据安全是数据跨境自由流动的"红线"，倡导数据跨境安全有序地流动。此外，对于金融类数据的跨境流动监管态度也存在不同的立场。RCEP 明确禁止金融数据的跨境流动并允许缔约方对金融数据采取本地化措施，而 USMCA 则态度相反，要求缔约方不得阻止和减损金融数据的跨境流动并严格禁止金融数据本地化措施，美国在 WTO 电子商务诸边谈判中也提交了类似的提案，旨在要求 WTO 成员方消除金融监管机构获得金融服务提供者信息时的障碍，加拿大、新加坡和巴西等国也基本延续了这一立场。

2. 关于数据隐私保护规则的分歧

在数据跨境流动中的个人信息保护问题上，不同国家对个人信息权利和数据权利的保护模式在国内法上表现出截然不同的理念和路径，因而不同的经贸协定对该问题的规定也形态各异。[1] 美国主张个人数据的商业利用，尽可能发挥数据作为生产要素的经济效能，因而通过企业自主的行业自律模式强化数据隐私的保护能够弥补国家立法滞后引发的数据隐私保护不足的问题，例如通过建议性的行业指引、网络隐私认证和数字技术保护模式等手段可以全面提升数据隐私保护力度。美国在其主导构建的 USMCA 中就强调缔约方采取或维持的个人信息

---

[1] I. Willemyns, "Agreement Forthcoming? A Comparison of EU, US, and Chinese RTAs in Times of Plurilateral E-commerce Negotiations", *Journal of International Economic Law*, 2020, 23 (1), pp. 236-240.

保护的法律框架应当参考 APEC 的隐私框架，它是以企业为认证对象的信息隐私认证框架，这与美国主张的企业行业自律模式如出一辙。相反，中国加入的 RCEP 虽然也要求缔约方采取相应的个人信息保护的法律框架，但并没有明确需参考的国际机构的原则和指南，这也意味着 RCEP 给予缔约方制定个人信息保护法律更多的包容性，肯定了缔约方之间数据法律制度的差异性和多样性。同时，在 WTO 电子商务诸边谈判中，欧盟始终强调数据隐私是一项基本人权，对个人信息采取高标准的保护模式有利于数字贸易的长久发展。而且欧盟还强调经贸协定中的纪律不能影响成员方国内个人数据与隐私保护有关标准的实施，以 GDPR 为代表的欧盟模式和以 APEC 隐私框架为代表的美国模式出现了数据保护规则制定的话语权之争，二者是否存在兼容性的融合亟待更多的谈判和对话。[1]

3. 关于数字产品非歧视待遇的分歧

非歧视待遇原则在多边贸易体制中占有举足轻重的地位，非歧视待遇原则的适用与否决定了一国是否在构建公平的市场竞争环境，标志着一国市场的对外开放程度。关于数字产品是否沿用非歧视待遇的问题一直存在较大的分歧，数字产品的非歧视待遇一般要求给予创造和生产数字产品的待遇或给予数字产品创作者或生产者的待遇不低于其他同类数字产品的待遇。然而在多边贸易体制下，数字产品到底是属于货物类别还是服

---

[1] Aaditya Mattoo, and Joshua P. Meltzer, "International Data Flows and Privacy: The Conflict and Its Resolution", *Journal of International Economic Law*, 2018, 21 (4), pp. 769-789.

务类别,这会导致 WTO 规则适用的差别。尤其是当数字产品被归类于服务时,由于各国对服务市场的开放模式多采用正面清单予以规定,很多服务行业和产品类别被排除在 GATS 的承诺表之外,进而有些与数字贸易相关的服务因为成员方的特殊需求并不适用 GTAS。例如欧盟就一直坚持文化例外和广播服务例外的主张,对视听产品服务不做具体的承诺,进而也就排除了非歧视待遇原则的适用。而美国则一直倡导高水平自由化的服务市场开放,沿用数字产品的非歧视待遇条款有利于美国打通他国数字贸易服务市场,提高数字产品的国际竞争力和影响力。极具美式特色的高标准区域经贸协定都纳入了数字产品的非歧视条款,CPTPP 和 USMCA 都强调缔约方对数字产品的生产和创作必须实施非歧视待遇。而 RCEP 则把数字产品的非歧视待遇作为可以进一步商讨和谈判的话题,并没有明确非歧视待遇在数字产品方面的具体适用,显然是要照顾不同经济体国内市场开放的自主性需求。

三、国际经贸视域下数据跨境流动规则演进趋势与中国应对

(一) 国际经贸视域下数据跨境流动规则演进趋势

1. 数据跨境流动规则的碎片化格局将长期存在

如前所述,WTO 电子商务诸边联合谈判的启动是 WTO 关于电子商务议题的重大进展,反映了数字贸易亟待国际贸易规

则给出新回应,为其制定充分完备的法律框架。[1] 然而由于各成员方利益诉求差异巨大,WTO电子商务工作组推进数字贸易规则框架形成的进程受阻,陷入了停滞不前的状态。客观上造成了成员方在双边和区域层面不断寻求伙伴以达成新的数字经贸规则,填补数字经贸规则在多边层面上的缺失。这种多元化数据跨境流动治理规则并存的局面表现出两种特性或趋势。一方面,缔约方数量众多、涵盖地域广阔且数字贸易议题设置齐全的双边和区域经贸协定会层出不穷地叠加出现。据有关数据统计,WTO在21世纪头二十年通报的354个优惠贸易协定中,包含数字贸易条款的经贸协定高达195个,包含电子商务条款的经贸协定有114个,设置电子商务章节的经贸协定有84个。[2] 双边层级上,《新加坡—澳大利亚数字经济协定》(Singapore-Australia Digital Economy Agreement,SADEA)、《韩国—新加坡数字伙伴关系协定》(Korea-Singapore Digital Partnership Agreement,KSDPA)和《英国—新加坡数字伙伴关系协定》(UK-Singapore Digital Economy Agreement,UKSDEA)等双边数字经贸安排争相出现,都在打造适合自身经济发展的数字贸易规则。区域层面上,像CPTPP、RCEP、USMCA等具有影响力的大型区域经贸协定都设置了电子商务专章,对数据

---

[1] 李墨丝:《WTO电子商务规则谈判:进展、分歧与进路》,载《武大国际法评论》2020年第6期。

[2] M. Burri, "Approaches to Digital Trade and Data Flow Regulation Across Jurisdictions: Implications for the Future ASEAN-EU Agreement", *Legal Issues of Economic Integration*, 2022, 49 (2), p.2.

跨境治理构建具有自身特色的法律框架。从这种态势来看，未来新型数字经贸规则在多边层面难以推进的局面下依然会通过双边或区域合作的方式率先达成，数字经贸规则的发展会朝着更加多元化和叠重化的方向不断前进。另一方面，不同经贸协定下关于数字贸易的规则设置会出现不同程度的差别，短时间内难以交互兼容。总体来看，这些区域经贸协定基本涵盖了数字贸易相关的主要议题，但在规制范围和规制的宽严程度上又截然不同。例如，USMCA 对数据跨境流动提出了高标准的自由化要求，严格约束缔约方对数据跨境流动的规制和限制措施，而 RCEP 则相对包容地给予缔约方关于数据跨境流动的监管空间，缔约方的本国利益需求得到一定程度的尊重和维护。CPTPP 和 DEPA 对数据跨境流动的监管强度和宽严程度则介于 USMCA 和 RCEP 之间。由此可见，不同缔约方的发展利益都清晰有序地反映在不同经贸协定的规则设置中，这种差异化的规则安排也说明数字经贸规则的兼容调和需要各方持续不断的商议和对话。[1] 数据跨境流动规则的碎片化格局背后反映出国家间关于数字贸易核心利益的冲突，这集中体现了发展中国家和发达国家在数字技术发展和数字市场开放方面的差序格局。虽然从多边贸易体制层面上来看，WTO 所开展的电子商务诸边谈判对话在机制上设置存在一定缺陷，但究其根本还是因为不同成员方的数字贸易发展水平各不相同，进而导致各自

---

[1] M. Burri, "Trade Law 4.0: Are We There Yet?", *Journal of International Economic Law*, 2023, 26 (1), pp. 98-99.

关注不同的数字议题和电子商务规则，对于数字市场如何开放、数据跨境流动如何监管以及数据隐私如何保护等问题存在价值观念与核心利益的冲突对立。在数字规则上弥合立场差别、凝聚共识利益进而形成统一化的数据治理规则并不能在短时间内实现，全球化的持续低迷和反全球化势力的持续高涨也会进一步加剧数据跨境流动规则的碎片化格局。

2. 兼具灵活性和高标准的数据跨境流动规则或将达成

虽然数据跨境流动规则的碎片化格局会长期存在，但不同的数据跨境流动规则之间并不一定会以逐底竞争的方式趋于低水平的降级重构，而是会朝着服务于更加开放和便利化的数字贸易方向不断更新完善。既有的数据跨境流动规则会因为时代的发展而不断适应升级，国家也会因为本国数字技术的突破和数字贸易的扩张而寻求更适宜自身国际数字经贸合作需求的数据跨境流动规则框架。如前所述，RCEP 数字贸易规则虽然反映了中国在数字贸易领域的关键诉求，也一定程度上提高了中国参与构建全球数字贸易规则体系的话语权，但是相较于 CPTPP 和 USMCA 等典型美式经贸协定中的数字贸易规则，RCEP 整体上对数字贸易市场的开放程度要求以及数字便利化措施规定还相对初级和有限，而且对于数字产品的非歧视待遇、关于接入和使用互联网开展电子商务的原则、互联网互通费用分摊和源代码披露与共享等 CPTPP 所独有的条款，RCEP 并没有相关的措施予以规制。同时，也有学者直言，虽然 RCEP 给缔约方留下了充足的监管空间，但其中一些例外条款的适用范围和标准并不明晰,规则适用仍有巨大的不确定性。[1] 此外,为了推动数字贸易领域的对外开放,拓展与其他国家在新兴数字领域的互利合作,国家会努力强化与高标准国际数字规则兼容对接。中国已经申请加入 CPTPP 并持续推进加入进程,同时也申请加入兼具开放、包容和创新等特性的 DEPA,韩国、加拿大等国也陆续表现出加入该协定的意愿。DEPA 是全球首个专门对数字经济制度进行规制安排的经贸协定,它通过模块化的方式将数字经贸议题分块设置,加入成员方可以选择一个或多个模块分类做出承诺。各个国家可以在一定范围内自行决定实施或执行协定中数字贸易的相关要求,增加了各国的选择自主权,进而提升了参与者的自由度,扩大了数字经济协定的参与面,为最大程度实现求同存异,构建一个广泛参与的灵活性数字治理框架提供了可能。[2] 在此背景下,多边层面的数字经贸规则的达成也需要包容性和灵活性的承诺框架和机制,虽然美国一直坚持反对差别和特殊待遇的多边协议,但是 WTO 成员方数量众多,数字经济发展水平不可能趋于一致,灵活的高标准承诺框架或许是当下比较恰当的选择。例如日本就建议采用双轨制的承诺方式,不同成员方可以根据自身需求对标不同数字经贸议题规则做出不同程度的承诺安排。与选择性接受某一规则条款不同,在双轨制的承诺机制

---

[1] 张晓君、屈晓濛:《RCEP 数据跨境流动例外条款与中国因应》,载《政法论丛》2022 年第 3 期。
[2] 赵龙跃、高红伟:《中国与全球数字贸易治理:基于加入 DEPA 的机遇与挑战》,载《太平洋学报》2022 年第 2 期。

下，发达成员方可能对某一项条款或规则做出较低水平的承诺，例如欧盟可能会出于保护用户个人信息权利的考虑，趋于加强数据跨境流动的监管和限制。而发展中国家可能在某一具体条款上做出较高标准的承诺，例如中国为了提高外商来华投资的积极性，引进数字科技企业在华合作设厂，以及防止国家间的贸易报复等负面效应，可能会放弃对跨国企业数字税的征收。双轨制的承诺方式其实是为国家量身定制的特殊缔约模式，我们必须承认全球数字经贸规则的发展会不断迈向高度开放性和互通性的形态，而具有广泛共识性的数据跨境流动规则就必须增强国家接受和纳入规则的灵活性和开放性，这也是有效达成多边数字经贸协议相对妥当的路径与方案。

（二）国际经贸视域下数据跨境流动规则变革的中国路径

1. 补足完善当前数据法律体系

习近平主席在中共中央政治局第十次集体学习时强调，"加强涉外法治建设既是以中国式现代化全面推进强国建设、民族复兴伟业的长远所需，也是推进高水平对外开放、应对外部风险挑战的当务之急。要从更好统筹国内国际两个大局、更好统筹发展和安全的高度，深刻认识做好涉外法治工作的重要性和紧迫性，建设同高质量发展、高水平开放要求相适应的涉外法治体系和能力，为中国式现代化行稳致远营造有利法治条件和外部环境。"[1] 涉外法治建设要坚持立法先行，形成系统

---

〔1〕《加强涉外法制建设 营造有利法治条件和外部环境》，载《人民日报》2023年11月29日，第1版。

完备的涉外法律法规体系。数据领域的法律法规体系建设还需要对标国际高标准的数字经贸规则，在重点领域和关键条款上予以进一步完善。当前，我国数据法律体系已经形成《网络安全法》《数据安全法》和《个人信息保护法》三位一体的数据治理格局。对于数据跨境流动的规制，我国目前并不禁止正常商业活动中的数据跨境传输行为，但是需要符合一定的数据跨境传输程序与条件，并对不同类型的数据跨境流动进行了分类规制，对重要数据、关键基础设施运营者在中国境内运营中收集或产生的数据、国家核心数据、个人信息等，分别实行不同程度的数据本地化措施和附条件的出境审查。有学者建议，我国应该坚持数据安全与开放的平衡，具体可以通过建立以安全为基础的数据分类分级的治理架构、建立数据跨境流动的"白名单"、运用阻断立法反击外部数据霸权国家对我国数据事项的长臂管辖权、加强对数据权利人的保护、规范数据处理者的义务以及明确数据监管者的责任的路径实现这一基本立场和目标。[1]在数字经贸具体规则上，我国也应该在安全与发展并重的考量基础上有条件地纳入和设置新规则。例如是否支持永久性免除电子传输关税尚且没有定论，美国要求免征电子传输关税和数字服务税，欧盟则是强调免征电子传输关税但允许征收数字服务税。我国如果贸然坚持永久性对电子传输免征关税的立场，可能会遭受较大的税收损失，如果选择对电子传输征

---

〔1〕 汤霞：《WTO数字贸易国际规则制定的最新态势及中国因应》，载《大连理工大学学报（社会科学版）》2023年第6期。

收关税则会削弱企业的市场竞争力和剥夺消费者的福利。因此，我国应审慎考察本国数字贸易发展状况，在广泛收集关税数据进行综合评估后慎重决定是否坚持电子传输永久免征关税。最后，我国对外签署和缔结自由贸易协定时可以升级或完善部分条款内容。例如有学者认为我国可以在缔结数字经济协定、双边或多边贸易协定的过程中增加国家安全例外条款来强化保障国家数字经济安全利益和发展利益。国家安全例外条款应以"开放式列举+兜底式辞令"的宽泛模式来设计框架，并明确国家安全例外条款的适用标准。此外，我国也应考虑引入公共政策例外条款的具体情形。[1]

2. 维护本国数据监管主权，提升数据跨境流动规则制定的话语权

当前，国际层面数据跨境流动治理规则的分歧依旧较大，而数据跨境治理规则的统一化趋势不可逆转，中国如何在全球系统性数据跨境流动治理规则的制定中发挥强大的话语影响力，推广对外输出数据治理规则的"中式范本"，需要从自身数字经济发展利益出发，在维护本国数据主权的基础上广泛开展对外数字经贸合作。

一方面，我国必须坚定捍卫自身的数据监管主权，维护核心安全利益。数据主权关涉多个议题，涵盖数字技术标准、数据隐私保护、数据跨境流动和网络空间治理等与数据安全相关

---

〔1〕 马光、毛启扬：《数字经济协定视角下中国数据跨境规则衔接研究》，载《国际经济法学刊》2022年第4期。

的方方面面，关乎任何一国的发展机遇，也牵涉任何一国的总体国家安全。[1] 如果不重视国家的数据主权价值，国家会丧失对外数据治理规则的制定的独立性和话语权，国家安全和公共利益会遭受极大伤害。例如数字巨头企业在海外运营的过程中会发生大量数据跨境传输行为，直接或间接呈现国家数字经济发展状况的数据不当披露行为和数据审计行为时有发生，对国家安全构成极大威胁。因而，国家对数据跨境流动行为应采取必要的限制或审查，这既有利于维持国家占有数据相关基础设施资源的独立性，也有利于防范信息技术强国对他国数据监听和非法获取数据的行为。[2]

另一方面，我国要加强对外数据跨境流动规制制定的话语权建构。对此，首先我国在多边层面可以利用 WTO 电子商务诸边谈判的平台联合与自身发展诉求相近的国家和地区，构建契合我国数字经贸利益的数字贸易国际规则。例如在数据跨境流动问题上，我国和俄罗斯都主张保障数据安全的重要性，强调国家对数据跨境流动的自主管辖权；在数字贸易便利化问题上，我国和巴西都持有"建设开放包容的数字贸易环境"的立场。因此，我国应积极寻求并扩大与发展中国家在数字经贸议题上的共识，尽快形成全球数字贸易规则的一致意见。其次，在区域层面，我国可以在 RCEP 规则范本的基础上提出全

---

[1] 冉从敬、刘妍：《数据主权的国际博弈与我国进路》，载《图书馆论坛》2023 年第 9 期。

[2] 王燕：《跨境数据流动治理的国别模式及其反思》，载《国际经贸探索》2022 年第 1 期。

球数据治理规则的"中国方案"。有学者指出,RCEP的规则范式秉持合作共治的治理模式,能够尊重不同国家经济文化的差异性,兼顾发达国家和发展中国家的利益诉求。[1] RCEP电子商务章节就要求缔约方之间加强交流合作,并确立电子商务议题的对话机制,为尚未达成的议题提供了磋商和合作空间。RCEP是涵盖15个国家的全球最大的自由贸易协定,我国不仅能够以此平台为依托加强与东盟的数字经贸合作,也可以与日韩等国家开展数字经贸议题的双边谈判,进而增强全球数字经贸规则制定的"中国声音"。最后,我国也可以积极借助"一带一路"倡议凝聚共建国家数字贸易治理共识,提高我国对外输出数字经贸规则的影响力。数字合作已经成为"一带一路"共建国家关注的重点,自中国首次提出建设"数字丝绸之路"倡议以来,中国已与十几个国家签署"数字丝绸之路"合作谅解备忘录,与多国共同发起《"一带一路"数字经济国际合作倡议》,与17个共建"一带一路"的国家建立了双边电商合作机制。中国为共建国家数字基础设施建设和数字技术发展提供了大量的援助和帮扶,特别是给共建国家数字产业发展和企业数字化转型带来了广阔的市场和技术支持。中国应充分利用"一带一路"共建国家力量,推动数字贸易深度合作,不断将中国数据治理的成熟经验、标准和方案向共建和周边国家甚至更大范围输出扩散。

---

[1] 徐伟功、贾赫:《RCEP背景下跨境数据流动治理规则比较研究与中国方案》,载《广西社会科学》2022年第12期。

3. 启动高水平数字经贸规则的区域试点

中国已经申请加入 CPTPP 和 DEPA，对标高标准数字经贸规则不仅要求国内深化改革促进数据法律制度体系的完善，我国也可以通过部分区域先行先试的办法完成高标准数字经贸规则的衔接和纳入。中国目前在数据跨境流动、数据隐私保护、源代码保护和数据开放共享等方面的数据治理规则与 CPTPP 和 DEPA 的标准仍有差距，如果贸然将高标准的国际数字经贸规则集中完成国内化纳入可能会对本国数字产业和数字安全带来不小的风险和适应成本，而充分利用自贸试验区和自贸试验港的制度创新功能，突破关键数字议题面临的国内市场准入限制和制度壁垒，能平稳加快国内制度与国际规则的兼容接轨，为国际数字经贸规则真正实现国内层面的落地融入提供宝贵经验和重要参考。[1] 例如我国《海南自由贸易港法》第 2 条就提到海南自由贸易港政策和制度体系要实现数据安全有序流动，第 42 条则明确指出"国家支持海南自由贸易港探索实施区域性国际数据跨境流动制度安排"。有学者建议由于数据自由流动的法律制度安排属于中央事权，我国人大常委会可授权自由贸易区或自由贸易港建立独立的数据跨境自由流动制度。[2] 当前，海南自由贸易港关于数据跨境流动规则的构建存在事权厘定不清、法律体系较为碎片化和模糊化、监管体制

---

[1] 高疆、盛斌：《数字贸易规则谈判与中国利益》，载《世界社会科学》2023 年第 4 期。

[2] 孙南翔：《CPTPP 数字贸易规则：制度博弈、规范差异与中国因应》，载《学术论坛》2022 年第 5 期。

不够健全等问题,加强地方立法的自主性、构建多元监管体制可能是国家下一步改革调整的方向,[1] 探索合理、行之有效并具有可操作性的数据治理规范将是海南自由贸易港推动国际数字规则先行试点实施的重点,秉持安全、有序、便利和开放的数据治理理念将始终贯彻在自由贸易区和自由贸易港的数据法治建设之中。

四、结论

国际经贸视域下的数据跨境流动规则是国家规制数字贸易的体现,其中既包括对数字贸易的促进和保护,也包括对数字贸易的限制和管控。以 WTO 电子商务谈判为代表的多边层面数字贸易规则的构建进程缓慢,各成员方态度各异并且立场不一,没有呈现出相互妥协的谈判趋势。而区域和双边层面的数据跨境流动规则层出不穷,CPTPP、RCEP、USMCA 和 DEPA 等晚近经贸协定各自形成了独具特色的数据跨境流动治理规则。纵观不同数字经贸规则的形成过程和内容表达,可以看出数字贸易自由化、数字贸易便利化以及加强数字贸易合作与发展是多数国家对数字贸易规则的共同期待,同时在数据跨境流动自由程度、数据隐私保护规则和数字产品非歧视待遇等问题上还存在较大分歧,这些分歧在短时间内很难弥合。这预示着全球层面数据跨境流动规则的碎片化治理格局会长期存在,而

---

[1] 陈利强、刘羿瑶:《海南自由贸易港数据跨境流动法律规制研究》,载《海关与经贸研究》2021 年第 3 期。

满足个体国家差异性需求的灵活性数据跨境流动规则可能会成为未来数字经济议题谈判的重点。为此，我国应该在坚定维护数据监管主权的立场上，推动本国数据法律体系的高水平迭代更新，并以自贸区或自贸港的先行试点为基础实现本土数据跨境流动规则和外部经贸协定规则的有效衔接，加快全球数字贸易的法治化进程。

◆ 参考文献

1. 沈根荣：《国际电子商务立法的发展进程及特点》，载《国际商务研究》2000年第2期。

2. 张虎、李清：《国际数字贸易规则：主要进展、现实困境与发展进路》，载《学术研究》2023年第8期。

3. 周念利、李玉昊：《全球数字贸易治理体系构建过程中的美欧分歧》，载《理论视野》2017年第9期。

4. 石静霞：《数字经济背景下的WTO电子商务诸边谈判：最新发展及焦点问题》，载《东方法学》2020年第2期。

5. 许多奇：《治理跨境数据流动的贸易规则体系构建》，载《行政法学研究》2022年第4期。

6. 汤霞：《WTO数字贸易国际规则制定的最新态势及中国因应》，载《大连理工大学学报（社会科学版）》2023年第6期。

7. 盛斌、陈丽雪：《多边贸易框架下的数字规则：进展、共识与分歧》，载《国外社会科学》2022年第4期。

8. 孙南翔：《CPTPP数字贸易规则：制度博弈、规范差异与中国因应》，载《学术论坛》2022年第5期。

9. 李雪娇：《CPTPP数据跨境流动例外规则与中国因应》，载《数字法治评论》2023 年第 1 期。

10. 陈咏梅、张姣：《跨境数据流动国际规制新发展：困境与前路》，载《上海对外经贸大学报》2017 年第 6 期。

11. 张晓君、屈晓濛：《RCEP 数据跨境流动例外条款与中国因应》，载《政法论丛》2022 年第 3 期。

12. 李墨丝：《CPTPP+数字贸易规则、影响及对策》，载《国际经贸探索》2020 年第 12 期。

13. 宋云博：《DEPA 个人信息跨境流动的规则检视与中国法调适》，载《法律科学（西北政法大学学报）》2024 年第 1 期。

14. 张正怡：《论数字经济协定的造法"再平衡"走向及中国回应》，载《法商研究》2022 年第 6 期。

15. 靳思远、沈伟：《DEPA 中的数字贸易便利化：规则考察及中国应对》，载《海关与经贸研究》2022 年第 4 期。

16. 石静霞、陆一戈：《DEPA 框架下的数字贸易核心规则与我国的加入谈判》，载《数字法治》2023 年第 1 期。

17. 贺小勇、高建树：《数字贸易国际造法的共识、分歧与因应》，载《学术论坛》2022 年第 4 期。

18. 李墨丝：《WTO 电子商务规则谈判：进展、分歧与进路》，载《武大国际法评论》2020 年第 6 期。

19. 赵龙跃、高红伟：《中国与全球数字贸易治理：基于加入 DEPA 的机遇与挑战》，载《太平洋学报》2022 年第 2 期。

20. 马光、毛启扬：《数字经济协定视角下中国数据跨境规则衔接研究》，载《国际经济法学刊》2022 年第 4 期。

21. 冉从敬、刘妍：《数据主权的国际博弈与我国进路》，载《图书馆论坛》2023 年第 9 期。

22. 王燕:《跨境数据流动治理的国别模式及其反思》,载《国际经贸探索》2022 年第 1 期。

23. 徐伟功、贾赫:《RCEP 背景下跨境数据流动治理规则比较研究与中国方案》,载《广西社会科学》2022 年第 12 期。

24. 高疆、盛斌:《数字贸易规则谈判与中国利益》,载《世界社会科学》2023 年第 4 期。

25. 陈利强、刘羿瑶:《海南自由贸易港数据跨境流动法律规制研究》,载《海关与经贸研究》2021 年第 3 期。

26. 《加强涉外法制建设 营造有利法治条件和外部环境》,载《人民日报》2023 年 11 月 29 日,第 1 版。

27. S. A. Aaronson, P. Leblond, "Another Digital Divide: The Rise of Data Realms and Its Implications for the WTO", *Journal of International Economic Law*, 2018, 21 (2).

28. M. Burri, "The Regulation of Data Flows Through Trade Agreements", *Geo. J. Int'l L.*, 2016, 48.

29. Neha Mishra, and Ana Maria Palacio Valencia, "Digital Services and Digital Trade in the Asia Pacific: An Alternative Model for Digital Integration?", *Asia Pacific Law Review*, 2023, 31, 2.

30. Joshua P. Meltzer, "The United States–Mexico–Canada Agreement: Developing Trade Policy for Digital Trade", *Trade L. & Dev.*, 2019, 11.

31. Zheng Lingli, "Construction of Cross-border E-commerce Rules along the Belt and Road: With Reference to the CPTPP & USMCA", *J. WTO & China*, 2020, 10.

32. Marta Soprana, "The Digital Economy Partnership Agreement (DEPA): Assessing the Significance of the New Trade Agreement on the Block",

Trade L. & Dev. , 2021, 13.

33. J. Huang, "Comparison of E-commerce Regulations in Chinese and American FTAs: Converging Approaches, Diverging Contents, and Polycentric Directions?", *Netherlands International Law Review*, 2017, 64.

34. H. Gao, "Digital or Trade? The Contrasting Approaches of China and US to Digital Trade", *Journal of International Economic Law*, 2018, 21 (2).

35. D. Ciuriak, M. Ptashkina, "Towards a Robust Architecture for the Regulation of Data and Digital Trade", *CIGI Paper*, 2020 (240).

36. M. Burri, R. Polanco, "Digital Trade Provisions in Preferential Trade Agreements: Introducing a New Dataset", *Journal of International Economic Law*, 2020, 23 (1).

37. Marc D. Froese, "Digital Trade and Dispute Settlement in RTAs: An Evolving Standard?", *Journal of World Trade*, 2019, 53 (5).

38. M. Elsig, S. Klotz, "Data Flow-related Provisions in Preferential Trade Agreements: Trends and Patterns of Diffusion", in: M. Burri, ed. , *Big Data and Global Trade Law*, Cambridge University Press, 2021.

39. I. Willemyns, "Agreement Forthcoming? A Comparison of EU, US, and Chinese RTAs in Times of Plurilateral E-commerce Negotiations", *Journal of International Economic Law*, 2020, 23 (1).

40. M. Burri, "Approaches to Digital Trade and Data Flow Regulation Across Jurisdictions: Implications for the Future ASEAN-EU Agreement", *Legal Issues of Economic Integration*, 2022, 49 (2).

41. M. Burri, "Trade Law 4.0: Are We There Yet?", *Journal of International Economic Law*, 2023, 26 (1).

42. Aaditya Mattoo, and Joshua P. Meltzer, "International Data Flows and

Privacy: The Conflict and Its Resolution", *Journal of International Economic Law*, 2018, 21 (4).

43. R. Wolfe, "Learning About Digital Trade: Privacy and E-commerce in CETA and TPP", *World Trade Review*, 2019, 18 (S1).

44. M. Burri, "Towards a New Treaty on Digital Trade", *Journal of World Trade*, 2021, 55 (1).

45. WTO, Joint Statement on Electronic Commerce, WT/L/1056, 25 January 2019.

46. WTO, Communication from the United States, Joint Statement on Electronic Commerce Initiative, INF/ECOM/5, 25 March 2019.

47. WTO, Communication from European Union, Joint Statement on Electronic Commerce, Establishing an Enabling Environment for Electronic Commerce, INF/ECOM/10, 16 May 2018.

48. WTO, Communication from European Union, Joint Statement on Electronic Commerce, INF/ECOM/13, 12 July 2018.

49. WTO, Communication from the European Union, Joint Statement on Electronic Commerce – EU Proposal for WTO Disciplines and Commitments Relating to Electronic Commerce, INF/ECOM/22, 26 April 2019.

50. WTO, Communication from China, Joint Statement on Electronic Commerce, INF/ECOM/19, 24 April 2019.

51. WTO, Joint Statement on Electronic Commerce – Communication from China, INF/ECON/40, 23 September 2019.

52. WTO, Communication from the Russia Federation, Joint Statement on Electronic Commerce Initiative, JOB/GC/181 (INF/ECOM/8), 16 April 2018.

53. WTO, Joint Statement on Electronic Commerce – Communication from Singapore, INF/ECOM/25, 30 April 2019.

54. Ministerial Conference Twelfth Session, Work Programme on Electronic Commerce, WT/MIN（22）/32, 22 June 2022.

55.《网络安全：全球性问题需全球化方法解决》，载 https：//www. un. org/zh/desa/cybersecurity-demands-global-approach。

56. Yasmin Ismail, "E-commerce in the World Trade Organization: History and Latest Developments in the Negotiations under the Joint Statement", 2020, available at https：//www. iisd. org/publications/report/e-commerce-world-trade-organization-history-and-latest-developments.

57. P. Leblond, "Digital Trade: Is RCEP the WTO's Future?", available at https：//www. cigionline. org/articles/digital-trade-rcep-wtos-future/.

58. Charlie Muller, João Paulo de Vasconcelos Aguiar, "What Is the Digital Divide?", available at https：//www. internetsociety. org/blog/2022/03/what-is-the-digital-divide/? gclid = Cj0KCQiAtOmsBhCnARIsAGPa5 yZTfDr wX3v4mkXybVVqfpkDLsdtvUBBwS8AnbCpqmvWVwM5VlnteroaAk – VEALw _ wcB.

第五章
隐私保护视角下的企业数据合规治理研究

一、企业数据合规的范畴厘定

数据治理[1]涉及数据保护和数据合规以及由此建立的个体数据权利的肯认和维护体系,[2]其中企业数据合规是企业合规[3]在数据领域的延伸,它所囊括的要素植根于企业合规的治理体系,既呈现出企业合规的一般面向,又具备数据合规的特殊要求。一套良性的企业合规治理体系所涵盖的有效的合

---

[1] 数据治理具有多义性,在宏观层面是国际关系和互联网治理的一部分,在微观层面是企业对数据可得性、可用性、完整性和安全性进行控制管理的策略和过程。V. Khatri, C. V. Brown, "Designing Data Governance", *Communications of the ACM*, 2010, 53 (1), pp. 148-152.

[2] W. G. Voss, "Cross-border Data Flows, the GDPR, and Data Governance", *Wash. Int'l L. J.*, 2019, 29, p. 519.

[3] 企业合规是一种自我约束和规制,企业通过特定的计划防止或纠正各种形式的不法行为,确保企业和员工行为符合规范和要求(法律法规、商业或伦理规范、企业内部的规章制度和国际惯例等)。M. H. Baer, "Governing Corporate Compliance", *BCL Rev.*, 2009, 50, pp. 958-961; D. D. Sokol, "Teaching Compliance", *U. Cin. L. Rev.*, 2016, 84, p. 401; T. Haugh, "Nudging Corporate Compliance", *Am. Bus. L. J.*, 2017, 54, p. 700; S. Hamann, "Effective Corporate Compliance: A Holistic Approach for the SEC and the DoJ", *Wash. L. Rev.*, 2019, 94, pp. 854-855.

规计划应包括合规宪章、合规组织体系、合规政策和合规程序四个部分,[1]而企业的数据合规则涉及个人数据保护合规和数据跨境流动合规两个维度,[2]但实际上数据跨境流动中也暗含对个人数据隐私保护的内容,二者不是完全割裂的状态,所以在笔者看来,结合企业合规的一般范畴和数据合规的特殊要求,企业数据合规是数据处理技术层面和企业人员管理层面的双重合规。

(一) 企业数据处理合规

数据的发展会经历一个从生成到消灭的完整周期,因而也引入了基于数据生命周期不同阶段特点的数据管理模式。[3]数据的生命周期主要包括数据形创、存储、使用、共享、归档和销毁六个阶段。[4]对于企业而言,数据处理流程的合规主要集中于数据采集、数据储存、数据使用处理、数据传输共享四个阶段的数据安全保障。

在数据收集阶段中,企业一般通过三种主要方式捕获数据:①数据采集,获取企业外部产生的数据;②数据输入,通过公司内部设备或人员创建新的数据值;③信号接收,基于物

---

〔1〕 陈瑞华:《企业合规的基本问题》,载《中国法律评论》2020年第1期。
〔2〕 李玉华、冯泳琦:《数据合规的基本问题》,载《青少年犯罪问题》2021年第3期。
〔3〕 Sujith Kumar, "What is data lifecycle management?", available at https://stealthbits.com/blog/what-is-data-lifecycle-management/.
〔4〕 "The 5 Stages of Data LifeCycle Management", available at https://www.dataworks.ie/5-stages-in-the-data-management-lifecycle-process/.

联网的信息系统和设备进行的数据检索。[1] 在数据收集来源上，其收集创建数据来源既可以是企业内部创建的现有数据，或者获取外部数据，或是接收来自多种设备（如物联网）信号。在数据收集类型上，其收集或创建的数据可以是结构化或非结构化数据。[2] 同时数据收集者，一般为企业，可以根据数据文件的类型（私有、敏感、内部、公共）等特征对其进行分类，根据不同的分类标准进行数据的处理和管理。[3] 在数据收集权益主体上，分为个人数据和非个人数据。在大数据背景下，数以万计的设备已配备物联网（IoT）技术，物体通过嵌入式与信息传感器、全球定位系统、射频识别技术等方式收集位置、声音等数据并通过网络接入，[4] 实现数据的快速收集和处理。物联网技术使得数据收集自动化，同时由于服务、设备和网络数据的多元化集成，使得数据迅速聚合形成企业或组织的数据池。但是由于企业往往作为数据收集者或数据处理者的角色出现，其本身并非其收集的个人数据的权益主

---

[1] Firmansyah Romadhoni, "What is Data Lifecycle Management? And What Phases Would It Pass Through?", available at https://medium.com/jagoanhosting/what-is-data-lifecycle-management-and-what-phases-would-it-pass-through-94dbd207ff54.

[2] "非结构化数据"，是指没有预定义数据模型的数据，其通常的表现形式主要为文本，其与以字段行使存储在数据库中的数据相比，可能会造成传统分析程序难以理解的不规则性和歧义。参见"Unstructured Data"，载维百科，https://en.wikipedia.org/wiki/Unstructured_Nata.

[3] Adam Marget, "Data Lifecycle Management: Stages, Goals and Organizational Benefits", available at https://www.unitrends.com/blog/data-lifecycle-management.

[4] Wikipedia, "Internet of Things", available at https://en.wikipedia.org/wiki/Internet_of_things#Privacy_and_security_concerns.

体,所以这要求企业在个人数据的收集阶段必须重视对被收集者的意愿。这也是各国普遍关注和规制的重要方面,即考察企业在个人数据收集过程中是否遵守相应的法定要求和标准以征得"个人数据权益主体"的同意。"同意原则"是企业收集数据的合法性基础,又由于数据收集阶段是数据生命周期的第一个阶段,所以个人数据权益主体的"同意原则"同样适用于企业在对个人数据进行全生命周期管理的后续任何一个阶段。对于如何选择个人数据收集的"同意"模式上,不同国家差异化数据保护水平导致不同的"同意"模式,如欧盟的"选择加入"(opt-in)模式[1]和美国的"选择退出"(opt-out)模式[2],所以企业需要针对不同地区的规定设置不同的进出机制,以适应不同国家不同数据法案的合规要求。比如微信国际版为应对 GDPR 的要求,声明用户未登录时间达 180 天后将自动删除账号信息,用户登录须重新搜集用户数据。[3]

在数字生命周期管理过程中,数据存储在企业数据合规过程中一般有如下的目标:①安全性。企业须制定数据安全措施以避免数据的随意更改和泄露。②完整性。要求企业制定全面的数据备份制度和恢复流程以实现数据的安全和可恢复性。

---

〔1〕 "选择加入"模式的运行逻辑在于实体在收集、处理个人数据之前必须获得消费者的同意。

〔2〕 "选择退出"模式其预设前提为企业可以收集某类个人数据,但要求数据收集者应当提供明确、便于访问的方式以示明个人用户可选择撤回处理人信息的权利。

〔3〕 梅傲、侯之帅:《互联网企业跨境数据合规的困境及中国应对》,载《中国行政管理》2021 年第 6 期。

③存储合规性。制定适当的存储政策以符合数据收集地或数据存储地的相关法律监管要求。[1] 前两项目标通常仅涉及企业为防范数据风险而开展的内部数据安全管理活动。而对于第三项目标,由于不同国家对于国家安全、公共利益、数据主权治理和个人数据保护等因素影响下的不同风险偏好不同,导致不同国家对于数据存储地基存储设备的本地化要求差异较大,所以在数据存储阶段存在跨境数据流动需求的企业在规则研究和合规上成本显著增加。

个人数据使用分为个人数据访问和个人数据处理两个阶段。[2] 而我国对于数据使用方面的行为限制始于企业或其他数据控制者的个人数据访问阶段。访问是收集、存储之后的阶段,但仍然在数据的处理行为之前。"访问控制措施"的规制对象主要是企业或其他数据控制者的内部数据控制和安全保护的行为,数据内部安全的管理目标要求企业内部管理人员其访问权限应当被限制在完成职责所需的最少的数据操作权限,[3] 并且对内部管理人员的批量修改、拷贝、下载的操作进行审批流程的限制等。在个人信息的展示环节,应当对需展示的个人信息采取去标识化处理的措施。同时,对于个人信息的处理环

---

[1] Adam Marget, "Data Lifecycle Management: Stages, Goals and Organizational Benefits", available at https://www.unitrends.com/blog/data-lifecycle-management.

[2] Stephanie Shen, "Big Data Architecture in Data Processing and Data Access", available at https://towardsdatascience.com/big-data-architecture-in-data-processing-and-data-access-d03cff195e21.

[3] 参见《信息安全技术 个人信息安全规范》(GB/T 35273-2020)第7.1条。

节，应当遵循目的限制原则，[1] 即企业在使用个人信息时，不应超出与收集个人信息时所声称的目的具有直接或合理关联的范围，如业务需要确需超出上述范围使用个人信息的，应再次征得个人信息主体明示同意。也就是说个人数据的全生命周期企业的活动都应当尊重个人的数据自决权，实行动态的数据主体的同意原则。

个人数据传输共享，是指信息控制者或收集者向其他第三方提供信息，且双方分别对信息拥有独立控制权的过程。数据传输共享作为数据流动的重要环节，不仅发生在同一跨国企业内部信息沟通与业务开展过程中，也同时发生在不同企业之间数据库共享以增强内部数据池的情景下。[2] 通过数据传输共享，不同企业通过数据库的融合和分析能够创造更大商业价值。Gartner咨询组织认为，打破数据孤岛及促进数据共享能为企业在业务价值上更显著地超越同行。[3] 不同企业组织或跨越不同国界和法域的数据交换形式，使得数据传输共享成为较为典型的数据跨境流动的方式之一。在个人数据共享的目标层面，由于各国政府的优先事项和风险偏好不同，导致不同国家数据共享法规具有不同的要求和流程，数据自由共享和数据

---

〔1〕 参见《信息安全技术 个人信息安全规范》（GB/T 35273-2020）第7.3条。

〔2〕 "What Is Data Sharing?", available at https：//www.snowflake.com/guides/what-data-sharing。

〔3〕 Laurence Goasduff, "Data Sharing Is a Business Necessity to Accelerate Digital Business", May 20, 2021, available at https：//www.gartner.com/smarterwithgartner/data-sharing-is-a-business-necessity-to-accelerate-digital-business。

隐私保护两种截然不同的价值目标分歧使得数据分享在数据跨境流动不同国家规则中的冲突更加明显。例如欧盟 GDPR 规则框架设置了个人数据共享的几个核心原则：①目的限制：有具体、明确及合法的目的和理由进行数据传输共享;[1] ②同意原则：通过总体隐私声明或者具体通知的方式告知涉及个人信息的共享数据内容，并经过数据主体同意;[2] ③最小化原则：须考虑如何通过最适当和最必要的个人数据传输方式来实现共享目的，减少不必要和多余的数据传输。[3] 而美国 CCPA 则规定消费者有权了解企业出售或共享的个人数据类型，并禁止未经过消费者同意的数据出售或共享。[4] 跨地区的不对称法规一定程度上抑制了数据传输共享活动并提高了合规成本，数据传输共享阶段也成为跨境数据流动中企业合规重点关注的领域。[5]

（二）企业数据管理义务

企业数据合规的第二个层面则是企业对于数据业务支线上人员管理和违规危机应对的综合体系搭建。企业的有效合规管理模式有常态化的合规管理模式和应急性的合规管理模式之

---

[1] GDPR 第 5 条 (b)。
[2] GDPR 第 6 条，第 49 条 (a)。
[3] GDPR 第 5 条 (c)。
[4] California Consumer Privacy Act of 2018, Article 1798.115.
[5] Seha Yatim, "Data-Sharing Regulations Heat Up in 2020", April 22, 2020, available at https：//www.corporatecomplianceinsights.com/data-sharing-regulations-2020/.

分,[1] 分属到数据业务领域就存在数据合规的常态管理和数据合规的应急管理两层架构,前者包括数据合规组织体系管理、数据合规防范体系管理、数据合规监控体系管理,后者则指在数据违规行为发生后的应对体系构建。

企业合规组织体系是合规委员会、首席合规官、合规部门、合规人员等组成的自上而下的垂直合规管理体系。[2] 故而对数据业务的合规管理则会形成数据合规委员会、首席数据合规官、数据合规部门和数据合规专员的子体系。[3] 以华为公司为例,华为公司在企业合规建设方面设立首席合规官统一管理公司合规事务并直接向公司董事会汇报工作,同时在各具体业务领域中安设合规官、成立合规组织负责本领域具体的合规管理。[4] 在数据保护领域,华为设立全球网络安全与用户隐私保护委员会,作为公司的最高网络安全与隐私保护管理机构,负责决策和批准公司总体网络安全与隐私保护战略,并任命全球网络安全与用户隐私保护官(Global Cyber Security and Privacy Officer,GSPO),负责领导团队制定网络安全与隐私保护战略和政策。同时华为还设立全球网络安全与用户隐私保护

---

〔1〕 陈瑞华:《有效合规管理的两种模式》,载《法制与社会发展》2022年第1期。

〔2〕 陈瑞华:《企业合规的基本问题》,载《中国法律评论》2020年第1期。

〔3〕 毛逸潇:《数据保护合规体系研究》,载《国家检察官学院学报》2022年第2期。

〔4〕 《华为公司的合规管理》,载 https://www.huawei.com/cn/compliance。

办公室，协助 GSPO 完成战略及政策的制定和落地执行。[1] 此外，荣耀公司也建立了由全球网络安全与隐私保护委员会、全球网络安全与隐私保护官、隐私保护联席会议组成的层级分立的隐私管理组织架构，打造系统的隐私保护管理体系和责任体系，有序推进企业的数据合规事务。[2]

企业合规防范体系是为预防合规风险有针对性地构建一套防备机制，主要包括经营业务合规风险评估、对特定人员和公司合规调查以及人员合规培训三个部分。[3] 因而数据领域的合规防范体系也相应在此展开。首先，数据合规风险评估需要明确数据流动本身存在的风险点，对数据存储、处理和流动所涉及的主体和人员进行审查。[4] 同时要进行数据保护影响的评估，系统性地分析和评估数据处理的目的、数据处理是否对个人自由有所减损、对个人信息权利的负面影响的可能性及程度等内容，而且它不是一次性的评估结果，而是连续性的持久过程。[5] 其次，数据合规中对特定人员和公司的调查是对与本公司进行数据商业交往的客户和第三方以及被并购方进行的

---

[1]《网络安全与隐私保护》，载 https://www.huawei.com/cn/compliance/cyber-security。

[2]《荣耀隐私保护白皮书（2021）》，第 3~4 页。

[3] 陈瑞华：《企业合规的基本问题》，载《中国法律评论》2020 年第 1 期。

[4] "What Is a Data Risk Assessment?", available at https://securityscorecard.com/blog/guide-to-performing-a-data-risk-assessment.

[5] "Data Protection Impact Assessments", available at https://ico.org.uk/for-organisations/guide-to-data-protection/guide-to-the-general-data-protection-regulation-gdpr/accountability-and-governance/data-protection-impact-assessments/.

背景调查,这也是在公司合规尽职调查[1]下对数据领域违规的全方位查漏检视。倘若依据现行的数据保护法规框架,商业合作伙伴或客户存在不正当的违规操作,如不当披露个人数据和在数据传输中未对目标数据进行匿名化处理,[2] 可以通知要求其实施合规整改,否则停止合作。企业通过前期细致调查的方式及时发现外部潜存的数据风险,才能明确了解和划定违规后可能承担的合规责任,做到防患于未然。[3] 最后,要广泛开展企业人员的数据合规培训项目。合规培训的主要目的是让员工理解、遵守并内化企业的合规政策和制度,[4] 数据合规培训则是让员工熟悉了解数据处理的法律边界,并在日常工作中严格按照规定开展数据业务。同时企业合规培训还起到责任分割的作用,一个有效的合规培训需要参加人员的署名签字保证,从而为日后的违规调查划清员工和企业的责任归属做准备。[5] 同时,企业合规培训的有效性检验还需要对员工培训

---

[1] 合规尽职调查是合规风险评估的一种特殊形式,是针对客户、第三方商业伙伴和被并购的企业是否存在违规、违法情况所采取的背景调查活动。陈瑞华:《律师如何开展合规业务(二)——合规尽职调查》,载《中国律师》2020年第9期。

[2] James Waddell, "Data Protection Issues on Due Diligence and Disclosure", available at https://www.stevens-bolton.com/site/insights/briefing-notes/data-protection-issues-on-due-diligence-and-disclosure.

[3] 陈瑞华:《大数据公司的合规管理问题》,载《中国律师》2020年第1期。

[4] Hui Chen, and Eugene Soltes, "Why Compliance Programs Fail and How to Fix Them", *Harvard Business Review*, 2018, 96 (2), pp.116-125.

[5] 陈瑞华:《企业合规的基本问题》,载《中国法律评论》2020年第1期。

前后是否受到正向指导以及工作改善与否进行对比考察。[1]

企业合规监控体系是企业对自身业务经营过程进行实时监控和监督,对可能发生的违规事项和行为进行准确识别和捕捉,以便采取适当措施进行改正和修补。[2] 企业合规监控体系包含合规监控、合规审计、违规举报和合规报告四个基本要素,因而落实到数据领域则有数据合规监控、数据合规审计、数据违规行为举报和数据合规报告四个子部分。首先,数据合规监控是企业对其生产制造、销售、出口等经营全过程中所涉及的数据流动和传输进行的实时审查,其中可能在不同环节经历着数据从采集到销毁的生命全周期,所以需要进行体系化、全域化和全周期的动态监测,保证每个环节的数据处理过程都符合法律法规的要求。[3] 其次,数据合规审计则是公司委托独立的第三方对公司数据处理过程和数据保护政策进行外部专业审核和监督,规范企业数据处理行为,促进个人数据的合理利用。数据合规审计内容主要涉及数据处理者义务、个人数据权利实现、数据处理全流程活动、数据跨境提供等方面,旨在

---

[1] Hui Chen, and Eugene Soltes, "Why Compliance Programs Fail and How to Fix Them", *Harvard Business Review*, 2018, 96 (2), pp. 116-125.

[2] 陈瑞华:《有效合规管理的两种模式》,载《法制与社会发展》2022年第1期。

[3] 毛逸潇:《数据保护合规体系研究》,载《国家检察官学院学报》2022年第2期。

确保个人的数据权益不被企业损害。[1] 再次，在数据违规举报机制下，企业内部员工、客户、数据利益相关者和外部社会人员可以对企业实施伤害个人隐私权益和数据利益的违规行为进行投诉举报。企业可以发布专门的举报渠道（如信箱、电话等）和设置专门的举报平台以供相关人员反映情况。[2] 最后，企业应建立数据合规报告制度，要求数据合规官和数据合规部门定期或不定期地汇报数据合规计划的执行情况、数据合规的风险评估以及数据违规的应急处理等，并提出改正建议和措施弥补已有的合规漏洞和缺陷。[3]

企业合规应对体系是纠错体系，它的主要目的是企业尽可能主动消除被发现的违规行为，使企业的运行回归到合规状态，并对违规责任人进行处分或惩戒。[4] 企业合规应对体系一般要经历企业违规内部调查、惩戒违规人员、查漏补缺完善合规计划三个阶段，如果外部行政或司法机关介入调查，企业应积极配合。[5] 数据合规应对体系犹然如此，例如Facebook公司因违反隐私政策和法律招致联邦贸易委员会开出巨额罚

---

〔1〕 个人信息保护合规审计推进小组：《关于推进个人信息保护合规审计的若干建议》，载 http://www.gznsxh.cn/uploads/20211207/ead92fd8495f6065de5658016d8c6d08.PDF。

〔2〕 陈瑞华：《有效合规管理的两种模式》，载《法制与社会发展》2022年第1期。

〔3〕 《企业境外经营合规管理指引》第17条。

〔4〕 陈瑞华：《论企业合规的中国化问题》，载《法律科学（西北政法大学学报）》2020年第3期。

〔5〕 陈瑞华：《有效合规管理的两种模式》，载《法制与社会发展》2022年第1期。

款,随后便承诺将要僭越隐私政策的开发者,并定期将合规报告交由联邦调查委员会审核。[1] 而且为了应对更加严格的隐私管控趋势,Facebook 公司还在原有的合规团队的基础上首次聘任了首席合规官来帮助其提升全球合规水平和风险管理,促成公司最高程度的法律和伦理行为准则。[2]

二、隐私保护视角下企业数据合规的风险预知

企业合规为应对合规风险而生,它是在预估和辨明风险的基础上,构建形成有效应对和处理解决风险的公司治理架构。[3] 聚焦到企业数据业务板块,企业所面临的潜在风险则分列为数据业务线中的人员管理风险、数据规范层上的法律风险和数据处理过程中的技术风险。

(一)人员失职的管理风险

如前所述,企业的数据合规组织体系由数据合规官和其领导的具体数据合规部门构成,是企业合规体系的重要组成部门,加上以公司股东和董事会所组成的决策和管理层,共同构成决定企业数据业务运行方向和运营状况的主要角色,随之而来的是自上而下的会蕴藏着不同层级的隐私危机。

首先,企业数据合规决策层利益至上的理念容易诱发隐私

---

〔1〕 The Editorial Board, "Facebook's Privacy Penalty", available at https://www.wsj.com/articles/facebooks-privacy-penalty-11564009934.

〔2〕 Mengqi Sun, "Facebook Hires Its First Chief Compliance Officer", available at https://www.wsj.com/articles/facebook-hires-its-first-chief-compliance-officer-11611964622.

〔3〕 陈瑞华:《企业合规的基本问题》,载《中国法律评论》2020 年第 1 期。

风险。在股东至上理论（shareholder primacy theory）[1]的引导下，股东是企业的控制者和所有者，企业生存发展的目标则是追求股东利益的最大化。股东群体作为企业的最高决策层，其所秉持的发展理念是企业经营的精神指引，他们对企业的规划布局则是企业日常运作的最高指示。面对企业收集而来的海量用户数据，股东决策的出发点是尽可能从中榨干数据利用的经济利益，鲜有对用户个人数据进行完备保护的欲想。加之许多公司治理结构中缺少隐私官或合规官的参与，关照数据隐私的事由被决策层置若罔闻是常态。[2]而且，数据业务的违法成本远不及其所产生的巨大收益，对用户隐私保护义务的蔑视也成为企业最高决策层的不宣之义，所以像亚马逊、谷歌和Facebook等大型的科技公司争相去挖掘消费者的数据，并把这些蕴藏着丰富个人数据的信息宝库卖给广告商攫取巨额的利润，甚至政府机构也在逐渐加入买卖公民数据的商业暗谋。[3]况且，个人数据保护出现纰漏的直接受损方是数据主体，数据处理的收益则全部化归于企业的收益，股东是最大受益者，这

---

[1] 股东至上理论是公司法中的重要原则，意指公司的经营目标是股东利益最大化。D. Gordon Smith, "The Shareholder Primacy Norm", *J. Corp. L.*, 1998, 23, pp. 277-323.

[2] V. L. Schwartz, "Corporate Privacy Failures Start at the Top", *BCL Rev.*, 2016, 57, pp. 1739-1743.

[3] M. E. Gilman, "Five Privacy Principles (from the GDPR) the United States Should Adopt to Advance Economic Justice", *Ariz. St. L. J.*, 2020, 52, p. 376.

也解释了股东在经济意义上的道德风险会加剧隐私危机的出现。[1]

其次，企业数据合规管理层的制度机制存在隐私保护疏漏。针对个人数据泄露等隐私保护问题，许多企业也开始有意识地设置负责数据合规业务的特殊职位。如在 GDPR 的要求下，数据保护官（DPO）成为数据控制者企业必须设置的岗位，[2] 它也是企业中个人数据保护的直接管理者，构建数据安全和隐私保护策略并保证其得到完整实施。[3] 因而 DPO 的主要职责则是充分识别和评估数据隐私风险并制定相应的数据合规制度和体系去预防和应对隐私侵犯的合规风险。[4] 相应地，以数据保护方案设计和隐私影响评估就成为 DPO 技术能力要求中必不可少的内容，[5] 这也决定了 DPO 成为企业关于数据保护业务的直接责任人，然而不同国家对 DPO 的问责机制存在巨大差异，使得 DPO 承担着隐私违法的低成本风险。像美国的联邦政策和法律中并没有对 DPO 的处罚规定，中国对于企业数据安全负责人的违法问责也没有给出明确严厉的处

---

〔1〕 周昀、姜程潇：《关键数据处理机构的数据治理结构》，载《法学杂志》2021 年第 9 期。

〔2〕 GDPR 第 37 条。

〔3〕 宛玲：《国外个人数据保护官的概念、职责与能力素质》，载《图书情报工作》2018 年第 17 期。

〔4〕 宛玲：《国外个人数据保护官的概念、职责与能力素质》，载《图书情报工作》2018 年第 17 期。

〔5〕 张弛：《数据保护官岗位角色技术能力分析》，载《中国信息安全》2019 年第 2 期。

罚措施,[1] 与欧洲国家的巨额罚款甚至监禁等处罚措施形成较大反差,预示着 DPO 在监督数据跨境流动活动中会有不同程度的隐私关照。

最后,企业数据合规执行层的联动障碍和掣肘增加了隐私保护的难度。企业的数据合规体系是一个庞大工程,需要多个部门的相互配合和沟通。企业的法务部门积极关注数据立法的最新动态,但并不关注数据业务的运行、产品的研发和市场的拓展,[2] 而作为隐私保护工作的牵头方,合规部门和法务部门需要统筹不同部门的诉求,来推动企业的数据隐私保护工作,而相互迥异的部门诉求在复杂企业组织结构中逐渐成为隐私保护工作的绊脚石。企业数据合规执行层是数据合规体系上传下达发挥实际效用的最后一环,企业内部业务部门之间的冲突无疑会增加用户数据隐私保护的风险。[3]

(二) 跨境监管的法律风险

企业开展数据合规工作的前提是找准和明晰应遵循的数据法规和行为规范。[4] 在充分了解和熟悉数据法律规范的基础上,通过把各国管制数据跨境流动的制度要求和理念内化于企

---

[1] 相丽玲、王秀清:《中外数据保护官制度分析及启示》,载《情报杂志》2021 年第 6 期。
[2] 高轶峰、左超:《企业隐私保护工作的挑战和实践探索》,载《中国信息安全》2021 年第 3 期。
[3] 范磊:《企业数据安全合规体系构建的难点和重点》,载 https://www.163.com/dy/article/GRA2M1HC0519BMQ6.html。
[4] 李玉华、冯泳琦:《数据合规的基本问题》,载《青少年犯罪问题》2021 年第 3 期。

业的数据合规体系中，才能有效避免数据合规危机。而目前企业数据跨境流动所面临的法律风险主要表现为本土数据法律更新变化的调适风险，域内法规和域外法规不一致的错差风险，行政合规与刑事合规相区隔的分离风险。

首先，本土数据法规颁布更新速度频加，企业的适应压力激增。在 2021 年以前，我国对于数据跨境流动的规制主要是以 2017 年施行的《网络安全法》为依据，其中对关键信息基础设施的出境提出了安全评估的要求，[1] 并对安全评估的责任主体、管理对象和责任进行了详细限定。后来随着《数据安全法》和《个人信息保护法》的出台，数据治理"三驾马车"的立法体系已然形成，适用于境内所有网络运营者处理个人信息和数据的行为。在具体行业领域中，金融方面的《中国人民银行金融消费者权益保护实施办法》、交通方面的《网络预约出租汽车经营服务管理暂行办法》、出版方面的《网络出版服务管理规定》等行业规范都在发挥着规制数据安全流动的作用。在地方立法上，上海和深圳也都率先出台了《上海市数据条例》与《深圳经济特区数据条例》，自上而下逐步建立起全面布局、层次分明、重点凸显的数据安全法规监管体系，[2] 这对企业数据合规工作的有效完成而言是长期性的挑战，庞杂的数据法规不断颁行也在逼迫着企业必须时刻准备调整数据合规的方案。同时，在新兴数据法规的敦促下，数据隐私保护也

---

[1]《网络安全法》第 37 条。
[2] 安永（中国）企业咨询有限公司、上海赛博网络安全产业创新研究院：《2021 全球数据合规与隐私科技发展报告》，第 10 页。

渐趋严格。以《个人信息保护法》为例，作为系统性的个人信息权益保护机制，[1]该法为了纠正数据主体和数据控制处理者之间在信息采集能力、信息处理能力和信息传播社会影响力上的不均衡关系，防止数据主体的自主性和隐私权益被过分褫夺，该法赋予了信息主体在信息处理活动中应享有的各项具体权利，构建起以知情决定权为基础、查阅复制权为核心、可携带权为保障、信息更正删除权为补充的完整信息权利体系。[2]其中对私密敏感个人信息进行特殊化的列举，并以"单独同意"和"书面同意"为前提基准打造严格的个人信息处理规则。[3]强力执法的出炉为数据安全和隐私保护增添"安全阀"的同时，也给企业套上了合规"紧箍咒"，企业守法正规的任务更加艰巨。[4]

其次，数据跨境流动跨越不同国家，多重法律监管导致合规成本叠加。不论是企业内部的数据跨境流动还是不同企业间的数据跨境传输，跨境的数据处理行为都会受到多个国家的监管，随着"第一世界"国家和其主要的贸易伙伴对于数据保护逐渐达成共识，实现 GDPR 的合规在不断促成某种全球公认

---

[1] 龙卫球：《〈个人信息保护法〉的基本法定位与保护功能——基于新法体系形成及其展开的分析》，载《现代法学》2021 年第 5 期。

[2] 汪庆华：《个人信息权的体系化解释》，载《社会科学文摘》2022 年第 4 期。

[3] 王利明、丁晓东：《论〈个人信息保护法〉的亮点、特色与适用》，载《法学家》2021 年第 6 期。

[4] 彭洪毅：《〈个人信息保护法〉企业合规义务规定的时代背景解读》，载《企业家日报》2021 年 11 月 29 日，第 3 版。

的数据隐私保护标准。[1] 当中国企业在处理和传输欧盟公民的个人数据时，中国的《个人信息保护法》和欧盟的 GDPR 都会成为判定企业数据处理行为是否合法的依据。而 GDPR 通过为数据主体赋权的方式促成了极其严格的个人数据保护法制，在保护范围、保护方式和司法目标的权衡等方面提供了比传统隐私权视角更为深刻和强力的保护路径。[2] 随之许多互联网公司在处理欧盟公民数据的流程中就必须创设数据主体的特定权利去提高数据保护标准，像谷歌公司为了给予用户被遗忘权专门设置抹除和删除数据记录和内容的审查流程。[3] 为适应 GDPR 的要求，企业侵犯隐私的风险和合规成本在不断提高，有机构统计大公司每年在 GDPR 合规上的花费高达几百万美金（隐私合规团队雇佣、隐私技术投入、合规法律咨询和培训等）。[4] 其一，企业在 GDPR 的规制下侵犯隐私的罚款数额巨大。其二，网站不能轻易地通过把个人数据的处理工作外包转移从而转嫁或撇开其隐私侵犯的责任。用户可以追究网站技术提供者第三方和网站本体的联合责任。其三，对 GDPR 解读

---

[1] M. L. Rustad, T. H. Koenig, "Towards a Global Data Privacy Standard", *Fla. L. Rev.*, 2019, 71, pp. 431-452.

[2] 刘泽刚:《欧盟个人数据保护的"后隐私权"变革》，载《华东政法大学学报》2018 年第 4 期。

[3] "Google Fights Plan to Extend 'Right to be Forgotten'", available at https://www.bbc.com/news/technology-45484300.

[4] Anupam, Chander et al., "Achieving Privacy: Costs of Compliance and Enforcement of Data Protection Regulation", *Policy Research Working Paper*, 2021, No. 9594, pp. 11-20.

和适用的难以捕捉性和不确定性需要耗费巨大的时间成本以及经过长期的实践认定。[1] 有学者也指出 GDPR 框架下无边泛化的个人信息概念、模糊的个人识别认定和无所不包的信息处理范围使得 GDPR 的实施和执行存在极大的不稳定性,背离了原始的制度设计初衷并增加了欧洲乃至全球公司的合规负担。[2]

最后,数据合规在行政层面和刑事层面的模糊分离,侵犯数据隐私的风险在无形中提高。根据行为的危害程度不同,行政合规和刑事合规二者是程度递升的关系,刑事违规的制裁范围和程度一般要严于行政违规。[3] 民事或行政法上的合法行为不可能具备刑事违法性,而民事或行政法上的违法行为,并不必然具备刑事违法性,这是法秩序统一性的基本原理。[4] 而在涉及公民个人信息权益的数据领域,由于数据滥用和泄露等违法行为频出,侵犯公民个人隐私权的行为和利用数据进行诈骗等犯罪行为联系紧密,存在违法行为的连贯性和叠重性,二者在法益侵犯的行为界限上很难认定。为了全面打击个人数据非法滥用的行径,司法实践经常把个人信息滥用行为进行刑

---

[1] C. Peukert, S. Bechtold, M. Batikas, et al., "Regulatory Spillovers and Data Governance: Evidence from the GDPR", *Marketing Science*, 2022, 41 (4), pp. 746-768.

[2] 高富平:《GDPR 的制度缺陷及其对我国〈个人信息保护法〉实施的警示》,载《法治研究》2022 年第 3 期。

[3] 崔永东:《合规治理的法律意义与道德意义》,载《中国社会科学报》2022 年 5 月 18 日,第 4 版。

[4] 张勇:《APP 个人信息的刑法保护:以知情同意为视角》,载《法学》2020 年第 8 期。

事化的解释和认定,[1] 为了避免企业在收集、管理和利用数据的时候成为"犯罪人",以加强对公民个人信息数据保护义务的侵犯公民个人信息罪和以履行企业网络安全管理义务的拒不履行信息网络安全管理义务罪都处于动态扩张的趋势,[2] 刑法保护范畴的不断扩充也预示着刑事合规要求的不断加码,企业合规风险防控的难度进一步加大。

(三)数据处理的技术风险

数据处理的各个阶段都存在数据泄露和隐私侵犯的风险,数据收集过程中个人数据被域外第三方非法获取,数据的集成融合与存储中不可信的外包服务方恶意攻击,数据流转交互阶段中用户的个人数据被匿名非法访问间接获取等,[3] 企业由于客观技术的缺漏和短板会不断为外部非法网络势力留下可乘之机。当前,造成数据泄露和隐私侵犯的重要原因是黑客频繁利用企业的技术漏洞刺穿数据安全防线。[4] 2015年,美国医疗保险公司Anthem遭遇大规模网络安全漏洞,黑客使用鱼叉式网络钓鱼电子邮件技术获取公司内部人员账户信息,未经授权非法入侵数据库,包括现任和前任客户、员工在内8000万

---

[1] 李怀胜:《侵犯公民个人信息罪的刑法调适思路——以〈公民个人信息保护法〉为背景》,载《中国政法大学学报》2022年第1期。

[2] 韩轶:《网络数据安全领域的企业刑事合规体系建构》,载《江西社会科学》2023年第1期。

[3] 彭宁波:《国内数据隐私保护研究综述》,载《图书馆》2021年第11期。

[4] 金元浦:《论大数据时代个人隐私数据的泄露与保护》,载《同济大学学报(社会科学版)》2020年第3期。

人的个人数据面临风险，成为迄今为止最大的医疗保健数据泄露事件。[1] 同样，雅虎公司在 2016 年宣布其超过 5 亿用户的个人账户信息被外部黑客盗取，信息内容涉及用户姓名、出生日期、邮箱地址、部分账户密码以及加密和非加密的安全问答信息等。[2] 大规模的数据泄露事件频出不止，甚至有人坦言"社交媒体网络的出现就是隐私'死亡'的开始"。[3] 这一方面反映出黑客高超的网络侵入技术能力，另一方面也是企业信息技术能力和安全维护意识薄弱的体现。用户对网络产品的使用一定程度上形成了对企业的依赖，随着企业收集的个人数据呈井喷式增长，企业的用户数据管理能力和安全防护意识未能同步提高，企业在信息安全维护上的投入和保护用户数据所具有的商业社会价值之间不能有效匹配，[4] 如今以网络平台为基底的产品和服务不断推出并跨越多国，第三方的网络攻击又逐渐精准和精智，企业在有限安全成本的基础上应对数据隐私侵犯的技术能力出现严重短缺，[5] 进一步扩大了企业的数据

---

[1] Tom Murphy, "Anthem to Pay Nearly $40M Settlement over 2015 Cyberattack", available at https：//abcnews.go.com/Technology/wireStory/anthem-pay-40m-settlement-2015-cyberattack-73340486.

[2] L. J. Trautman, P. C. Ormerod, "Corporate Directors' and Officers' Cybersecurity Standard of Care：The Yahoo Data Breach", *Am. UL Rev.*, 2016, 66, p. 1233.

[3] S. D. Sanders, "Privacy is Dead：The Birth of Social Media Background Checks", *SUL Rev.*, 2011, 39, pp. 243-247.

[4] 金元浦：《论大数据时代个人隐私数据的泄露与保护》，载《同济大学学报（社会科学版）》2020 年第 3 期。

[5] L. J. Trautman, "How Google Perceives Customer Privacy, Cyber, E-commerce, Political and Regulatory Compliance Risks", *Wm. & Mary Bus. L. Rev.*, 2018, 10, pp. 36-39.

安全危机和隐私侵犯风险。而且数据安全防护系统没有绝对安全可言,[1]网络技术的发展日新月异,企业对于隐私风险的管控往往是被动式的危机应对,外部的非法侵入和攻击与企业自身的阻却和防护往往也是此消彼长的动态关系,所以企业在数据安全的治理中所面临的技术攻关是一场长期持续的斗争。

三、隐私保护视角下企业数据合规的完善推进

麦格弗兰(McGeveran)教授提出数据安全合规体系应该从风险评估出发,然后制定公司内部正式政策,进而完成领导层的组建,全方位开展员工合规培训,最后通过外部审计持续性测试风险评估的实效,构成一个周期性的闭环合规系统。[2]基于前述企业数据业务涉及侵犯数据隐私的潜在风险点,企业如何在数据合规和数据治理过程中预防、化解和应对数据隐私侵害危机,笔者认为需要从人、制度和技术三个维度去透析和搭建企业数据合规的治理框架。

(一)企业数据合规中的人:管理义务的强化

从企业数据合规中"人"的因素去构造数据合规体系,必须从企业内部和外部两个视角去把握企业数据合规所串联牵涉的群体布局,企业内部视角合规建设是以公司决策管理层的股东和董事会、公司合规计划谋篇制定者(合规官)和具体

---

[1] Trautman L J, "Governance of the Facebook Privacy Crisis", *Pitt. J. Tech. L. & Pol'y*, 2019, 20, pp. 77-78.

[2] McGeveran W, "The Duty of Data Security", *Minn. L. Rev.*, 2019, 103, pp. 1182-1188.

执行者（合规部门）以及专员为对象展开，企业外部视角合规建设则是以外部监管方和第三方机构为主体协调推进展开，二者有机搭配形成组合方案保证企业数据合规事业的良性运转。

首先，强化公司管理决策层的行为约束。在股东中心主义价值观的引领下，股东是公司的主人，亦是公司治理规则和行为规范的顶层设计师。[1] 因而股东们的理念导向和管理行为决定公司的发展进程和前途命运。在一个有效的合规计划和治理方案中，公司高层们的承诺声明是必不可少的内容，[2] 只有公司高层领衔带头做出明确的合规承诺，守住加强数据隐私保护的行为红线，才能向公司上下所有员工传递出隐私保护的积极信号，培育良善的合规文化氛围。此外，公司章程作为股东自治的基石和公司管理者的行动指南，记载着公司经营活动的准则以及股东的权利和义务等重大事项，[3] 对公司高层的行为起到直接约束的效用。在此，可以尝试在公司章程中将遵守合规要求和隐私保护内容，并建立合规委员会和合规机构作为重要事项予以确定，增强公司股东和董事的义务性约束。最后，可以通过建立控股股东的业务信息定期披露制度和董事、监事和公司高级管理人员的业务审查制度，防止公司业务与高

---

[1] 刘俊海：《论新〈公司法〉的四项核心原则》，载《北京理工大学学报（社会科学版）》2022年第5期。

[2] 齐钦、孙昕锴、王路路：《企业合规计划的有效性判断》，载《中国检察官》2022年第3期。

[3] 常健：《论公司章程的功能及其发展趋势》，载《法学家》2011年第2期。

层人员自身其他业务的混同和交叠,[1] 避免公司沦落为高层攫取私利的工具,置用户个人数据隐私于不顾。2022年5月扎克伯格（Zuckerberg）由于涉嫌亲自参与了剑桥分析公司（Cambridge Analytica）侵犯用户数据隐私行为,导致数千万用户的个人信息被泄露,被华盛顿特区司法部部长卡尔·拉辛（Karl Racine）起诉。起诉声称剑桥分析公司在2016年美国总统大选期间非法收集几千万Facebook用户的个人数据的行为得到了扎克伯格的允诺并参与了其中的决策,他深刻明白开放共享个人数据的潜在风险,扎克伯格应该对此承担个人责任。[2] 股东有限责任的出现和公司法人人格否认制度的难以认定,[3] 股东容易操控公司获取私利,而定期进行信息披露制度特别是公司从事重大交易和关乎社会公众利益的特别行为时及时公布信息接受社会监督显得尤为重要。

其次,明确公司合规设计层的职责定位。企业合规官的主要任务是合规功能性的管理,它的职责是确保合规计划的整体有效运作,作为企业合规路径和内容上的主要设计师,必须具

---

〔1〕 周昀、姜程潇:《关键数据处理机构的数据治理结构》,载《法学杂志》2021年第9期。

〔2〕 "Zuckerberg Sued by DC Attorney General Over Cambridge Analytica Data Scandal", available at https://www.theguardian.com/technology/2022/may/23/mark-zuckerberg-sued-dc-attorney-general-cambridge-analytica-data-scandal.

〔3〕 公司人格否认有时与股东创立公司的初衷相违背,所以法院认定公司人格否认的条件比较苛刻,具体有三种情形:未能遵守公司的形式要求,公司沦为股东的另一种人格,公司资本显著不足。J. Macey, J. Mitts, "Finding Order in the Morass: The Three Real Justifications for Piercing the Corporate Veil", *Cornell L. Rev.*, 2014, 100, pp.104-110.

备相应的资质、声望和能力去履职担当。[1] 在数据合规领域，合规官的能力禀赋要求又具备特殊性。发展数据安全合规项目需要在管理经验和信息技术领域齐头并举的多样性人才，这也是为什么大量的数据公司需要聘任专业性的首席信息安全官的原因。[2] 在 GDPR 的规范下，掌握大量欧盟用户数据的数据控制和处理机构应当委任数据保护官，而担任数据保护官则应当表现出拥有专业性的知识（依数据处理的数量和敏感度以及数据跨境转移至欧盟以外的国家而定）、职业化的素质（在理论和实践层面通晓不同国家数据法规和 GDPR）和履职才能（如在组织雇员中引入和传递数据保护文化）。[3] 而数据保护官的任务职能则主要为监督确保业务与 GDPR 合规、参与数据保护影响评估和与监管机构合作。[4] 其一，监督确保业务与 GDPR 合规意味着对 GDPR 的完全遵守。数据保护官需要收集信息去确认数据处理活动，分析和检查数据处理活动的合规情况，向数据控制者和处理者告知并提供合理化的建议。其二，参与数据保护影响评估要求数据保护官在特殊数据活动中（如敏感个人信息的处理和大规模收集和处理个人数据等）量定制

---

[1] J. C. Krenitsky, "Defining the Chief Compliance Officer Role", *Am. U. Bus. L. Rev.*, 2016, 6, p. 320.

[2] A. Alexander, J. Cummings, "The Rise of the Chief Information Security Officer", *People and Strategy*, 2016, 39 (1), pp. 10-11.

[3] N. Ghibellini, "Some Aspects of the EU's New Framework for Personal Data Privacy Protection", *The Business Lawyer*, 2017, 73 (1), p. 209.

[4] N. Ghibellini, "Some Aspects of the EU's New Framework for Personal Data Privacy Protection", *The Business Lawyer*, 2017, 73 (1), p. 210.

定评估方案,对数据处理活动的目的、手段和风险等内容进行预先规划和测度。[1] 一套相对完备的数据影响评估方案应当由准备阶段(包括设计评估,标准化数据保护模型,评估目的、参与评估人员的身份查实,相关法律要求的明确,任务和注意事项的归档记录)、评估阶段(包括数据保护目标的阐明,潜在攻击者、动机和目标的识别,评估标准和基准的确认,给数据主体权利带来的风险评价)和报告保障阶段(包括适当保障措施的确认和执行,评估结果报告的形成和公布,评估结果的第三方审核,数据保护影响评估的管理和延续)组成,[2] 数据保护官要在全程跟进的基础上及时向公司决策层汇报评估结果和漏洞。其三,与监管机构合作表明数据保护官也要成为引导协调员。[3] 数据保护官是企业与监管机构之间的媒介和联系人,并代表企业与后者沟通所有涉及企业数据保护的事项。为了保证数据保护事项的畅通传达和咨询,避免企业在高风险的数据处理措施下承担可能的侵害责任,企业可以通过建立内部惩戒的方式加重数据保护官的个人责任,制约和限制数据保护官的懈怠和渎职,并切割与数据保护官的连带责

---

[1] D. Korff, M. Georges, "The Data Protection Officer Handbook", *The Data Protection Officer Handbook*, 2019, pp. 115-116.

[2] Felix Bieker, et al., "A Process for Data Protection Impact Assessment under the European General Data Protection Regulation", *Privacy Technologies and Policy: 4th Annual Privacy Forum*, APF 2016, Frankfurt/Main, Germany, September 7-8, 2016, Proceedings, pp. 26-35.

[3] N. Ghibellini, "Some Aspects of the EU's New Framework for Personal Data Privacy Protection", *The Business Lawyer*, 2017, 73 (1), p. 210.

任,从而降低甚至免除企业数据隐私侵犯的违法处罚。

再次,统筹协调数据合规执行层的工作部署。企业的数据合规尤其是隐私保护工作涉及数据业务运营层面、数据处理流动的风险管理层面和数据隐私保护的审查监督层面,这是数据隐私保护工作的三层"防护闸",[1]所以构建有效的职能协作和责任分配的数据合规组织体系尤为重要。以中兴公司为例,中兴公司建立了中兴通讯合规管理委员会为顶层决策指导机构,合规专业部门、业务单位合规团队和合规稽查部为核心的数据隐私合规风险控制的组织架构。[2]其中合规专业部门关注全球数据法律法规的要求和风险偏好的选择,通过理解外部法律环境,结合实际情况选择风险偏好,制定数据合规策略和规则。[3]业务单位合规团队关注合规规则的可落地性以及治理成本的最优化,推动合规规则落地和转化,并评估合规规则的合理性和科学性。[4]合规稽查部门则关注合规策略的盲区和风控与管理的平衡问题,考察合规风险是否得到有效治理,并根据业务场景的变化验证合规体系的有效性。[5]三者各司其职,相互配合,凝铸企业数据治理合力推动数据合规。对于各业务支线的管理和协调,有学者也主张设置统一的企业

---

[1] 高轶峰、张楠驰:《个人信息保护法解读:企业合规要求与义务履行》,载《信息安全与通信保密》2021年第11期。
[2] 《中兴通讯隐私保护白皮书(2020)》,第4页。
[3] 《中兴通讯隐私保护白皮书(2020)》,第4页。
[4] 《中兴通讯隐私保护白皮书(2020)》,第4页。
[5] 《中兴通讯隐私保护白皮书(2020)》,第4页。

数据隐私合规大使,[1] 作为各个合规业务团队的沟通桥梁和媒介,串联畅通不同业务部门的合规工作,但本质上该岗位所履行的职责任务与企业合规委员会的功能重叠,由企业的合规官或数据合规官代行即可。

最后,拥抱外部监管打造数据隐私保护的独立监督机构。企业内部层级化的数据合规组织结构对数据处理活动和数据合规制度进行阶段性和全过程的把关固然重要,但缺少"旁观者清"的监督机构会容易诱发"监守自盗"的数据保护漏洞风险。虽然存在行政机关的外部监管,但行政资源的有限性和规制管理的常态化缺位使得企业必须主动承担起自我规制的任务。故而打造独立的数据隐私保护的监督机构尤为必要。我国《个人信息保护法》对拥有庞大用户的大型互联网平台服务企业规定了其应设置独立机构监督其个人信息保护的义务要求,[2] 而其监督机构独立性的体现从法律体系化的角度出发,并不能把它看作是完全独立于企业外的社会监督机构或代行国家监督权力的国家监管部门的一员,而应当将其定位为独立于企业日常经营管理机构和数据业务运营部门的内设机构,[3] 某种程度上表现为企业机构内设性和监督外部性的结合,是企业内设的独立监督机构。这也决定了独立监督机构的人员结构

---

[1] 沈彦宁:《数据隐私合规管理体系研究》,载《山西科技报》2022年5月30日,第B3版。
[2] 《个人信息保护法》第58条。
[3] 张新宝:《大型互联网平台企业个人信息保护独立监督机构研究》,载《东方法学》2022年第4期。

主要由外部人员组成,同时吸纳少数企业内部人员。其职责范围仅包括对企业自身个人信息保护合规情况(个人信息保护合规政策和个人信息保护合规流程)进行监督以及对不规范个人信息处理活动进行建议指导和督促纠正,而不是决策和执行。[1] 此外,企业应善于利用外部第三方机构强化数据隐私保护的评估和监督。第三方机构作为独立于企业的非利益攸关方,能够通过调查取证等程序对企业的数据处理活动和个人信息保护进行衡量和评价,检测和识别数据全流程处理过程中的风险和企业人员管理方面的漏洞,为企业的数据合规工作提供风险预警。[2] 以律师事务所、数据评测机构和科研院所等专业性和技术性力量为代表的第三方机构在企业数据合规情况的评价和数据合规能力的评估方面也承担了相当大的社会职责。将企业数据合规评估结果和报告向社会公开,第三方机构为社会公众监督和行政部门监管提供了渠道和依据,延展了企业数据治理的监督通径。[3]

(二) 企业数据合规中的制度:有效数据合规计划的形成

企业数据合规中的"制度"因素构成了企业数据合规体系中的行为指南,它为企业数据合规中"人"的活动划定了行为边界,调动企业组织体系在各自设定的轨道上有序互动和

---

[1] 张新宝:《大型互联网平台企业个人信息保护独立监督机构研究》,载《东方法学》2022 年第 4 期。

[2] 孔祥稳:《论个人信息保护的行政规制路径》,载《行政法学研究》2022 年第 1 期。

[3] 李亚平、周伟良:《网络个人信息保护的动态监管策略研究》,载《重庆理工大学学报(社会科学)》2021 年第 11 期。

工作，从而保证企业的数据业务不越轨不违规。而企业数据合规中的制度构想主要是设计有效的数据合规计划，从而形成全过程数据合规的治理体系。一个有效的企业合规计划是风险导向化、要素完备化和全面覆盖化三位一体的体系思考，[1]而在数据隐私保护风险为主的数据合规领域，有效数据合规计划的设计需要在数据合规章程和政策、数据合规预防体系、数据合规识别体系和数据合规应对体系四个板块加以推进。

首先，发挥数据合规章程和政策的龙头引领作用。是否制定合规政策、标准和程序是衡量企业合规改革是否有效的标准之一。[2]合规章程和政策是企业合规体系的"实体最高法"，是企业合规价值理念的宣扬，对企业合规管理行为和业务行为拥有最强的规范力。[3]根据企业不同的业务范围所涉及的违规风险点，企业合规政策会相应呈现特殊的管理规范和行为要求。其中针对数据安全和隐私保护的数据合规风险，数据合规政策则应将数据法律类规范融入企业特定化的业务场景，形成清晰明了的合规制度和内容供企业员工学习和领会。例如，中兴公司的数据合规规则体系就比较完善：其一，它制定数据保护合规政策作为开展数据保护工作的纲领性文件，并作为公司

---

[1] 刘艳红：《涉案企业合规建设的有效性标准研究——以刑事涉案企业合规的犯罪预防为视角》，载《东方法学》2022年第4期。

[2] United States Sentencing Commission, Guidelines Manual, §3E1.1 (Nov. 2021), p.517.

[3] 陈瑞华：《企业有效合规整改的基本思路》，载《政法论坛》2022年第1期。

数据业务经营活动的红线，表明数据保护合规的决心。[1] 其二，制作数据保护合规手册为数据处理活动提供基本指引。[2] 其三，以全球范围主流的数据保护法律法规为基础制定数据保护合规的原则性规范。如针对数据保护合规管理体系拟定《数据保护合规管理规范》和为界定数据保护合规管理客体出台《个人数据识别规范》等。[3] 其四，通过场景化指引的方式细化原则性规范的内容形成数据保护合规具体指导书，供员工查询使用管控数据合规风险。[4] 同样，兴业银行也建立了从宏观布局到微观指导多向度并举的完整数据保护合规政策体系。在银行总体战略布局方面有《兴业银行数据战略纲要》，确立了打造一流数据保护和运用质量的战略目标。[5] 在落地性措施方面，为统一数据标准、强化数据运用和保护的督导评价以及保护数据安全分别制订了《兴业银行监管数据标准化工作管理办法》《兴业银行数据质量管理办法》和《兴业银行数据安全管理规定》等，并根据本土和域外数据法规的变化和公司数据合规管理情况持续优化改善。[6] 数据合规章程和政策本质上是数据法律规范在企业私主体自我管理制度体系中的浓缩，反映出企业对数据保护的基本态度，同时也要有效约束企

---

[1]《中兴通讯隐私保护白皮书（2020）》，第6页。
[2]《中兴通讯隐私保护白皮书（2020）》，第6页。
[3]《中兴通讯隐私保护白皮书（2020）》，第7页。
[4]《中兴通讯隐私保护白皮书（2020）》，第6~7页。
[5]《兴业银行股份有限公司数据合规白皮书（2021）》，第8页。
[6]《兴业银行股份有限公司数据合规白皮书（2021）》，第7~8页。

业员工日常的数据处理活动,所以它一方面要体现精神引领性,另一方面也必须具有易读性和实际可操作性,并根据外部数据法规的变化动态更新和灵活适用。

其次,严格数据合规预防体系的事前预警流程。数据合规治理中的事前预警流程主要是对即将进行的数据处理活动进行风险研判和评估,以及对数据业务的合作伙伴或者被并购方进行合规尽职调查,而且还包括对员工进行常态化的数据合规培训。其一,完整开展数据保护影响评估。GDPR 和我国《个人信息保护法》都有设置数据处理者应当开展数据保护影响评估的义务规范,[1]而数据保护影响的评估内容则主要关注数据处理行为和手段之间的必要性和相称性以及对数据主体个人权益和安全隐私风险带来的影响。[2]在瑞典人脸识别案中,Anderstorps 高中为方便记录学生上课考勤和简化课程注册等事项,学校董事会在一个实验项目中使用面部识别技术对 22 名学生面部信息进行登记,学生们的面部生物识别信息数据都被捕获并存储在计算机中。[3]尽管学校在收集学生们的生物识别数据之前征得了监护人的同意,但瑞典数据保护机构还是以学校未能进行数据保护影响评估为由对学校进行罚款。其中,瑞典数据保护机构认为学校通过面部识别的方式记录考勤对学

---

[1] GDPR 第 35 条和我国《个人信息保护法》第 55 条。数据保护影响评估和个人信息保护影响评估同义,在此笔者不做区分。

[2] GDPR 第 35 条。

[3] Sofia Edvardsen, "How to Interpret Sweden's First GDPR Fine on Facial Recognition in School", available at https://iapp.org/news/a/how-to-interpret-swedens-first-gdpr-fine-on-facial-recognition-in-school/.

生的隐私构成侵犯，学校可以使用对学生侵犯性更小的方式实现考勤目的，面部识别技术的使用与目的不成比例。而且学校所主张的公共利益的需要和获得监护人同意的理由并不能说明面部识别技术的运用不会对数据主体产生安全和隐私的高风险，实际上学校并没有进行任何实质性的数据保护影响评估。[1] 数据保护影响评估是数据处理者明晓和控制数据处理活动风险的必要一环，倘若忽视该项预警保护流程，则会使企业遭受巨额罚款，提高数据业务管理与合规成本。其二，及时进行数据合规尽职调查。数据合规尽职调查的核心目的是避免因为数据业务关联方的数据违规行为"引火上身"，牵连和殃及自身也违法违规。[2] 对于电商、酒店和物流等行业的企业在运营过程中会涉及处理大量个人信息，个人信息合规的风险指数很高，另外像跨国公司内部员工数量众多，内部员工的信息传输和管理也会引发违规风险，需要重点关注和详细调查。数据合规尽职调查要以数据处理全生命周期各个环节的违法违规情况、数据合规体系建设和隐私侵犯与数据泄露事件发生与否三个方面为导向向目标公司收集信息，通过独立公开调查、

---

[1] Sofia Edvardsen, "How to Interpret Sweden's First GDPR Fine on Facial Recognition in School", available at https：//iapp. org/news/a/how-to-interpret-swedens-first-gdpr-fine-on-facial-recognition-in-school/.

[2] Megan Gordon, Daniel Silver, Benjamin Berringer and Brian Yin, Clifford Chance LLP, "Cyber and Data Privacy Due Diligence", available at https：//globalinvestigationsreview. com/guide/the-guide-cyber-investigations/second-edition/article/cyber-and-data-privacy-due-diligence.

文档审查和人员访谈等形式尽可能全面收集查明,做到有备无患。[1] 其三,深度组织员工数据合规培训。数据合规培训能够帮助员工准确理解数据法规的概念和增强数据保护的意识,减少违规操作和提升应变能力,降低企业数据违规的风险成本。深度有效的数据合规培训可以从理解和学习政府和行业的合规要求出发,加以讨论和分析数据保护风险评估报告和违规报告,并辅助开展网络钓鱼行为的演练,[2] 在不同场景中完成数据保护理论和实践的转换和衔接,全方位强化员工的数据合规技能。

再次,畅通数据合规识别体系的事中监测程序。事中监测程序,顾名思义是对已经进行的数据处理活动和业务进行实时监督,及时发现和通报存在的违法违规行为。事中监测的目的是有效识别违规行为,核心要求是建立违规举报制度。[3] 而企业内部违规举报程序的畅通则是要推行"吹哨人"制度。"吹哨人"的含义有很多不同的面向,它可以被看作是言论自由权利的体现和反腐败的工具,也可以被当成一种内部管理纠纷的机制,但最近的语义运用更多地聚焦在企业层面,它描述的是雇员对公司存在的非法的、危险的和不道德行为的揭露和

---

〔1〕《投资并购中的数据合规尽职调查(上)》,载http://www.jieming-angel.com/home/detail? id=ca239ab9-2603-4034-b6f3-793fa08bd75a。

〔2〕 Aby David Weinberg, "8 Best Practices for Data Protection Training", available at https://cybeready.com/8-best-practices-for-data-protection-training.

〔3〕 刘艳红:《涉案企业合规建设的有效性标准研究——以刑事涉案企业合规的犯罪预防为视角》,载《东方法学》2022年第4期。

公开。[1] "吹哨人"是企业合规的重要角色,尤其在企业内部报告的层面,[2] 在企业数据合规领域建立"吹哨人"制度的目的也在于让企业违反数据保护的非法行径"曝光",及时发现和修正违规操作。[3] 而且由于大型企业的员工众多以及管理架构复杂,员工内部作案导致企业违规的现象屡见不鲜,如果不鼓励员工自查举报,企业高层很难发现企业在经营过程中的漏洞。例如在菜鸟驿站快递信息泄露案中,驿站内部员工在快递业务手持采集终端设备"巴枪"中安装恶意程序,用于窃取快递包裹上的公民信息,将包括用户手机号、姓名、运单号和快递公司名称等公民个人信息都传输到自己专用的阿里云服务器上。经过初步统计,该恶意程序已经非法获取菜鸟驿站的快递数据达千万余条。[4] 如果没有菜鸟网络公司员工的主动自查和及时发现汇报,被泄露的用户数据量将不堪设想。"吹哨人"作为企业的治理角色之一,能够快速将涉及违法违规的关键信息汇报传送到企业管理层,为企业在实体法的边界

---

[1] David Banisar, "Whistleblowing: International Standards and Developments", *Corruption and Transparency*: *Debating the Frontiers between State, Market and Society*, I. Sandoval, ed., World Bank-Institute for Social Research, UNAM, Washington, DC (2011), pp. 2-4.

[2] J. M. Pacella, "The Cybersecurity Threat: Compliance and the Role of Whistleblowers", *Brook. J. Corp. Fin. & Com. L.*, 2016, 11, pp. 40-41.

[3] F. Lancieri, "Narrowing Data Protection's Enforcement Gap", *Me. L. Rev.*, 2022, 74, pp. 60-61.

[4] 《"菜鸟驿站"一千万条快递数据被非法窃取,已封堵漏洞》,载 https://www.thepaper.cn/newsDetail_forward_2463324。

里合规运作发挥特定功能。[1] 而特定功能的发挥依赖企业专门的举报平台和信息上报渠道,企业可以开通举报热线或者以鼓励员工向人力资源部门投诉的方式为"吹哨人"提供可靠的举报路径。对于关键业务的合规如数据保护领域,企业可以建立直通公司高层的专门渠道以供管理层收集"吹哨人"报告,以便迅速预防、侦测和矫正合规失败。[2]

最后,夯实数据合规应对体系的事后管理机制。数据合规应对体系是数据隐私安全问题等违法违规行为发生后企业迅速启动的补救应对措施安排,其是否妥善和及时关系到企业和利益攸关方的最终损失和责任认定。面对既已发生的数据安全事件,科学周全的事后管理机制首先需要企业建立应急响应机制,防止危害扩大,消除数据安全隐患。360数科发布的《360数科安全应急响应管理制度》中就提到在数据安全事件发生后,会综合调动企业应急响应安全保障组、应急响应技术处置组和应急响应信息通报组的人员,短时间内查找安全合规漏洞并完成修复,遏制数据安全事件的发展,最大限度降低对相关系统和业务的影响。[3] 同时,出现数据安全事件后,企业要及时通知受到危害的用户和利益相关方。如果违规企业出

---

[1] D. A. DeMott, "Whistleblowers: Implications for Corporate Governance", *Wash. U. L. Rev.*, 2020, 98, pp. 1661-1663.

[2] V. R. Martinez, "Complex Compliance Investigations", *Columbia Law Review*, 2020, 120 (2), pp. 290-291.

[3] 《360数科发布安全应急响应管理制度,保障系统运行安全》,载 https://www.163.com/dy/article/H512VLJ90511BE1V.html。

现疏忽或者故意隐瞒危机事件，没有将真实情况公之于众或告知受影响的用户，会引发更严重的企业危机。2018年谷歌旗下的社交软件"Google+"出现系统故障，导致50万用户个人数据被泄露。由于谷歌担心自身的声誉会像Facebook公司一样受到负面影响，于是谷歌便隐瞒了该消息，没有第一时间通知用户，极度刺伤了公众的信任，遭到公众铺天盖地的谩骂和声讨，并面临用户集体诉讼的风险。[1] 同样，雅虎因为没有及时向投资人和社会大众披露用户个人数据泄露的问题和风险被美国证券交易委员会处以3500万美金的罚款。[2] 此外，企业要积极配合监管机构对数据违规行为的调查，因为涉及公民个人信息和隐私的数据违规行为存在不同法域重叠和兼合的现象，如果企业在事后销毁证据或遭返员工影响刑事部门侦查，只会加重可能面临的刑事责任。[3] 企业还要进行内部调查，追溯惩戒违法违规员工。对行使违规行为的企业员工实施惩戒机制，必要时将其移交给司法机关是企业社会责任感的体现，而且在查明违规缘由时企业要尽可能搜集完整翔实的证据，将员工的个人行为与企业行为相分离，从而在由个人原因导致的

---

〔1〕 Douglas MacMillan, "Google Exposed User Data, Feared Repercussions of Disclosing to Public", available at https://www.wsj.com/articles/google-exposed-user-data-feared-repercussions-of-disclosing-to-public-1539017194.

〔2〕 Michelle Rutta, "SEC Fines Yahoo ＄35 Million for Failure to Timely Disclose a Cyber Breach", available at https://www.whitecase.com/publications/alert/sec-fines-yahoo-35-million-failure-timely-disclose-cyber-breach.

〔3〕 武东方：《数据刑事保护的检视与重塑——以刑事合规为切入点》，载《上海法学研究》集刊2022年第1卷。

数据安全事件中减轻对企业的负面影响。

（三）企业数据合规中的技术：数据处理全流程的保障

企业数据合规在技术层面的推动意指企业整合利用先进的网络信息技术去满足隐私保护的要求和适应数据法规的变化。而技术的发展总是超前于法律的变更，法律总是作为应对者的角色去呼应技术社会的变化需求。[1] 在数据隐私保护领域，法律充当着事后救济和损害填平的武器，而技术则可以主动为之，在产品和程序的设计和生成阶段嵌入隐私保护的理念，做到数据隐私保护的预先防护，把法律的需求技术化，技术的革新法律化，融合法律与技术共同完成数据隐私保护的任务。[2] 有些软件程序和应用设备的使用本身就存在普遍又难以避免的隐私风险（如 Siri 和 Alexa 不仅记录和传输对话，还使用雷达检测行为和运动），[3] 因而要全方位保护用户的数据隐私，企业必须主动在产品和服务开发阶段考虑数据隐私保护问题，前置性地预防数据隐私风险，发挥技术代码的力量。正如艾伦（Allen）教授所言，"若要让人们真正成为数据的掌控者，最确切的方式就是通过隐私设计、算法透明还有智能化训练的公众来融入敏感数据隐私的规制保护中。"[4] 为此，企业要在理

---

[1] 郑玉双：《破解技术中立难题——法律与科技之关系的法理学再思》，载《华东政法大学学报》2018年第1期。

[2] 张继红：《经设计的个人信息保护机制研究》，载《法律科学（西北政法大学学报）》2022年第3期。

[3] A. Z. Huq, "The Public Trust in Data", *Geo. L. J.*, 2021, 110, p. 351.

[4] A. L. Allen, "Protecting One's Own Privacy in a Big Data Economy", *Harv. L. Rev. F.*, 2016, 130, pp. 76-78.

论上贯彻"经设计的隐私保护"(Privacy by Design)[1]理念，在实践层面扩充隐私增强技术的运用。

1. 恪守经设计的隐私保护理念

经设计的隐私保护理念缘起于技术与法律的融合治理，从本体上结合了"价值敏感设计"[2]（Value Sensitive Design）和"代码之法"[3]（Code as Law）的蕴意。一方面，经设计的隐私保护在隐私保护、尊严和人类福祉等原则和配套法律规范的指引下要满足隐私价值诉求。另一方面，它必须通过相关设备、系统、技术或服务的物理设计、技术规范、架构或计算机代码去进行价值兑现。所以经设计的隐私保护的目标是设计和开发一个系统或设备（硬件或软件）来支持和具象化这些原则、价值观和规则，使之成为特定目标和功能的实现媒介，从而让该系统或设备变得"隐私感知"或"隐私友好"。[4]

---

[1] "经设计的隐私保护"概念最早由加拿大渥太华省信息与隐私委员会前主席安·卡沃基安（Ann Cavoukian）提出。Ann Cavoukian, "Privacy by Design: The 7 Foundational Principles", *Information and Privacy Commissioner of Ontario*, Canada, 2009, 5, pp. 1-12.

[2] 价值敏感设计理论主要由弗里德曼（Friedman）提出，主张将人类共性价值融入技术设计和开发过程中。B. Friedman, "Value-sensitive Design", *Interactions*, 1996, 3（6）, pp. 16-23.

[3] "代码之法"意指代码作为通过特定软件语言和符号形式表现出来的规则体系，能像法律一样规范网络世界的行为。详见［美］劳伦斯·莱斯格：《代码2.0：网络空间中的法律》（修订版），李旭、沈伟伟译，清华大学出版社2018年版，第132~144页。

[4] Klitou Demetrius, "The Value, Role and Challenges of Privacy by Design", *Privacy-Invading Technologies and Privacy by Design: Safeguarding Privacy, Liberty and Security in the 21st Century*, T. M. C. Asser Press, 2014, p. 262.

经设计的隐私保护理念在安·卡沃基安（Ann Cavoukian）提出的隐私设计七原则中得到更为全面的阐明。具体内容为：其一，主动预防性而非被动救济性地保护隐私。[1] 考虑到科学技术日新月异的变化革新，我们急需在早期阶段将隐私保护的事宜予以重视，因为一旦产品或软件的基本程序设计定型，新技术系统在使用过程中存在的隐含风险将很难被克服。[2] 经设计的隐私保护最大特点是尽可能在数据隐私侵犯事态发生前就进行主动思考和预防，它不会等到隐私风险成型化或明朗化后再去提供应对性的解决方案，这种超前性的思索机制也决定了经设计隐私保护所设定的隐私保护标准会普遍高于很多全球性的法律和规制标准。其二，默认设置隐私保护。[3] 经设计的隐私保护必须确保在任何的信息技术系统和商业实践中，个人数据隐私会得到最大程度的自动保护。如果个体没有对其数据进行操作和处理，他的数据应当是完整无损的。其三，将隐私根植于设计之中。[4] 经设计的隐私保护理念是把隐私保护的规范要素渗透在技术设计的底层规范和体系架构，[5] 隐私

---

[1] Ann Cavoukian, "Privacy by Design: The 7 Foundational Principles", *Information and Privacy Commissioner of Ontario*, Canada, 2009, 5, p.2.

[2] P. Schaar, "Privacy by Design", *Identity in the Information Society*, 2010, 3 (2), pp.272-274.

[3] Ann Cavoukian, "Privacy by Design: The 7 Foundational Principles", *Information and Privacy Commissioner of Ontario*, Canada, 2009, 5, p.2.

[4] Ann Cavoukian, "Privacy by Design: The 7 Foundational Principles", *Information and Privacy Commissioner of Ontario*, Canada, 2009, 5, p.3.

[5] I. S. Rubinstein, "Regulating Privacy by Design", *Berkeley Tech. L. J.*, 2011, 26, pp.1411-1412.

保护并不是某种附加性组件加装其中,而是成为系统核心功能运作的关键组成部分,但又不损害和妨碍系统的功能运行。其四,以正和包容而非零和相斥的方式实现功能的完整性。[1] 经设计的隐私保护倡导把多种正当性的利益和目标(如运行效率、设备功能、市场利益等)整合容纳,而不是做简单的二分对立,以期实现多方利益,促成双赢和多赢的正和局面。其五,数据处理全生命周期的安全保护。[2] 经设计的隐私保护力求在第一个信息素被收集之前就开启数据隐私保护的安全措施,从开始到结束、从摇篮到坟墓贯穿数据处理整个生命周期达到全过程保护,确保个人数据的机密性、完整性和可用性。其六,增强数据隐私保护的可见性和透明性,保持开放性。[3] 经设计的隐私保护要求企业向所有利益相关者保证按照既定的目标和承诺推进设计方案,并接受外部的独立监督和审查,做到公开、透明与合规。其七,保有对用户隐私的最大尊重。[4] 经设计的隐私保护遵循以用户为中心的隐私保护逻辑,给予用户足够的自由和选择去保护隐私,如社交软件中的用户可以自由选择主页动态的内容和范围去供他人查看和浏览,再如用户

---

[1] Ann Cavoukian, "Privacy by Design: The 7 Foundational Principles", *Information and Privacy Commissioner of Ontario*, Canada, 2009, 5, p. 3.

[2] Ann Cavoukian, "Privacy by Design: The 7 Foundational Principles", *Information and Privacy Commissioner of Ontario*, Canada, 2009, 5, p. 4.

[3] Ann Cavoukian, "Privacy by Design: The 7 Foundational Principles", *Information and Privacy Commissioner of Ontario*, Canada, 2009, 5, p. 4.

[4] Ann Cavoukian, "Privacy by Design: The 7 Foundational Principles", *Information and Privacy Commissioner of Ontario*, Canada, 2009, 5, p. 5.

在使用华为手机进行录屏时,涉及用户密码和解锁等隐私页面和信息,系统会采取黑屏模式进行遮挡隐藏处理。

经设计的隐私保护理念是法律性、安全端和设计层三体合一化的系统忖量,[1] 它不仅要求企业作为数据控制者去履行数据隐私保护的职责,更强调企业作为系统和软件的开发者和制造者在初始端进行源头保护,由此数据隐私保护工作从过程和终端意义上的"法律驱动"向"设计驱动"转变。[2]

2. 注重隐私增强技术的应用

践行经设计的隐私保护理念往往需要企业在实践中借助隐私增强技术(PET)的力量。隐私增强技术是一系列增强数据隐私性和机密性的技术手段(硬件或软件解决方案),旨在不危及数据隐私和安全的前提下,深度提取和挖掘数据的应用价值,以充分发挥其商业、科学和社会潜力。[3] 隐私增强技术范围广泛,涉及技术种类众多,有替代性隐私增强技术和补充性隐私增强技术之分,[4] 前者的运用基于一种基本假设,它认为商业信息技术系统本身就是存在缺陷的,而法律规制和制

---

[1] M. Drev, B. Delak, "Conceptual Model of Privacy by Design", *Journal of Computer Information Systems*, 2021, pp. 2-5.

[2] Klitou Demetrius, "The Value, Role and Challenges of Privacy by Design", *Privacy-Invading Technologies and Privacy by Design: Safeguarding Privacy, Liberty and Security in the 21st Century*, T. M. C. Asser Press, 2014, pp. 263-264.

[3] Cem Dilmegani, "Top 10 Privacy Enhancing Technologies (PETs) & Uses in 2022", available at https://research.aimultiple.com/privacy-enhancing-technologies/.

[4] I. S. Rubinstein, "Regulating Privacy by Design", *Berkeley Tech. L. J.*, 2011, 26, p. 1417.

裁在大多数情况下是收效甚微的，所以它着眼于避免数据的收集和分析而不是监督企业的数据保护工作，通过阻止或最小化数据收集来保护隐私。[1] 大多数替代性隐私增强技术是通过个体终端用户来提供有限的功能（如匿名浏览和加密邮件），企业在实际的产品服务中很少使用。[2] 相反，补充性隐私增强技术认可企业收集数据的多样化目的，只要确保个人数据的收集和处理符合法律的监管和公平信息实践的要求即可。因而补充性隐私增强技术更关注数据用户的体验（如知情同意机制、访问工具和个人偏好管理），或者终端设施和数据流动共享中出现的隐私问题（例如企业管理员身份、访问权限和隐私政策等）。[3] 对于企业而言，隐私增强技术的使用要做到在个人数据的"利用"和"保护"之间做到价值兼顾和平衡，在保护端要确保个人数据在处理流转的全生命周期中实现安全防护。具体来说，主要包括但不限于：

第一，基于密码学原理的隐私计算技术。其中最为代表的是多方安全计算（secure multi-party computation，MPC），它是指在无可信第三方的情况下，多个参与方共同计算一个目标函

---

[1] I. S. Rubinstein, "Regulating Privacy by Design", *Berkeley Tech. L. J.*, 2011, 26, p.1417.

[2] I. S. Rubinstein, "Regulating Privacy by Design", *Berkeley Tech. L. J.*, 2011, 26, p.1417.

[3] I. S. Rubinstein, "Regulating Privacy by Design", *Berkeley Tech. L. J.*, 2011, 26, p.1418.

数,但是在计算过程中无法推算出任意一方的输入数据,[1]核心思想是设计特殊的加密算法和协议,从而实现利用加密数据直接进行高效数据融合计算,获得计算结果同时不知道数据明文内容,达到"数据可用而不可见"。实现多方安全计算时也应用同态加密(homomorphic encryption)技术和零知识证明(zero-knowledge proof)等密码学技术辅助增强数据隐私安全。同态加密,即通过利用具有同态性质的加密函数,对加密数据进行运算,同时保护数据的安全性。[2]同态加密对于数据安全来讲,更关注于数据的处理安全,并提供了一种对加密数据处理的功能,处理过程无法得知原始内容,同时数据经过操作后还能够解密得到处理好的结果。经过加密的数据被传输和分析后返回给数据所有者时,数据所有者可以解密信息并查看原始数据的结果,所以同态加密使得数据即使在其他人使用时也能保持安全和私密。零知识证明,是指证明者在不透露具体数据的情况下,通过密码算法让验证者相信数据的真实性,例如利用零知识证明验证某人的年龄而不透露其具体的出生日期数据。[3]差分隐私(differential privacy)技术则将"干扰噪声"注入数据集以允许在不识别任何个人信息的情况下分析数据的

---

[1] 中国信息通信研究院云计算与大数据研究所:《隐私计算白皮书(2021)》,第6~9页。

[2] Jessica B. Lee, "Pivot to PETs: What You Need to Know About Privacy Enhancing Technologies", available at https://www.loeb.com/zh-hans/insights/publications/2022/03/pets-what-you-need-to-know-about-privacy-enhancing-technologies.

[3] 《2021数据安全与个人信息保护技术白皮书》,第111页。

方式使数据匿名，如同将一张照片变得模糊，尽管可以知悉其中发生的事情但却不能辨别具体的单位和个人。[1]

第二，以联邦学习（federated learning）为代表的人工智能与隐私保护技术。联邦学习是一种分布式的机器学习技术，它保证在本地数据不出库的情形下，通过对中间加密数据的流通和处理来完成多方联合的机器学习训练，可以在多个分散的设备或保存本地数据样本的服务器上进行算法训练。[2]联邦学习通过对各参与方的模型信息进行交换来充分利用多方数据，联邦学习使多个参与者能够在不共享数据的情况下构建一个通用的、强大的机器学习模型，从而解决诸如数据隐私、数据安全、数据访问权限等问题。

第三，以可信执行环境（trusted execution environment, TEE）为代表的隐私计算技术。可信执行环境通过硬件隔断在中央处理器中构建出安全的区域，保证其加载的程序和数据得到完整和机密保护。[3]可信执行环境将系统的硬件和软件分为可信执行环境和普通执行环境，普通执行环境的应用程序无法访问获取可信执行环境的数据，可信执行环境内部的程序也是独立运作，未经授权不能处理和更改其中的任何数据。

---

[1] Jessica B. Lee, "Pivot to PETs: What You Need to Know About Privacy Enhancing Technologies", available at https://www.loeb.com/zh-hans/insights/publications/2022/03/pets-what-you-need-to-know-about-privacy-enhancing-technologies.

[2] 中国信息通信研究院云计算与大数据研究所：《隐私计算白皮书（2021）》，第9页。

[3] 中国信息通信研究院云计算与大数据研究所：《隐私计算白皮书（2021）》，第12~14页。

第四，数据脱敏和屏蔽技术。数据脱敏又称为数据漂白、数据去隐私化或数据变形，它是指从原始环境向目标环境进行敏感数据交换的过程中，通过一定方法消除原始环境数据中的敏感信息，并保留目标环境业务所需的数据特征或内容的数据处理过程，包括静态脱敏技术和动态脱敏技术。[1] 数据脱敏既能够保障数据中的敏感数据不被泄露又能保证数据可用性的特征，使得数据脱敏技术成为解决数据安全与数据经济发展的重要工具，例如在购物平台上购买商品，商家的账户信息被某种特殊的符号或标识遮挡，人脸图像被马赛克打码等。数据屏蔽是一种用于创建在结构上看起来与原始数据相似但隐藏（屏蔽）敏感信息原始数据版本的技术。[2] 屏蔽数据的主要目的是创建一个不显示真实数据的功能替代品，发挥数据流动的市场价值又能强化数据库管理避免数据泄露。数据屏蔽提供了一种替代方案，可以允许访问信息，同时保护敏感数据，在企业数据储存和业务共享中经常使用，具体包括有数据假名化（允许您使用假名或别名切换原始数据集，例如姓名、电子邮件和身份证号码）、数据匿名化（通过隐匿化处理切断个人数据与特定自然人隐私的关联）、查找替换（使用添加的查找表来屏蔽生产数据库，该查找表提供原始敏感数据的替代值）、平均（通过平均值或聚合的形式反映敏感数据，如工资表中列出了

---

[1]《2021 数据安全与个人信息保护技术白皮书》，第 104~106 页。
[2] Satori, "Data Masking Data Masking: 8 Techniques and How to Implement Them Successfully", available at https://satoricyber.com/data-masking/data-masking-8-techniques-and-how-to-implement-them-successfully/.

员工工资，通过将它们全部替换为平均工资来掩盖实际的个人工资，以此与合并工资的实际总价值相匹配）、洗牌（如员工工资表中实际工资都会列出来，但不会透露每个员工的具体工资数额）。[1]

四、结论

企业合规的基本要素有二，防止企业行为违法和形成正向的行为价值观。[2] 全球数字经济影响下的企业推动数据合规的要素内涵则表现为遵守数据法规和形成数据隐私保护观。数据法规的理解和遵照需要企业规章制度去内化，从而积极调动"人"的因素有效应对不同数据业务场景中的风险和漏洞。企业的数据合规和治理是严密完善的制度体系下不同员工的多体上下联动，其中需要数据安全技术的"硬"支撑。科技改变未来，信息科技尤其是数据隐私技术可以辅佐企业的数据治理，是企业数据合规的关键压舱石。同时，我们也要警惕隐私技术中的固有缺陷和价值偏畸，防止技术反噬，变成数据隐私的"破坏者"。而在今后的数据合规工作中，企业更应该注重内部合规文化和隐私保护价值观的培育，形成数据隐私保护的行为惯性，充分激活企业数据合规的"软"向驱动力。

---

[1] Satori, "Data Masking Data Masking: 8 Techniques and How to Implement Them Successfully", available at https://satoricyber.com/data-masking/data-masking-8-techniques-and-how-to-implement-them-successfully/.

[2] T. Haugh, "The Power Few of Corporate Compliance", *Ga. L. Rev.*, 2018, 53, pp. 139-141.

第五章 隐私保护视角下的企业数据合规治理研究

◆参考文献

1. 陈瑞华:《企业合规的基本问题》,载《中国法律评论》2020年第1期。

2. 李玉华、冯泳琦:《数据合规的基本问题》,载《青少年犯罪问题》2021年第3期。

3. 梅傲、侯之帅:《互联网企业跨境数据合规的困境及中国应对》,载《中国行政管理》2021年第6期。

4. 陈瑞华:《有效合规管理的两种模式》,载《法制与社会发展》2022年第1期。

5. 陈瑞华:《律师如何开展合规业务(二)——合规尽职调查》,载《中国律师》2020年第9期。

6. 毛逸潇:《数据保护合规体系研究》,载《国家检察官学院学报》2022年第2期。

7. 陈瑞华:《大数据公司的合规管理问题》,载《中国律师》2020年第1期。

8. 陈瑞华:《论企业合规的中国化问题》,载《法律科学(西北政法大学学报)》2020年第3期。

9. 周昀、姜程潇:《关键数据处理机构的数据治理结构》,载《法学杂志》2021年第9期。

10. 宛玲:《国外个人数据保护官的概念、职责与能力素质》,载《图书情报工作》2018年第17期。

11. 张弛:《数据保护官岗位角色技术能力分析》,载《中国信息安全》2019年第2期。

12. 相丽玲、王秀清:《中外数据保护官制度分析及启示》,载《情报杂志》2021年第6期。

13. 高轶峰、左超:《企业隐私保护工作的挑战和实践探索》,载《中国信息安全》2021年第3期。

14. 龙卫球:《〈个人信息保护法〉的基本法定位与保护功能——基于新法体系形成及其展开的分析》,载《现代法学》2021年第5期。

15. 汪庆华:《个人信息权的体系化解释》,载《社会科学文摘》2022年第4期。

16. 王利明、丁晓东:《论〈个人信息保护法〉的亮点、特色与适用》,载《法学家》2021年第6期。

17. 刘泽刚:《欧盟个人数据保护的"后隐私权"变革》,载《华东政法大学学报》2018年第4期。

18. 高富平:《GDPR的制度缺陷及其对我国〈个人信息保护法〉实施的警示》,载《法治研究》2022年第3期。

19. 张勇:《APP个人信息的刑法保护:以知情同意为视角》,载《法学》2020年第8期。

20. 李怀胜:《侵犯公民个人信息罪的刑法调适思路——以〈公民个人信息保护法〉为背景》,载《中国政法大学学报》2022年第1期。

21. 韩轶:《网络数据安全领域的企业刑事合规体系建构》,载《江西社会科学》2023年第1期。

22. 彭宁波:《国内数据隐私保护研究综述》,载《图书馆》2021年第11期。

23. 金元浦:《论大数据时代个人隐私数据的泄露与保护》,载《同济大学学报(社会科学版)》2020年第3期。

24. 刘俊海:《论新〈公司法〉的四项核心原则》,载《北京理工大学学报(社会科学版)》2022年第5期。

25. 齐钦、孙昕锴、王路路:《企业合规计划的有效性判断》,载

《中国检察官》2022年第3期。

26. 常健：《论公司章程的功能及其发展趋势》，载《法学家》2011年第2期。

27. 高轶峰、张楠驰：《个人信息保护法解读：企业合规要求与义务履行》，载《信息安全与通信保密》2021年第11期。

28. 张新宝：《大型互联网平台企业个人信息保护独立监督机构研究》，载《东方法学》2022年第4期。

29. 孔祥稳：《论个人信息保护的行政规制路径》，载《行政法学研究》2022年第1期。

30. 李亚平、周伟良：《网络个人信息保护的动态监管策略研究》，载《重庆理工大学学报（社会科学）》2021年第11期。

31. 刘艳红：《涉案企业合规建设的有效性标准研究——以刑事涉案企业合规的犯罪预防为视角》，载《东方法学》2022年第4期。

32. 陈瑞华：《企业有效合规整改的基本思路》，载《政法论坛》2022年第1期。

33. 武东方：《数据刑事保护的检视与重塑——以刑事合规为切入点》，载《上海法学研究》集刊2022年第1卷。

34. 郑玉双：《破解技术中立难题——法律与科技之关系的法理学再思》，载《华东政法大学学报》2018年第1期。

35. 张继红：《经设计的个人信息保护机制研究》，载《法律科学（西北政法大学学报）》2022年第3期。

36. ［美］劳伦斯·莱斯格：《代码2.0：网络空间中的法律》（修订版），李旭、沈伟伟译，清华大学出版社2018年版。

37. 彭洪毅：《〈个人信息保护法〉企业合规义务规定的时代背景解读》，载《企业家日报》2021年11月29日，第3版。

38. 崔永东:《合规治理的法律意义与道德意义》,载《中国社会科学报》2022 年 5 月 18 日,第 4 版。

39. 沈彦宁:《数据隐私合规管理体系研究》,载《山西科技报》2022 年 5 月 30 日,第 B3 版。

40. 安永(中国)企业咨询有限公司、上海赛博网络安全产业创新研究院:《2021 全球数据合规与隐私科技发展报告》。

41. 中国信息通信研究院云计算与大数据研究所:《隐私计算白皮书(2021)》。

42.《2021 数据安全与个人信息保护技术白皮书》。

43.《荣耀隐私保护白皮书(2021)》。

44.《中兴通讯隐私保护白皮书(2020)》。

45.《兴业银行股份有限公司数据合规白皮书(2021)》。

46. V. Khatri, C. V. Brown, "Designing Data Governance", *Communications of the ACM*, 2010, 53 (1).

47. W. G. Voss, "Cross-border Data Flows, the GDPR, and Data Governance", *Wash. Int'l L. J.*, 2019, 29.

48. M. H. Baer, "Governing Corporate Compliance", *BCL Rev.*, 2009, 50.

49. D. D. Sokol, "Teaching Compliance", *U. Cin. L. Rev.*, 2016, 84.

50. T. Haugh, "Nudging Corporate Compliance", *Am. Bus. L. J.*, 2017, 54.

51. S. Hamann, "Effective Corporate Compliance: A Holistic Approach for the SEC and the DoJ", *Wash. L. Rev.*, 2019, 94.

52. Hui Chen, and Eugene Soltes, "Why Compliance Programs Fail and How to Fix Them", *Harvard Business Review*, 2018, 96 (2).

53. D. Gordon Smith, "The Shareholder Primacy Norm", *J. Corp. L.*, 1998, 23.

54. V. L. Schwartz, "Corporate Privacy Failures Start at the Top", *BCL Rev.*, 2016, 57.

55. M. E. Gilman, "Five Privacy Principles (from the GDPR) the United States Should Adopt to Advance Economic Justice", *Ariz. St. L. J.*, 2020, 52.

56. M. L. Rustad, T. H. Koenig, "Towards a Global Data Privacy Standard", *Fla. L. Rev.*, 2019, 71.

57. Anupam Chander, et al., "Achieving Privacy: Costs of Compliance and Enforcement of Data Protection Regulation", *Policy Research Working Paper*, 2021, No. 9594.

58. C. Peukert, S. Bechtold, M. Batikas, et al., "Regulatory Spillovers and Data Governance: Evidence from the GDPR", *Marketing Science*, 2022, 41 (4).

59. L. J. Trautman, P. C. Ormerod, "Corporate Directors' and Officers' Cybersecurity Standard of Care: The Yahoo Data Breach", *Am. UL Rev.*, 2016, 66.

60. S. D. Sanders, "Privacy is Dead: The Birth of Social Media Background Checks", *SUL Rev.*, 2011, 39.

61. L. J. Trautman, "How Google Perceives Customer Privacy, Cyber, E-commerce, Political and Regulatory Compliance Risks", *Wm. & Mary Bus. L. Rev.*, 2018, 10.

62. L. J. Trautman, "Governance of the Facebook Privacy Crisis", *Pitt. J. Tech. L. & Pol'y*, 2019, 20.

63. W. McGeveran, "The Duty of Data Security", *Minn. L. Rev.*,

2019, 103.

64. J. Macey, J. Mitts, "Finding Order in the Morass: The Three Real Justifications for Piercing the Corporate Veil", *Cornell L. Rev.*, 2014, 100.

65. J. C. Krenitsky, "Defining the Chief Compliance Officer Role", *Am. U. Bus. L. Rev.*, 2016, 6.

66. A. Alexander, J. Cummings, "The Rise of the Chief Information Security Officer", *People and Strategy*, 2016, 39 (1).

67. N. Ghibellini, "Some Aspects of the EU's New Framework for Personal Data Privacy Protection", *The Business Lawyer*, 2017, 73 (1).

68. D. Korff, M. Georges, "The Data Protection Officer Handbook", *The Data Protection Officer Handbook*, 2019.

69. Felix Bieker, et al., "A Process for Data Protection Impact Assessment under the European General Data Protection Regulation", *Privacy Technologies and Policy: 4th Annual Privacy Forum*, APF 2016, Frankfurt/Main, Germany, September 7-8, 2016, Proceedings.

70. David Banisar, "Whistleblowing: International Standards and Developments", *Corruption and Transparency: Debating the Frontiers between State, Market and Society*, I. Sandoval, ed., World Bank – Institute for Social Research, UNAM, Washington, DC (2011).

71. J. M. Pacella, "The Cybersecurity Threat: Compliance and the Role of Whistleblowers", *Brook. J. Corp. Fin. & Com. L.*, 2016, 11.

72. F. Lancieri, "Narrowing Data Protection's Enforcement Gap", *Me. L. Rev.*, 2022, 74.

73. D. A. DeMott, "Whistleblowers: Implications for Corporate Governance", *Wash. U. L. Rev.*, 2020, 98.

74. V. R. Martinez, "Complex Compliance Investigations", *Columbia Law Review*, 2020, 120 (2).

75. A. Z. Huq, "The Public Trust in Data", *Geo. L. J.*, 2021, 110.

76. A. L. Allen, "Protecting One's Own Privacy in a Big Data Economy", *Harv. L. Rev. F.*, 2016, 130.

77. Ann Cavoukian, "Privacy by Design: The 7 Foundational Principles", *Information and Privacy Commissioner of Ontario*, Canada, 2009, 5.

78. B. Friedman, "Value-sensitive Design", *Interactions*, 1996, 3 (6).

79. P. Schaar, "Privacy by Design", *Identity in the Information Society*, 2010, 3 (2).

80. I. S. Rubinstein, "Regulating Privacy by Design", *Berkeley Tech. L. J.*, 2011, 26.

81. M. Drev, B. Delak, "Conceptual Model of Privacy by Design", *Journal of Computer Information Systems*, 2021.

82. T. Haugh, "The Power Few of Corporate Compliance", *Ga. L. Rev.*, 2018, 53.

83. Klitou Demetrius, "The Value, Role and Challenges of Privacy by Design", *Privacy-Invading Technologies and Privacy by Design: Safeguarding Privacy, Liberty and Security in the 21st Century*, T. M. C. Asser Press, 2014.

84. 《华为公司的合规管理》,载 https://www.huawei.com/cn/compliance。

85. 《网络安全与隐私保护》,载 https://www.huawei.com/cn/compliance/cyber-security。

86. 个人信息保护合规审计推进小组:《关于推进个人信息保护合规审计的若干建议》,载 http://www.gznsxh.cn/uploads/20211207/ead92f

d8495f6065de5658016d8c6d08. PDF。

87. 范磊:《企业数据安全合规体系构建的难点和重点》,载 https://www.163.com/dy/article/GRA2M1HC0519BMQ6.html。

88. 《投资并购中的数据合规尽职调查(上)》,载 http://www.jieming-angel.com/home/detail? id = ca239ab9 - 2603 - 4034 - b6f3 - 793fa08bd75a。

89. 《"菜鸟驿站"一千万条快递数据被非法窃取,已封堵漏洞》,载 https://www.thepaper.cn/newsDetail_forward_2463324。

90. 《360 数科发布安全应急响应管理制度,保障系统运行安全》,载 https://www.163.com/dy/article/H512VLJ90511BE1V.html。

91. Sujith Kumar, "What is data lifecycle management?", available at https://stealthbits.com/blog/what-is-data-lifecycle-management/.

92. "The 5 Stages of Data LifeCycle Management", available at https://www.dataworks.ie/5-stages-in-the-data-management-lifecycle-process/.

93. Firmansyah Romadhoni, "What is Data Lifecycle Management? And What Phases Would It Pass Through?", available at https://medium.com/jagoanhosting/what-is-data-lifecycle-management-and-what-phases-would-it-pass-through-94dbd207ff54.

94. "Unstructured data", available at https://en.wikipedia.org/wiki/Unstructured_data.

95. Adam Marget, "Data Lifecycle Management: Stages, Goals and Organizational Benefits", available at https://www.unitrends.com/blog/data-lifecycle-management.

96. Wikipedia, "Internet of Things", available at https://en.wikipedia.

org/wiki/Internet_of_things#Privacy_and_security_concerns.

97. Stephanie Shen, "Big Data Architecture in Data Processing and Data Access", available at https://towardsdatascience.com/big-data-architecture-in-data-processing-and-data-access-d03cff195e21.

98. "What Is Data Sharing?", available at https://www.snowflake.com/guides/what-data-sharing.

99. Laurence Goasduff, "Data Sharing Is a Business Necessity to Accelerate Digital Business", May 20, 2021, available at https://www.gartner.com/smarterwithgartner/data-sharing-is-a-business-necessity-to-accelerate-digital-business.

100. Seha Yatim, "Data-Sharing Regulations Heat Up in 2020", April 22, 2020, available at https://www.corporatecomplianceinsights.com/data-sharing-regulations-2020/.

101. "What Is a Data Risk Assessment?", available at https://securityscorecard.com/blog/guide-to-performing-a-data-risk-assessment.

102. "Data Protection Impact Assessments", available at https://ico.org.uk/for-organisations/guide-to-data-protection/guide-to-the-general-data-protection-regulation-gdpr/accountability-and-governance/data-protection-impact-assessments/.

103. James Waddell, "Data Protection Issues on Due Diligence and Disclosure", available at https://www.stevens-bolton.com/site/insights/briefing-notes/data-protection-issues-on-due-diligence-and-disclosure.

104. The Editorial Board, "Facebook's Privacy Penalty", available at https://www.wsj.com/articles/facebooks-privacy-penalty-11564009934.

105. Mengqi Sun, "Facebook Hires Its First Chief Compliance Officer",

available at https://www.wsj.com/articles/facebook-hires-its-first-chief-compliance-officer-11611964622.

106. "Google Fights Plan to Extend 'Right to be Forgotten'", available at https://www.bbc.com/news/technology-45484300.

107. Tom Murphy, "Anthem to Pay Nearly $40M Settlement over 2015 Cyberattack", available at https://abcnews.go.com/Technology/wireStory/anthem-pay-40m-settlement-2015-cyberattack-73340486.

108. "Zuckerberg Sued by DC Attorney General Over Cambridge Analytica Data Scandal", available at https://www.theguardian.com/technology/2022/may/23/mark-zuckerberg-sued-dc-attorney-general-cambridge-analytica-data-scandal.

109. Sofia Edvardsen, "How to Interpret Sweden's First GDPR Fine on Facial Recognition in School", available at https://iapp.org/news/a/how-to-interpret-swedens-first-gdpr-fine-on-facial-recognition-in-school/.

110. Megan Gordon, Daniel Silver, Benjamin Berringer and Brian Yin, Clifford Chance LLP, "Cyber and Data Privacy Due Diligence", available at https://globalinvestigationsreview.com/guide/the-guide-cyber-investigations/second-edition/article/cyber-and-data-privacy-due-diligence.

111. Aby David Weinberg, "8 Best Practices for Data Protection Training", available at https://cyberready.com/8-best-practices-for-data-protection-training.

112. Douglas MacMillan, "Google Exposed User Data, Feared Repercussions of Disclosing to Public", available at https://www.wsj.com/articles/google-exposed-user-data-feared-repercussions-of-disclosing-to-public-1539017194.

113. Michelle Rutta, "SEC Fines Yahoo ＄35 Million for Failure to Timely Disclose a Cyber Breach", available at https：//www.whitecase.com/publications/alert/sec-fines-yahoo-35-million-failure-timely-disclose-cyber-breach.

114. Cem Dilmegani, "Top 10 Privacy Enhancing Technologies (PETs) & Uses in 2022", available at https：//research.aimultiple.com/privacy-enhancing-technologies/.

115. Jessica B. Lee, "Pivot to PETs：What You Need to Know About Privacy Enhancing Technologies", available at https：//www.loeb.com/zh-hans/insights/publications/2022/03/pets-what-you-need-to-know-about-privacy-enhancing-technologies.

116. Satori, "Data Masking Data Masking：8 Techniques and How to Implement Them Successfully", available at https：//satoricyber.com/data-masking/data-masking-8-techniques-and-how-to-implement-them-successfully/.